对外经济贸易大学 远程教育系列

中国电子商会注册电子贸易师培训指定教材

电子贸易（第二版）

Electronic Trade

注册电子贸易师认证培训教材编委会　编

清华大学出版社

北京

内 容 简 介

　　本书是中国电子商会注册电子贸易师培训指定教材，由对外经济贸易大学资深教授负责编写。全书共分为五个部分：电子贸易、国际贸易理论与实务、国际市场营销策略、贸易法和商务英语。

　　本书特别适合于大专以上学历，从事国际国内贸易、电子贸易、企业电子化管理等工作，具有一定的电子贸易理论知识和实际工作经验人员，及热衷于电子贸易，希望从事电子贸易工作，报名参加注册电子贸易师培训学习的不同专业在校学生和社会学员。

图书在版编目(CIP)数据

电子贸易/注册电子贸易师认证培训教材编委会编．—2 版．—北京：清华大学出版社，2009.6（2016.1重印）

（对外经济贸易大学远程教育系列教材）

ISBN 978-7-302-20234-9

Ⅰ. 电…　Ⅱ. 注…　Ⅲ. 电子商务－高等教育：远距离教育－教材　Ⅳ. F713.36

中国版本图书馆 CIP 数据核字(2009)第 074029 号

责任编辑：贺　岩
责任校对：王凤芝
责任印制：李红英

出版发行：清华大学出版社
　　　网　　址：http://www.tup.com.cn，http://www.wqbook.com
　　　地　　址：北京清华大学学研大厦 A 座　　　邮　　编：100084
　　　社 总 机：010-62770175　　　邮　　购：010-62786544
　　　投稿与读者服务：010-62776969，c-service@tup.tsinghua.edu.cn
　　　质 量 反 馈：010-62772015，zhiliang@tup.tsinghua.edu.cn
印 刷 者：北京密云胶印厂
装 订 者：北京市密云县京文制本装订厂
经　　销：全国新华书店
开　　本：185mm×230mm　　印　张：20　插　页：1　　字　　数：417 千字
版　　次：2009 年 6 月第 2 版　　　　　　　　　　印　　次：2016 年 1 月第 10 次印刷
印　　数：19501～21000
定　　价：30.00 元

产品编号：033521-01

总　序

　　中国远程教育的发展经历了三代：第一代是函授教育；第二代是广播电视教育；20 世纪 90 年代，随着现代信息技术的发展，以网络为基础的第三代现代远程教育应运而生。到目前为止，教育部批准开展现代远程教育试点的高校共 67 所。对外经济贸易大学远程教育学院（简称"贸大远程"）是在中国加入 WTO 后的第一年，2002 年 3 月正式成立的。

　　现代远程教育作为新生事物，对传统的教学模式、学习习惯、获取新知的途径等产生了巨大的冲击。如何在网络时代打造学习型社会，构筑终身教育体系，是当今时代的重大课题，现代远程教育试点高校为此进行了许多卓有成效的探索。在网络教育的具体实践中，贸大远程始终坚持依托学校的整体优势和特色，坚持知识的内在逻辑性与职业、行业的市场需求的统一，坚持开展面向广大在职人员的现代远程教育，逐步形成了独具我校特色的"7＋1"学习模式（即网络课堂、网上答疑、课程光盘、教材资料、适量面授、网上串讲、成绩检测，以及第二课堂活动），为学生个性化学习提供了广阔的空间。自 2003 年起，贸大远程连续 3 年蝉联新浪网、择校网、搜狐网和《中国电脑教育报》联合评出的全国"十佳网络教育学院（机构）"称号。值得一提的是，"国际贸易实务"课程荣获国家级奖项，"商务英语"等 7 门课程荣获北京市优秀教材一等奖和精品课程称号，另有 10 余门课程在全国性的远程教育课程展示会上获得大奖。

　　几年来丰富的现代远程教育实践和教学经验积累，为我们出版成龙配套的贸大远程系列教材奠定了坚实的基础。目前，普通高等学校的现有教材并不完全适合远程教学，市面上真正用于现代远程教育的成规模的网络教材还不多见，与网络课件相配套的系列教材更是寥寥无几,因此为接受远程教育的莘莘学子专门设计符合他们需要的教材已成为现代远程教育发展的迫切需求。

基于以上原因,贸大远程按照学校一级教学管理体制,本着为社会、为学生服务的宗旨,致力于教学质量的保证和提高,特聘请了国际经济与贸易学院、金融学院、国际商学院、英语学院、公共管理学院等学院的优秀教师,以目前开设的两个学历层次的 7 个专业为依据,以现有的导学课件为基础,编写了这套远程教育系列教材。本套教材共分为外语、经济贸易、工商管理、法律、金融与会计、行政管理、综合 7 大系列,全面覆盖两个学历层次 7 个专业的上百门课程。为了打造贸大远程优质教材品牌,我们与清华大学出版社和对外经济贸易大学出版社达成协议,计划 3 年之内全部出齐。

本套教材在策划编写过程中,严格遵循现代远程教育人才培养的模式与教学客观规律,充分考虑到远程学生在职和成人继续教育业余学习的实际情况,专门为远程学生量身定制而成,具有较强的针对性、实用性和可操作性。本套教材的编写具有如下特点。

一、在教材体系和章节的安排上,严格遵循循序渐进、由浅入深的教学规律;在对内容深度的把握上,考虑远程教育教学对象的培养要求和接受基础,其专业深度比本科有所降低,基础面相对拓宽,不是盲目将内容加深、加多,而是做到深浅适中、难易适度。

二、在每章开篇给出明确的"学习目标"与"重点难点提示",涵盖了教学大纲的重点或主要内容。相对于传统的学校教育,远程教育更倚重于学生的自学能力和自控能力。明确的教学目标有利于学生带着任务有目的地学习。同时,教材中充分考虑到了学生学习时可能遇到的问题,给他们以提示和建议。由于本套教材的作者都是经过挑选的具有长期教学经验的优秀教师,且大多数作者都来自远程教学的第一线,是远程网络课件的主讲老师,能够为学生提供比较丰富的、切中要害的问题解答,从而使远程学生在学习时少走弯路。

三、在章后和书后分别设置"同步测练与解析"和"综合测练与解析"栏目,涵盖了本章及本书的重要知识点,并给出了详尽的参考答案,对难题还进行分析点评,列出解题思路与要点,更加方便学生自学。测验是检验教学目标是否达到的有效手段。由于远程学生是在虚拟的网络课堂上课,远离教师,处于相对独立的学习环境;教师不能通过直接交流了解学生对学习内容的掌握情况;学生也由于与教师、同学之间的分离,无法判断自己的学习状况。针对这种情况,我们在教材中设置了大量自测自练题目,旨在通过这种自测自练方式,积极引导学生及时消化和吸收所学知识,不断加深对教材内容的理解,阶段性检查学习效果,全面复习和掌握所学知识,综合评判自己对知识的掌握程度,巩固最终学习成果。

四、考虑到有些专业课程具有较强的社会实践性,在教材的编写上也力争做到理论联系实际,注重案例的引入。尽可能安排一个或多个案例,并进行详细的分析讲解。旨在通过案例教学,对课程重点难点进行深化分析和实操训练,加强学生对知识点的理解和记忆,强化学生分析问题、解决问题的能力以及动手操作能力。

在本套教材的编写与出版过程中,我们得到了众多业界专家学者的真诚理解与支持,得到了清华大学出版社与对外经济贸易大学出版社的通力合作,在此向他们一并致以衷心的感谢。在前所未有的战略机遇期和"十一五"期间,相信本套教材的出版,必将是全国远程教育界一件很有意义的事情。衷心祝愿现代远程教育在建立学习型社会、构筑终身教育体系的进程中,在推动中国教育事业向现代化大教育形态的历史转变中,迈出更大更坚实的脚步。

对外经济贸易大学远程教育学院院长

谢殿斌

2006 年 7 月于北京

前　　言

随着全球互联网的发展,电子贸易作为电子商务的重要组成部分,已成为众多企业增加贸易额、控制贸易成本的重要手段。据 WTO 统计,2005 年全球通过网络手段的国际贸易额占到世界贸易总额的 17.8%,2006 年这个比例将达 25% 以上。目前我国电子贸易尚处于起步阶段,国家急需大量的电子贸易人才。为规范以互联网为平台的电子贸易,2005 年 1 月 8 日,国务院办公厅颁发了《关于加快电子商务发展的若干意见》,并于同年 4 月 1 日起正式实施《中华人民共和国电子签名法》。国家信息产业部为解决目前国内电子贸易人才奇缺的瓶颈,以及下一步规范电子贸易人才的持证上岗问题,特批准中国电子商会成立电子贸易培训管理办公室,专门推出"注册电子贸易师"认证项目,属于"国家电子贸易人才培养工程"的一个重要组成部分。

"注册电子贸易师"认证项目旨在培养以互联网为平台,通过电子化、信息化手段实现商务目的复合型人才。中国电子商会所进行的此项认证,是电子贸易化人才国家级的权威认证。注册电子贸易师资格认证官方网站为:http://www.cebm.org.cn。

注册电子贸易师认证培训教材由中国电子商会电子贸易培训管理办公室指定,并授权对外经济贸易大学编著,由对外经济贸易大学远程教育学院承担教材课件的开发,并为全国培训考试中心提供网络学习技术平台。

对外经济贸易大学创建于 1951 年,是教育部直属全国重点大学和国家"211 工程"首批重点建设高校之一,是以国际贸易、国际经济法、商务外语等为专业优势的多科性大学,国际化和"外语+专业"复合优势是学校最突出的两大特色,被誉为"中国的哈佛"和"CEO 的摇篮"。

注册电子贸易师认证培训教材编委会由对外经济贸易大学副校

长刘亚教授担任名誉主任;经贸学院院长赵忠秀教授担任主任;远程教育学院院长谢毅斌教授担任副主任。全书共分为五个部分,"电子贸易"及"国际贸易理论与实务"部分由对外经济贸易大学知名教授王健撰写;"国际市场营销策略"由对外经济贸易大学知名教授朱明侠撰写;"贸易法"由对外经济贸易大学法学院副院长王淑霞撰写;"商务英语"由对外经济贸易大学远程教育学院院长谢毅斌教授撰写。

　　本书适用广泛,可作为全国外贸、商业等部门的从事电子商务工作者的业务参考用书,及相关理论工作者的参考读物。也特别适合于大专以上学历,从事国际国内贸易、电子贸易、企业电子化管理等工作一年以上,具有一定的电子贸易理论知识和实际工作经验人员,及热衷于电子贸易、希望从事电子贸易工作、报名参加注册电子贸易师培训学习的不同专业在校学生和社会学员。

　　本书在编写过程中,由于时间仓促,作者水平有限,书中难免有疏漏和不妥之处,敬请广大读者、专家不吝赐教,以期不断完善。

注册电子贸易师认证培训教材编委会

2006 年 10 月 19 日

目 录

第二部分　国际贸易理论与实务

第三部分　国际市场营销策略

第四部分　贸　易　法

第五部分　BUSINESS ENGLISH

第一部分

电 子 贸 易

PART ONE

绪　　言

因特网(Internet)将全球成千上万的计算机连接起来。计算机到计算机之间的数据传输使用了一系列不同的传输媒体,如普通电话线、微波(如在卫星传输中),以及近期出现的光导纤维。光导纤维正在代替普通电话线实现复合服务数据网络(Integrated Services Digital Network,ISDN)传输。通过这项传输媒体,可以进行数据信息的多媒体同时传输,如语音、文本和图像的同时传输。人们将多媒体的因特网全球信息资源集合成一个新的名称,即"国际互联网",或者称为"万维网"(World Wide Web)。

国际互联网与其他任何媒体相比,具有两个根本性的特点:一是开放式标准;二是双向交互式通信。国际互联网的商业价值都是从这两个根本特点演化出来的。围绕着这两个根本特点,企业展开了各种以国际互联网为核心的现代信息技术应用。虽然信息技术的应用可以追溯到20世纪60年代,然而网络技术的应用和普及实际上是从90年代以后才发展起来的。目前,企业几乎所有的信息技术应用都要考虑与国际互联网的应用对接,由此而形成了现代网络的商业应用。随着国际互联网上网人数的迅速增加,现代网络在商业上的价值也越来越被企业所重视。基于市场角度的国际互联网的应用越来越受到企业界和学术界的重视。其原因就是国际互联网使得市场的主体、客体和交易活动本身出现了虚拟化的倾向。电脑和网络应用成本的不断下降,加上基于网络的电脑软件技术的不断创新,使得消费者游离在现实市场与虚拟市场两个市场之间,企业也要考虑在两个市场展开经营活动。虚拟市场中的竞争格局也逐渐形成。

第一章

C
HAPTER ONE

国际互联网与电子贸易导论

学 习 目 标

本章介绍电子贸易的基本概念和基本理论框架;分析了国际互联网的特点及其商业价值;同时对国际贸易企业应用国际互联网的原因,以及应用的基本领域都进行了探讨。

重 点 难 点 提 示

- 电子贸易、国际电子贸易的概念
- 国际互联网的特点
- 国际互联网的商业价值表现
- 国际贸易企业应用国际互联网的原因

第一节　电子贸易的概念和理论基础

一、电子贸易的基本概念

电子贸易(e-trade)指的是企业利用现代信息技术,特别是国际互联网技术来开拓市场、达成交易,以及进行交易管理的过程和做法。简而言之就是指企业通过利用电子商务运作的各种手段所从事的商业活动。它所反映的是现代信息技术所带来的贸易过程的电子化。

本书所反映的电子贸易主要是针对从事国际贸易的企业在国际贸易活动中采用国际互联网等现代信息技术开展国际贸易的实践做法。这种做法也可以被称为国际电子贸易(international e-trade)。随着我国企业参与国际分工,从事国际贸易的深度和广度不断延伸,特别是进入新世纪后,国际互联网技术普及,为企业提供了开拓国际市场、从事国际贸易的新的平台和新的手段。

众所周知,国际贸易指的是国与国之间商品和服务的交换活动。它反映了世界各国间的劳动分工和经济上的相互依存与相互依赖关系。

计算机及其网络技术的发展,特别是与国际互联网相关的技术发展将全球市场的空间和时间距离拉近,加强了国际间的劳动分工和经济上的依赖关系,促进了全球经济的一体化趋势。

电子贸易的发展使国际贸易的运作方式发生了很大的变化,同时也带来了一系列的现实问题。因此,世界各国在国际贸易领域展开了国际间的协调工作。

国际电子贸易在国际贸易领域可以被理解为是一般电子商务在国际贸易领域内的具体应用,因此,它与一般电子商务相比有其特殊性。它们主要表现在如下几个方面:

第一,一般电子商务泛指所有商务活动的电子化过程,主要是国内商务活动,而国际电子贸易主要针对国际商务活动中的电子商务的应用。

第二,一般电子商务包含所有类型的电子商务活动,如商业机构对消费者、商业机构对商业机构、商业机构对行政机构,以及消费者对行政机构等的电子商务活动。而在国际贸易活动中,交易行为一般涉及政府的行政管理部门,贸易伙伴和相关的结算、运输、商检等商业部门,国际贸易的交易行为和过程本身并不直接针对市场上的消费者。

因此,国际电子贸易只是包括了商业机构对商业机构和商业机构对行政机构的电子商务活动。贸易伙伴之间以及贸易伙伴与相关银行、运输部门、保险部门、商检、海关和政府部门等传输订单、相关单据和文件就成为国际电子贸易活动的主要内容之一。

第三,一般电子商务虽然使企业直接面对全球市场,可以采取网上成交模式在国际互联网上直接达成交易,但是企业所从事的国际电子贸易活动行为不仅是成交活动本身,它往往涉及交易从前期准备到合同履行的方方面面。这些活动与一般贸易活动毕竟不同,要受到不同国家的对外贸易政策与措施的制约,同时又要纳入国际规范。

国际电子贸易的具体运作涉及的部门和范围要远远多于或大于一般的电子商务,其相关的协调工作和法律惯例规范都是国际性的。因此国际电子贸易活动仍然有它的特殊性。

在我国,国际电子贸易的特殊性还体现在,其发展将具有社会连动和示范效应。我国国内电子商务的发展相对西方发达国家起步较晚,相应的国内电子商务规范还没有建立起来。

但是,这并不意味着我国电子商务的发展始终是落后的。最近几年,我国信息技术的发展异常迅速,与西方国家的差距正在缩短。电子商务发展虽起步较晚,但我们依然可以到达同一起跑线并享受到"后发利益"。

这也就是说,根据我国国情,我们可以充分借鉴发达国家在电子商务发展方面所积累的经验和教训,首先在对外经济贸易领域建立国际电子贸易的框架,逐步带动国内电子商务的发展,使我国的电子商务在较短的时间内赶上发达国家。

因此,在我国发挥国际电子贸易的社会连动和示范效应是尽快缩小我国与国外的信息技术差距,推动我国企业参与国际竞争,规范我国商业活动与世界接轨的有效手段。

二、国际电子贸易的理论基础

鉴于我们对国际互联网的商业意义的理解,许多企业已经意识到国际互联网将会彻底改变传统的商务运作模式,这便促使企业要探索国际互联网的应用问题。然而,绝大多数的国内企业对国际互联网的应用并没有形成关于互联网应用方面的理论分析和应用指导框架。为此,我们根据国外的最新发展动向和收集的大量有关企业互联网应用方面的理论和实践资料,对此问题提出一个基本的分析框架,作为我们对国际贸易企业互联网应用问题的思路和理论基础。

1. 企业国际互联网应用的研究范围

对企业互联网应用问题的研究实际上可以从最基本的逻辑思维入手。通常我们对一个事物的认识要有三个逻辑步骤:即 Why(为什么)、What(是什么)、How(如何做)三个层次的问题。

对于任何事物的研究和分析,都至少存在这三个层面。这三个层面的问题相互之间是有联系的。通常"为什么"层面的问题会导致人们对"是什么"问题的探求;"是什么"层面的问题会导致人们对"如何做"层面的问题的探求;而"如何做"的问题又会进一步引发新的"为什么"的问题的研究。因此,这个逻辑框架的三个层面的问题是密不可分,而且是循环往复的关系。

我们对国际贸易企业应用互联网的阐述可以应用这个基本的逻辑思维框架。Why 层面的问题是探讨企业互联网应用的深层次的原因,用来对互联网的企业应用原因或动机给予解释。What 层面的问题是探询国际互联网为企业所带来的影响是什么,以及互联网的商业意义。而 How 层面的问题就是企业应用互联网的具体步骤和方法了。围绕国际贸易企业国际互联网的应用,这三个问题是交织在一起的,共同让我们深入地认识和研究国际贸易企业应用国际互联网的基本问题。在对企业应用互联网进行分析时,缺少任何一方面的论述都是不完全的,也是不能令人信服的。

2. 企业国际互联网应用研究问题的提出

根据以上对企业互联网应用逻辑思维框架的理解,我们对国际贸易企业互联网应用的研究问题分解如下(见图 1-1)。

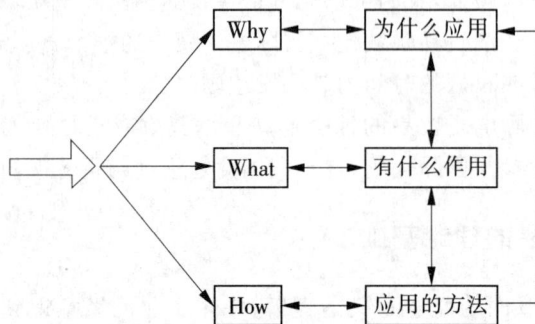

图 1-1　研究企业互联网应用的三个逻辑步骤

(1) Why 层面的问题

Why 层面的问题主要探求国际贸易企业利用互联网的原因。研究的主要目的是弄清国际贸易企业使用互联网的原始动机。只有这些问题弄清了,企业才能有如何利用国际互联网的理论指导,避免盲目跟风,漫无目的地使用国际互联网。我们提出的研究问题主要包括如下几个方面。

① 国际贸易企业为什么要应用国际互联网?

② 互联网应用的驱动力是什么?

③ 互联网的使用价值在什么地方?

④ 解释互联网应用的经济学理论有哪些?

⑤ 国外对互联网应用原因方面的研究所得出的主要结论是什么?

(2) What 层面的问题

What 层面的问题主要探讨国际互联网对企业的作用和价值。主要的目的就是让企业理解应用国际互联网给企业带来的各种机会和挑战,以及了解国际互联网为企业带来了什么影响和变化。只有企业充分认清了国际互联网的商业价值和商业作用,企业才能更充分地利用国际互联网。我们提出的研究问题主要集中在如下几个方面。

①　国际互联网应用的商业战略价值是什么？

②　国际互联网的应用为国际贸易企业带来了什么影响？

③　国际互联网的应用使国际贸易企业的运作发生了什么变化？

（3）How 层面的问题

How 层面的问题主要探讨国际贸易企业如何应用互联网。主要目的是认识企业利用国际互联网的一般规律。因为只有国际贸易企业理解了绝大多数的企业所遵循的规律，国际贸易企业才能避免走弯路。我们提出的研究问题主要包括如下几个方面。

①　国际贸易企业如何应用国际互联网？

②　国际贸易企业应用国际互联网的方式有哪些？

③　国际贸易企业目前应用国际互联网的现状如何？

第二节　国际互联网的特点及其商业价值

计算机和网络技术早就存在，而且该技术在商业中的应用早已出现，如局域网（LAN）和 EDI 技术等，都比国际互联网的存在要早十几年。然而，为什么在国际互联网出现之后，诸如"数字时代"、"电子商务"一下子成为全球的热点问题？

这是因为国际互联网已经不仅仅是一个简单的通信技术手段（与固定电话、移动电话等相比），它已经日益成为大众和企业不可忽视的媒体平台，这一媒体平台与其他的任何通信媒体（包括纸面媒体、广播、电视等）相比有两个明显的特点：双向交互式通信和开放式标准。国际互联网的任何商业价值所在都基本上是源于这两个基本特点。

一、双向交互式通信和开放式标准是国际互联网的根本特点

双向交互式通信指的是，国际互联网所提供的信息交流方式是双向的。信息的提供者在发布信息的同时，可以及时收集信息获取者的信息；信息获取者在收集信息的同时，可以对信息提供者的信息进行选择接收。

因此，这种信息通信和人与人之间直接进行面对面的信息交流有些类似。与传统的信息传播媒介相比，传统的信息传播是单向的。如广播、电视等在信息发布出去的同时，并不知道有多少接收者，或者不知道接收者是谁。信息的接收者对信息根本就不可能有任何选择。

开放式标准指的是，国际互联网是建立在开放式信息传输标准上（如，TCP/IP）。TCP/IP 于 1993 年被选为国际互联网正式标准。它是一套支持最底层的共有属性的信息传输协议。它就好比是一种数字通行证，使互联网上的讲不同语言的人们可以相互交流。

有了开放式标准,网上信息提供者在发布信息时可以采取多种多样的方式(如任何多媒体方式),并不局限于复杂的操作性标准。信息接收者在选择信息时,也可以通过方便快捷的方式收集信息,并不受到技术性操作标准的约束。例如,国际互联网的信息检索方式是非常方便快捷的(如美国的 Yahoo 网站),它既具有计算机信息处理的优势,又符合简易方便的可操作性原则。

上述两个国际互联网的技术优势,为工商企业提供了新的商务活动的运作模式。双向交互式的特点使企业的信息发布可以有更准确的定位,而且可以即时收集信息接收者的信息反馈,以便更快地作出调整决策。交互式的操作也使得实时交易系统的应用成为可能。交易者可以利用实时交易系统在网上实现在线交易。开放式的特点可以使国际互联网渗透到社会各个层面,具有广泛的市场范围。

特别是后来,人们又开发出"安全超文本传输协议"(Secure Hypertext Transfer Protocol,SHTP),它能够在浏览器与主机之间实现双向传输加密的信息,进行数字签字,识别主机/浏览器的身份等。因此,国际互联网基本上可以达到安全通信、数字签字、加密和认证等商业上的基本要求。

正是由于国际互联网所具备的上述优势,才使它在极短的时间内迅速膨胀,被工商企业认为是开展商务活动的又一新的媒体。

二、国际互联网的商业价值表现

欧盟著名的电子商务专家 Paul Timmers 就此对互联网的商业价值总结为十个方面(Paul Timmers,2000)。这十个方面包括:可获得性、无处不在性、全球性、交互性、网络的外部性、整合性、当地化、数字化、多媒体化和个性化。

1. 可获得性(availability)

可获得性主要反映国际互联网上的主机是一天 24 小时在线的特点。只要具备了互联网的连接手段,国际互联网可以随时获得浏览的可能,当然其可获得性还要受线路传输速度、网络流量大小等因素的限制。这个特点使上网的人不受时间的约束。从商业意义上讲,客户访问企业在互联网上的网站时,是与网站所建立的静态网页,或者自动的处理系统进行互动,从这个互动中所获取的是某种意义上的"自助式"服务。也就是说,企业通过网络所提供的客户服务并不受制于服务的提供本身的时间限制。

网站(或者技术本身)可以被看做企业处理某些业务流程的自动化的代理者(agent),在某种程度上 24 小时在线代替人工操作。当然作为企业来讲,网上的自动系统并不能解决所有的业务问题。通常企业的业务可以被分为标准化和非标准化两部分。标准化的业务流程通常指的是企业的简单程序化的流程,这些程序化的流程很容易被计算机和网络技术来代替;而非标准化的业务流程用国际互联网的技术手段往往很难实现。当然,我们也看到国外的许多在智能化代理方面所做的研究,往往是针对非标准化的、复杂的业务流程和智能判断与决策等问题(Corey Booth and Shashi Buluswar,2002),目的是尽可能地用互联网来最大程度地实现对人工操作的代替。

当然,从目前看来,在国际互联网上所实现标准化业务运作与非标准化业务运作的传统人工操作结合起来仍然是绝大多数企业现实的选择。

2. 无处不在性(ubiquity)

无处不在性是指国际互联网可以让我们实现无处不在的特点。由于网络的互联性使得国际互联网的存在并不具有任何等级、特权的性质。任何企业或个人只要连接了互联网,那么它无论是在中国,还是在国外的任何地方,都是一样的。网络对于不同的接入者所给予的浏览空间是相同的。

对于这种无处不在的遍布全球各个角落的网络空间,全球信息网络保证了让每个接入者可以以最低的成本接入最大规模的全球性的网络资源中。当然,全球的信息网络不仅包括互联网,而且要包括固定电话、移动电话、卫星系统、有线系统等,但是没有哪个通信系统能够与国际互联网相比,具有在相同条件下随时可以让我们无处不在的特点。这种无处不在性具体表现在如下两个方面:

一是无论是个人,还是企业;无论是大企业,还是小企业;无论是在近处,还是在远处,国际互联网对于它们都是一样的。从商业角度看,我们在通过网络接入新的市场的同时,竞争对手也通过相同的网络连接进入了我们的市场。

二是国际互联网将人与人接触过程中的屏障打破了。例如,从企业的经营角度看,网络的传播效应使得信息直接从信息的发布者传递到企业具体员工的办公室的电脑中,从而绕过了以传统方式向办公室的员工传递信息的线路。

因此,对于每个人或企业来讲,上网就意味着你可以在网络空间内无处不在,不再受到任何物理位置或地理位置的限制,可以在瞬间跨越传统市场中不可逾越的地理障碍,在无限的地理位置上通过网络来访问不同的物理区域和地点。

3. 全球性(global)

国际互联网给我们带来的最大的感受就是足不出户而游遍全球,即互联网的全球性,也就是国际互联网让我们不再受到任何地理位置的限制。企业可以通过网络接近全球的客户;而客户也可以通过相同的网络接近全球的供应商。如果承认这是互联网的基本事实的话,那么网络就给任何企业带来了两个无法回避的结果:

一是企业在任何时候都是面对全球市场展开竞争。这是因为国际互联网本身就是全球性的网络。在国际互联网上建立企业的全球形象(建立一个面对全球市场的网站)并不需要多大的投资规模。相对于中小企业而言,国际互联网为它们开拓国际市场提供了一个廉价的手段。企业的规模并不是企业开展全球业务的主要障碍。目前国外的许多研究机构在关注和研究所谓的 Born-global Company 概念（企业从一建立就是一家全球性的企业）（Michael W. Rennie，1993）。

二是即使已经在当地市场站稳脚跟的企业，还是要受到来自国际竞争者的威胁。国际互联网将全球市场连为一体。对于数字产品及其服务来讲，客户在取得消费时，来自本地企业和外地企业都是一样的，并不因其"舍近求远"而付出更昂贵的代价。因此，企业在制定战略时不得不将全球竞争环境考虑进去。任何没有考虑到更广泛市场领域的战略都有可能是短视的，将会被新的竞争对手打败。

当然，也有的研究者提出另一种观点（Paul Timmers，2000），由于国际互联网使大家都融入了这一相同的网络中，让每个企业都具有相同的全球性，那么实际上也就没有任何的企业再具备所谓特殊的全球的竞争优势了。因为，就互联网而言，大家的起点都是一样的。

如果承认大家的起点都是一样的，那么我们就不得不承认，大的企业由于已经建立了自己的品牌和信誉，因此，它们进入互联网后也就更容易被全球的客户所认同和接受。因为，毕竟品牌的优势使其在国际互联网中终究会脱颖而出。

另外一些学者的研究表明（Fariselli，P.，Oughton，C.，Picory，C. and Sugden，R.，1997），以国际互联网为基础的商业向全球化发展毕竟还要受到文化、语言和信用等条件的制约。由于这些因素可能成为制约企业全球化发展的主要障碍，因此，对于中小企业在互联网上开展电子商务仍然还是以地区性的网络和商业活动为主。

尽管如此，国际互联网的全球化商业特点为企业提供了如下的可能。

第一，企业的产品可以通过网络进行全球化营销。或许对于所有不同种类的产品，国际互联网作为统一的营销渠道不一定是万能的，但是对于许多特殊产品，如数字化的产品，像针对专业用户所开发设计的软件产品，在国际互联网上展开营销就非常适合，因为网络既可以作为营销渠道和营销手段，也是数字化产品交付的渠道。通过在网上下载软件，就可以方便地安装和使用。同时，通过网络连接，软件提供商还可以方便地向客户进行售后服务。

第二，国际互联网使得企业或行业供应链的全球化整合成为可能。网络这一统一标准的技术平台可以将企业或某一行业的全球供应商和客户有效地整合到一个标准化的全球技术平台上，还可以通过简化交易程序，提高整个企业或行业价值创造活动的有效性。最早，许多大的企业利用电子数据交换（EDI）技术，通过全球或地区性的专网来实现数据的共享和商业单据的传输。而今，基于国际互联网的新的应用技术手段，例如 XML（扩展性标识语言），可以让企业在更大的范围，以更低廉的成本实现全球标准化数据的交换。当然，全球化行业价值链的整合要以简化贸易程序作为前提条件，而这一工作的难度是比较大的，目前许多国际机构致力于这方面的研究和推广工作。

第三，企业国际互联网上的虚拟运作与传统全球市场运作方式互为重要补充。对于传统市场上全球性的大跨国公司来讲，它们并没有放弃虚拟市场的发展机会，反而在传统全球业务的基础上,逐步将传统业务向国际互联网上进行整合(N. Venkatraman,2000)。可以观察到的一种趋势是,基于互联网而崛起的新的网络公司,例如 AOL. com、Amazon. com 和 eBay. com 等纷纷将其触角伸向传统领地和传统的运作模式。AOL 于 2000 年收购了时代华纳公司,开创了网络公司巨额收购传统公司的先河;而 Amazon 和 eBay 也开始遵循传统的运作规律,在全球各地设立分支机构,或者就在许多国家当地并购相同模式的企业,作为其全球扩张的重要战略。

4. 交互性(interactivity)

交互性是国际互联网最基本的特征。基于主机/浏览器的技术结构,国际互联网提供了人到人、机器(应用程序)到机器(应用程序)、人到机器(应用程序)、机器(应用程序)到人之间的交互式信息交流方式。这种信息交流方式或许可以被看做现实世界人与人之间面对面最普通的信息交流的一种延伸,这种交互方式在网络上的实现给我们的企业带来了令人惊奇的效果。其商业意义包括如下几个方面。

第一,可以帮助企业与客户进行全方位有效沟通,不间断地与客户进行交互式的交流可以最大限度提升客户对企业的忠诚度,从而将这种信息交流转化为企业的销售机会。

第二,可以帮助企业更好地了解客户的背景信息,例如可以方便地取得客户的个人背景资料,如社会背景、收入水平、购买行为、个人偏好等信息。企业可以根据这些信息更好地定制产品和服务。特别是通过国际互联网的交互功能实现一对一的营销(one-to-one marketing),保证企业可以获得连续不断的客户回头交易。

第三,有助于企业取得客户的反馈信息。利用客户的反馈信息,企业可以改进产品或服务的设计;制定有效的营销战略,通过让客户参与企业的各种商业活动,从而提高客户对企业的忠诚度。

第四,可以让企业实现网上客户自由浏览和搜寻产品或服务信息。这样既方便了客户,让客户根据自己的兴趣以最有效的手段浏览和搜寻相关的产品或服务,同时也为企业节省了大量的人力、物力和时间。这都是因为具有智能化的计算机程序代替了复杂的人工操作程序。

5. 网络的外部性(network externalities)

Rohlfs(1974)最早发现,对于电信网络而言,其接入的客户的效用直接与该网络使用的用户数量产生正向的相关性(Rohlfs J. ,1974)。也就是说,该网络用户的多少直接影响潜在的客户是否也加入使用者的队伍。这种现象在经济学中被称为"网络的外部性"。后来,从商务角度考察,网络的外部性主要表现在人们对网络的使用往往要取决于该网络是否已经有一定的使用数量。网络的使用人数越多,网络使用者所得到的利益越大。特别是当网络的使用者超过一定数量界限时,网络使用者所得到的利益并不像传统市场上的呈线性增长,而有可能出现非线性的超速增长。这一理论给予我们的企业两个启示。

第一，国际互联网的使用是一个逐渐增长的过程，在没有到达超速增长界限时，这是个渐进的过程。因为，企业或个人对网络的使用效用要靠每一个参与网络使用的企业和个人的增加而获得。

第二，国际互联网的使用存在一个超速增长的界限，一旦互联网的用户超过一定的界限，那么就会带动更多的用户使用，从而带来超速的增长阶段。而在这一阶段，网络用户的增长会使企业大力拓展网上业务。而实际上，在网络时代，识别这个临界点，并迅速作出正确决策的先行者往往能够获取更大的利益。

6. 整合性（integration）

随着一些新的程序语言的出现和应用，例如 SUN 公司的 JAVA 程序语言和微软的 Active-X 多媒体交互式的控件等技术，国际互联网本身已经支持了全球跨平台的信息交换和互动。这样就使得国际互联网日益成为整合各种功能于一个用户操作界面的一个多媒体互动的平台。

以著名的网上书店 Amazon.com 为例，当客户向该网站订书时，订书的客户并不仅仅只是使用网络界面来浏览信息，而且还要通过浏览器直接进入网上书店的数据库目录中去查询和调用信息。而数据库的信息被存放在后台的服务器端。客户如果正在办理支付的话，它将通过 SET（在线安全支付认证）应用系统，安全地输入信用卡的信息。当客户订完书后，可以通过该网站的网络界面获取有关运送的情况，而货物运送的物流跟踪系统是属于另外的一套后台信息系统。因此，实际上在上述客户书店买书至少有 4 个后台系统：客户浏览器端、在线书店、信用卡公司，以及运输公司。在买书的过程中这 4 个后台系统都存在彼此间的信息交换。所涉及的网络可能包括公众网络和私人网络等。

由于有了网上的统一的多媒体跨平台的系统，网上书店所提供的客户服务可以将各交易方的功能都整合到一个标准化的界面上。客户到了这个网站可以享受到与购书相关的所有的服务：从浏览、选择、订购到付款和安排运送等。或许将来，如果涉及进出口，客户通过该网站就可以直接支付进出口的税款等。这一切的实现都是因为网络本身具有一站式功能整合的作用。

7. 当地化（local）

尽管大家都认同国际互联网具有全球性，但是，网络的当地化也是其重要的特征，主要表现在两个方面：一是国际互联网虽然是全球网络，但是其接入却是本地化的；二是国际互联网的发展使得企业在网络的应用方面会逐渐倾向于实施当地化的战略。

目前，连接国际互联网的方式和程度有所不同，然而，无论在世界哪个角落，都可以实现相同的连接效果，即从当地进入全球市场。另外，国际互联网的当地化还包括互联网的商业应用战略在注重全球性的同时,更重视当地化的战略。这主要是因为,越来越多的准备在互联网上开展电子商务的企业并不仅仅为了拥有网上的空间和网上的形象。大量应用国际互联网的企业都是用虚拟的网站来强化当地的以实物基础设施为平台的业务。因此,互联网的业务发展必须要与当地化的有形的生产和服务相连,相互之间起到相得益彰的作用。

目前,在人们强调国际互联网的国际性,并为其所带来的国际商业机会而兴奋不已之后,国际互联网的下一步发展就是要将其服务当地化,帮助企业拓展当地的业务机会。我们可以看到大多数的企业的网络商务活动基本上是针对地区性的,许多都在尝试国际互联网的当地化服务。Charles Steinfield 和 Stefan Klein 在解释为什么网络商业应用的当地化战略仍然有效时,是这样解释的:第一,当地化的企业有更强的利用当地专业技术资源的能力;第二,在某个地区,企业的商业行为是要融入当地的社会网络的,只有这样才能取得商业信用;第三,当地化经营和分销的物流成本要低得多。

8. 数字化(digitization)

数字化既是国际互联网发展的前提条件,也是网络发展为商业活动所带来的结果。计算机和网络所连接与处理的内容就是数字,或者是数字化的信息。数字化的信息可以方便地被现代信息技术手段所储存、传输、处理、混合和整合。数字化的信息可以独立于其创造者和载体。从商业上看,这一数字化网络至少在商业上可以带来两个明显的影响和结果。

第一,通信、信息和媒体出现融合的趋势。这一融合趋势给新的产品和服务带来了许多商业机会,例如网络电话、网络电视等,也带来了新的融合后的信息技术产业的出现。在数字化所引导的整个发展过程中,电信、信息技术和媒体的大规模产业结构调整正在发生。

第二,数字化产品所遵循的规律是边际效益递增,而非传统市场上的边际效益递减规律。就数字产品和服务来讲,它们具有数字化生产和交付的特点,因此其边际成本几乎为零。例如软件、信息服务、网络上的客户自助服务等,其生产成本和投入也许会很大,但是其每增加一个产品的生产和销售所带来的额外的成本的增加几乎为零。所以数字和网络产品所遵循的经济学规律与传统经济学规律正好相反,即随着生产和销售数量的增加,固定成本被更多的客户所平均分摊,在边际成本并没有增加的情况下,收益体现的是持续的增加。

9. 多媒体化(multimedia)

与数字化最密切相关的是网络的多媒体化。多媒体化指的是多重方式处理和传输信息的能力,包括文本、图像、声音、视频和虚拟现实等方法来处理和传输信息。目前,国际互联网已经支持了几乎所有的多媒体手段,如支持文本、图像、动画、声音和视频效果等。虽然传输的效果未必非常理想,但是低分辨率的图像、声音和视频已经能够达到一般的效果。另外,其他的基于网络的多媒体技术,如 Flash 等技术使得网络的动画效果非常出色,已经初步达到了人们预想在网络上所呈现的多媒体和互动的效果。在不久的将来,可以预计,实时的视频、3D动画和虚拟现实的效果将以更低的成本和更高的速度普及到更广的市场范围。

从商业意义上讲，多媒体技术为企业在国际互联网上进行产品和服务的营销推广提供了非常好的机会和可能。因为多媒体可以增强演示效果，提供更逼真的环境和更详细的信息，同时还可以实现互动的效果。目前，许多企业已经将标准的多媒体应用（包括文本、图像、动画、声音和视频等）作为通过国际互联网所提供服务和产品的质量问题来考虑。如果未来带宽的问题被解决，而且互联网的多媒体应用再加上第三代（G3）的移动通信，这将成为网络时代的商业领域的杀手锏应用（killer application）。

网络多媒体技术具体在商业上的应用主要体现在如下几个方面。

① 多媒体产品目录，主要用于演示实物产品的特性。

② 软件产品的应用演示，即用最简单的图表、动画技术与在线的视频结合起来，可以产生逼真的效果。

③ 互动的培训和模拟，用于介绍产品的使用，解答客户的问题等。

④ 在企业售前或售后服务中，运用声音和视频多媒体技术与客户进行拟人化沟通等。

10. 个性化（one-to-one）

个性化也是电脑和网络交互性所带来的一个非常重要的特点。国际互联网的个性化主要体现在计算机的应用程序可以根据不同的互联网受众群体或受众个人定制不同的浏览和交互内容，也就是人们通常所称的"一对一"的个性化交互模式。个性化的手段可以让电脑和网络自动根据受众群体或个人的特征来提供不同的数字化的产品或服务。网络的个性化特点具有如下几个方面的商业意义。

第一，可以对网上客户建立档案和背景资料。客户在访问网站时一般都要向企业提供某些客户的背景资料，或者在与网站发生业务关系时，该网站已经收集了有关的客户信息。为了能够让这些背景资料与客户产生"一对一"的关系，在技术上就是在客户访问该网站时，在客户端的电脑上驻入某些特定的数据文件或程序（例如"cookies"），当网络客户再次访问该网站时，网站的程序可以从客户的电脑中调出他的信息，以便识别该客户。当然，作为网络企业可以用这项技术记住客户的重要信息，而且可以根据客户访问网站的情况自动跟踪。

第二，可以收集客户网上的浏览过程的信息和跟踪客户的购买行为。除了可以记录下客户的背景信息之外，互动程序还可以将客户访问网站的情况都记录下来，例如网页的浏览情况统计、消费行为、购买的过程等。企业可以根据客户群体的购买行为，或者消费行为制定一对一的营销策略。甚至企业可以定向地向某个定位群体投放广告，以吸引最有效的客户资源。

第三，可以利用电脑和网络的"智能代理"（intelligent agents）技术，实现低成本而大规模的个性化的营销服务。在传统的客户营销模式中（认知程度、兴趣程度、购买欲望、购买行为是 4 个营销步骤),智能代理技术可以帮助企业实现增强客户兴趣程度的作用,通过与客户之间的信息交流,增加客户对产品和服务的兴趣,从而产生购买行为。

第三节　国际贸易企业应用国际互联网的原因

随着国际互联网的日益普及,企业越来越认清了国际互联网的商业价值,因此,国际互联网的应用就成为中国企业目前要探询的主要问题。企业之所以要探询应用互联网的问题,主要是基于如下几个方面的原因。

一、企业网络技术应用已经发生了根本转型

随着现代信息技术的飞速发展,电子计算机及其相关软硬件的开发和利用在社会各个领域取得了重大的发展。企业最早的计算机网络应用是 EDI(电子数据交换),到国际互联网的商业应用已经使商业活动发生了根本的转型。商务活动应该说是现代信息技术广泛应用的领域。最初计算机在商业领域内仅仅局限于提高办事效率,作为辅助的信息载体和处理复杂的统计和运算。而真正用于商业交易往来的网络信息传输还是 20 多年前。那时,公司之间的信息传输实现了 EDI 方式,其代表性的电子商务活动是公司之间运用 EDI 方式传送和接收订单、交货和付款等信息。如果说以电子方式传输或记录商业信息可以算作商业网络应用的最早形态的话,那么,实际上在 EDI 出现之前,就有企业通过电子自动收款机和信用卡等来达到商业信息的网络应用。

但是,无论是电子自动收款机,还是 EDI 方式,那时的企业所从事的网络商务活动仅限于在封闭的系统中进行运作。当时把网络传输方式引入商业领域更多地是从方便、快捷等方面来考虑。最多也仅限于参加交易的封闭的当事人之间实现电子数据传输方式。

因此,从严格意义上讲,它与我们今天所描述的通过国际互联网进行的电子商务相比,不过仅仅是新的电子传输技术在商业领域内的早期应用,即新的电子方式的传输代替了以往纸面的处理程序。新的信息技术在这个层次上给我们提供了新的技术手段,但是并没有给商业活动带来根本性的变革。就像电话、电报部分代替了书信往来,传真部分代替了电传一样。这一切对商业运作的影响虽然很大,但是市场的运作方式、产品结构、消费者和生产者的地位等都没有实质性的变化。信息技术和网络的应用使商业活动的信息传输速度、方便程度等大大地提高了。

早期以 EDI 方式实现的电子商务活动应该说已经将新的电子信息技术与商业活动较好地融合起来。但是,大规模的网络商业化应用仍然受很多条件的限制,如商业伙伴之间的信息传输需要严格统一的标准,另外网络的互联效应没有发挥出来。

国际互联网的发展使商业机构看到,网络不再是一个技术上的概念,商业上的应用更是

广泛,如:

① 互联网可以在公共电脑网络上实现交易信息的传递。

② 互联网可以实现在线销售和采购。

③ 互联网可以实现网上银行业务。

④ 互联网可以实现用 EDI 来完成贸易伙伴之间的交易。

⑤ 互联网可以帮助信息的搜集,完成市场调查。

⑥ 互联网有助于信息的广泛传播,是商业广告的新媒体等。

现代信息技术的应用很大程度上已经改变了商务运作方式。我们与客户、供应商和雇员打交道的传统方式已经遭到了毁灭性的打击。新的运作方式正在代替传统的方式。哈佛大学的经济学家 Peter Schumpeter 将之与"创造性毁灭"(creative destruction)理论联系起来。他的主要观点是,传统方式的毁灭本身比保留还要重要,只有放弃商务运作的旧有方式,才能创造出新的方式(McKeown,P.,Watson,R.,1996)。

澳大利亚的学者在引证上述理论时列举了商业转型时期中层管理人员的例子(E. Lawrence,B. Corbitt,A. Tidwell,J. Fisher,JR. Lawrence,1998)。20 世纪 90 年代以来,信息技术的应用使澳大利亚商业面临转型,许多中层管理人员大量失业。这些中层管理人员一般都 40 多岁,已经为熟悉的企业工作了 20 多年。面对新的形势,这些一度曾非常忠诚的中层管理人员开始放弃传统的为雇主服务的观念,进而自己创业。他们不能像以前为雇主工作时那样有自己的秘书、助理和各种辅助工作部门。他们一旦接受到新的咨询任务,往往都是从做实地调查、案头研究,到用电脑软件建立模型、打报告、准备发票,自始至终,这一切都是自己来完成。为了新的生存和发展的需要,他们开始重新塑造自己,非常注重通过新的信息技术应用来提高工作效率和改善客户服务手段。

当然,旧的商务运作模式的放弃还需要新的信息技术手段来代替。《大不列颠百科全书》的出版商就曾经历了典型的创造性毁灭的过程。

以往,人们要买一套《大不列颠百科全书》的印刷版需要 3 000 美元左右。随着国际互联网、CD-ROMs、信息爆炸时代的到来,新的信息载体,如 CD 既成本低,又方便携带,还可载有多媒体,并具备快速信息查找的功能。这一切使《大不列颠百科全书》的印刷版市场面临前所未有的挑战。最初,该出版商拒绝向 CD 版市场发展,由于没有跟上技术发展的步伐,具有权威性的《大不列颠百科全书》的印刷版市场受到了许多其他 CD 版百科全书的挤占,该出版商损失惨重。1996 年,该出版商开始实施互联网战略,最初是推出网上订阅模式,让消费者免费一周试用,然后再决定订阅。1997 年初推出了 CD 版,但是每套近 750 美元的高价让消费者望而却步,后又降至 180 美元左右,还附带 Netscape Navigator 浏览器,这才使得消费者觉得可以承受。该出版商为了保持内容始终最新,每年更新 3 次,可以按月或者年度来在线订阅。1997 年 7 月,该出版商宣布不再出版该印刷版。至此,《大不列颠百科全书》彻底改变了传统的运作方式,走上了国际互联网商务战略的道路。

二、国际互联网使国际贸易企业面对两个市场从事价值创造和商务活动

随着企业对国际互联网价值认识的逐步深化,企业的许多经营活动被逐步映射到了互联网上,并形成了新的市场空间,我们将其称为虚拟市场空间。在虚拟市场空间,买方和卖方可以相互交换有关产品、服务和价格信息,进而可以进行商业谈判,直至最后完成交易。这些在以国际互联网为基础的市场空间上所从事的企业经营行为既可以包括企业对消费者(B2C)的交易行为,也可以包括企业对企业的交易行为(B2B)。从交易方式角度看,虚拟市场中企业的经营行为既可以模拟传统市场的交易方式,也衍生了许多独特的新型的交易方式,而且还创造了许多新型的商业模式。这一切都表明国际互联网作为一个全新的市场概念的形成。

因此,电子虚拟市场(electronic virtual marketplace)指的是商务活动中的生产者、中间商和消费者在某种程度上以数字方式进行交互式商业活动的市场。电子虚拟市场是类似于传统实物市场的虚拟形态。通常我们所称的"数字化经济"(digital economy)指的就是在电子虚拟市场上所从事的经济活动的总称。电子虚拟市场从广义上来讲就是电子商务的运作空间。近年来,西方学者给电子商务运作空间赋予了一个新的名词"Marketspace"(市场空间,也可意译为"虚拟市场")(Jeffrey F. Rayport,John J. Sviokla,1995)。以此有别于在地理位置上所形成的市场(marketplace),我们也可称之为"传统市场"。

可以用以下的例子来说明虚拟市场与传统市场的关系。当我们使用家里的电话答录机储存电话留言时,我们使用的是实实在在的可以看到的硬件系统,这时我们还处在传统市场上;但是如果我们付费使用当地电信公司的电子答录系统,我们就进入了虚拟市场空间,因为电信公司所提供的产品和服务是以数字信息方式存储的,并且是通过以网络为载体的信息渠道提供的。银行可以通过传统市场的分支机构向客户提供支付、转账服务,也可以通过在线方式在虚拟市场为客户提供相同的服务。航空公司可以通过售票中介在传统市场上设立售票点,同时也可以在虚拟市场上在线销售飞机票。

电子虚拟市场之所以被认为是开辟了商务活动的又一运作空间,是因为在许多方面它与传统的实物市场有一些共同的市场本质的内容。无论是在电子虚拟市场,还是在实物市场,它们的共同部分包括。

(1)市场经营主体,指在市场上从事商业活动的机构或个人,例如,生产商、供应商、中间商、经纪人、零售商店、消费者等。

(2)市场经营客体,指在市场上经营主体从事交易活动的对象,即产品或劳务,它们可以是有形的,也可以是无形的,需要数字媒体才能体现出它们的价值。

(3)市场经营活动,指市场经营主体从事商业活动的具体过程,例如,产品的生产、交易的达成、产品和劳务的提供、产品或劳务款项的结算、市场营销活动、产品或劳务的消费行为等。

然而，电子虚拟市场与传统实物市场相比不同之处在于，就电子虚拟市场上的上述内容，其全部或部分的实现形式演变成电子化（electronic），或数字化（digital），或虚拟化（virtual），或实现了某种程度的在线式经营（online）等。

例如，电子虚拟市场上的经营主体可以在互联网络上有自己的网页或电子邮件地址；所经营的产品可能是数字产品，如计算机软件、CD；一家经营实物产品的实物商店也可以在国际互联网上提供在线交易，客户可以通过互联网浏览该电子虚拟商店的产品，并可在网上订购，而产品生产、付款和交货等还是按照传统的方法。

尽管目前许多人认为电子虚拟市场是指，在这个市场上所有的商业活动及其价值链都是采用在线式经营。但是电子虚拟市场的形成是一个动态的过程，并不是要等到所有的商务活动都采取网络虚拟化运作后才产生。市场上的经营主体之间只要存在数字化的信息交流，也就是某些商务或消费活动依靠了数字化的处理过程，那么就应该将此认为已经成为电子虚拟市场的一部分。随着国际互联网的不断扩大，网络作为市场的成分和作用越来越突出，加之计算机软件技术的发展，已经使企业与客户之间，企业与供应商之间，企业与所有相关机构和自然人之间的商业交流呈现了虚拟化的趋势。任何企业都不能漠视网络已经成为展开竞争的又一新的市场空间。国际互联网形成了一个新的市场环境（虚拟市场），企业今后实际是要在两个市场从事价值创造活动和展开竞争。

三、国际互联网已经日益成为国际贸易企业各种商务活动的基本平台

国际互联网及其相关的服务已经为企业提供了另外一个市场空间。这一虚拟市场空间在某种程度上已经具备了传统实物市场企业经营的基本环境条件。无论是个人，还是企业都可以运用网络手段进行信息交流，通信，从事各种产品和服务的分销，以及完成正式的交易。Albert A. Angehrn 曾将互联网为企业各种商务活动所提供的基本环境平台总结为 4 个方面：虚拟信息平台（virtual information space）、虚拟通信平台（virtual communication space）、虚拟分销平台（virtual distribution space）和虚拟交易平台（virtual transaction space）。国际互联网实际上是将传统市场在这些方面向虚拟市场广度上做了进一步延伸（见图 1-2）。

虚拟信息平台指的是国际互联网的信息源特征。这也是互联网最初吸引企业和个人上网的重要原因之一。作为信息的提供者，企业或个人将所发布的信息上传到主机上，而主机又连接到了互联网的骨干网上。这样实际上全天 24 小时，信息的浏览者都可以通过自己的浏览器随时访问全世界各主机上发布的信息（当然要知道或通过搜索引擎来找到存放信息的地点，即域名和主机存放该信息的目录名）。

互联网的信息源特征实际上将应用互联网的企业置于双重身份。它既是网上信息的发布者，同时又是网上信息的收集者。企业通过信息发布与接受信息的既有客户和潜在客户进行沟通，特别是应用数据库结构的技术手段，企业可以实现传统市场上无法实现的许多信

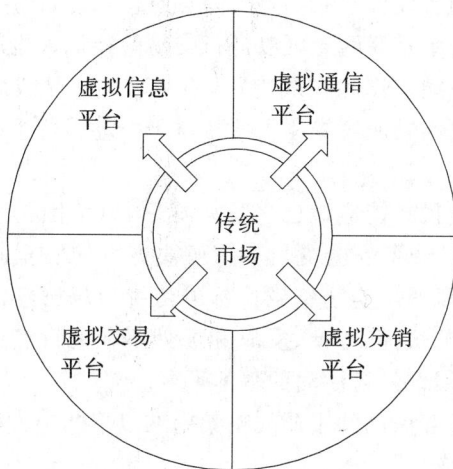

图 1-2 国际互联网使得传统市场的商业活动向虚拟市场延伸

资料来源：Albert A. Angehrn，The Strategic Implications of the Internet，INSEAD，The European Institute of Business Administration.

息检索功能，例如网上快速搜索产品目录，准确查找所需要的产品等。

虚拟通信平台指的是国际互联网的交互通信的特征。互联网作为一个网络平台并不仅限于成为一种静态信息发布和搜寻信息的工具。网络所提供的技术手段能够让企业或个人在网上发生实时的信息交换，从简单的邮件功能，或在线聊天到复杂的 3D 虚拟现实的交互式空间。网上虚拟社区的成员还可以用高速、低成本的方式绕过传统的物理和地理条件限制进行通信。

在企业商务活动方面，国际互联网作为虚拟通信平台还可以通过网站与潜在的合作伙伴、供应商、分销商等交流；还可以让客户通过各种互联网的通信方式与企业进行沟通。另外，由于互联网没有一般意义上的控制中心（实际上互联网的中心恰恰是靠信息交流的吸引力自然形成的），网上的信息交流因此可以不受任何控制地传播。

虚拟分销平台指的是国际互联网的服务交付特征。当然在互联网上可以交付的产品和服务是有一定限制的，即是那些全部数字化或部分数字化的产品或服务。目前，企业的产品和服务概念已经不仅局限于"实物"的概念，企业向客户和消费者提供产品或服务中或多或少要包括"非实物"性的内容，而这些"非实物"性的内容大部分又可以通过数字化的形式来表现。更何况，数字化产品和服务在商业领域所占的比例越来越大（从国际贸易中的服务贸易比重的增多就可以看出这一趋势）。国际互联网恰恰就提供了一个可以交付数字化产品和服务的渠道。

除此之外，国际互联网作为虚拟分销平台，还可以提供许多传统实物市场不能提供的增值服务，例如信息中介通过网络整合信息向客户提供及时、快捷、方便的信息增值服务；软件开发商可以利用网络渠道销售软件产品,并让客户通过下载并试用后再付款购买等。

虚拟交易平台指的是关于互联网上可以进行交易的特征。也就是由于互联网的交互性技术手段可以让企业实现在线成交和在线支付,而实际的产品或服务可以通过传统的方式来交付。国际互联网的支付问题的解决还主要得益于全球银行系统内部的信息化和彼此之间的电信交易网络的建立。

目前互联网上的在线支付系统应该已经比较成熟,以前困扰企业的小额支付问题已经得到了解决。国际上流行的 SET 安全支付协议解决方案使安全问题不再是目前支付方面的最大障碍。这样,国际互联网与实物基础设施的传统市场已经没有了商业意义上的实质性区别。况且,国际互联网的快捷、方便、实时和无处不在的特点让虚拟运作毫不逊色。因此,网络已经成为企业未来展开经营活动的基本平台。

国际贸易企业应用国际互联网的主要战略集中在以下几个方面。

① 实施两个市场的战略。

② 信息收集。

③ 搜寻贸易机会。

④ 优化业务流程。

⑤ 进行资源整合。

本章小结

本章立足于国际贸易企业如何应用国际互联网的基础问题,探讨了国际电子贸易的基本概念;勾画出了有关电子商务国际贸易的理论框架。本章让学生能够了解国际互联网的商业价值表现,并且解释了国际贸易企业应用国际互联网的原因和范围。

重要概念

国际电子贸易	国际互联网
无处不在性	交互性
整合性	电子虚拟市场

第二章

CHAPTER TWO

国际市场网络调研

学 习 目 标

　　本章阐述了国际市场网络调研的特点;介绍了国际市场网络调研的步骤和方法,如何利用互联网收集国际市场商务信息。

重 点 难 点 提 示

- ◉ 网络调研的优势
- ◉ 网络调研的局限性
- ◉ 网上实验法
- ◉ 市场网络调研的方法

第一节　国际市场网络调研概述

一、国际市场网络调研的含义

国际市场调研是企业从事国际商业活动的重要准备工作。国际互联网为企业从事国际市场调研提供了非常重要的手段。国际市场网络调研又称网上市场调研或联机市场调研，它是指企业充分利用互联网的优势，通过网络以科学的方法，系统地，有计划地收集、整理、分析和研究所有与国际市场有关的信息，特别是有关消费者、竞争者和宏观市场环境等方面的信息，从而掌握国际市场现状和发展趋势，有针对性地制定营销策略，取得良好的营销效益。市场网络调研的出现使传统市场调研发生了巨大的变革。因为 Internet 上海量的信息资源，几万个搜索引擎的免费使用能够为市场调研提供大量有用的资料，极大地丰富了市场调查的资料来源，扩展了传统的市场调查方法。

二、国际市场网络调研的特点

国际互联网具有开放性、自由性、平等性、广泛性和直接性的特性，国际市场网络调研就是充分利用国际互联网的特性实施市场调研。因此，市场网络调研与传统的市场调研相比，具有以下特点。

1. 市场网络调研的优势

（1）及时性和共享性

网络信息的传输速度非常快，可以及时地将调研信息传送到被调查的对象那里，也可以使企业及时地获得调研的结果。网络调查是开放的，任何网民都可以进行投票和查看结果，在投票信息经过统计分析软件初步自动处理后，即可查看到阶段性的调查结果。

（2）便捷性和经济性

在网络上进行市场调研，无论是调查者还是被调查者，只要有一台能上网的计算机，就可以进行网络沟通交流。调研者在企业网站上发出电子调查问卷，提供相关信息，或者及时修改、充实相关信息，然后利用计算机对访问者反馈回来的信息进行整理和分析，这不仅十分快捷，而且可以大大节省传统调查中耗费的大量人力和物力，可以足不出户通过网络考察全球各地的商品和行情，以低价格获取到所需的商品和市场信息。

（3）交互性和充分性

网络的最大好处是交互性，在网上调查时，被调查对象可以及时就问卷相关问题提出自己更多的看法和建议，减少因问卷设计不合理导致调查结论偏差。同时被调查者还可以不受时间限制,在充分了解问卷问题后发表自己的看法。这种双向互动的信息沟通方式提高了消费者的参与性和积极性,更重要的是,能使企业的营销决策有的放矢,从根本上提高消费者的满意程度。

（4）可靠性和客观性

网络调查问卷的填写是自愿的,不是传统的强迫式的,因此填写者一般对调查内容有一定兴趣,回答问题也相对认真些,问卷填写信息的可靠性有助于调查结论的客观性。同时,网上调查还可以避免传统调查中访问调查时人为错误（如访问员缺乏技巧,诱导回答问卷问题）导致调查结论的偏差。网络调研的结果比较客观。与有人硬塞给你一张调研表不同,浏览企业网站的访问者,或是那些愿意在网上填写调研反馈表的人们,一般都是对企业的产品有一定兴趣的,这种基于顾客和潜在顾客的市场调研结果相对来说比较真实,也比较客观,能够反映消费者的消费心理和市场发展的趋势。

（5）无时空、地域性限制

因特网是没有时空、地域限制的,网络市场调查可以在全球 24 小时全天候进行,这与受时间和地域制约的传统调研方式有很大不同。例如,某公司要搞一项全国性的调研,在传统调研方式下,需要各个区域代理的配合,而用网络市场调研完成此项工作,则会省时省力,效率高。

（6）可检验性和可控制性

利用国际互联网进行网上调查收集信息,可以有效地对采集信息的质量实施系统的检验和控制。一是可以对调查问卷附加全面规范的指标解释,有利于消除因对指标理解不清或调查员解释不一而造成的调查偏差;二是问卷的复核检验由计算机依据设定的检验条件和控制措施自动实施,可以有效地保证对调查问卷 100％的复核检验,保证检验与控制的客观公正性;三是通过对被调查者身份验证技术可以有效地防止信息采集过程中的舞弊行为,从而有效地对所采集信息的质量实施系统检验和控制。

2. 市场网络调研的局限性

（1）它只反映了网络用户的意见。目前,我国网络用户的数量有限,截至 2004 年 7 月,也只有 8 700 万用户,而实际生活中公众受网络支配的程度很低。因此,网络调研结果只能反映对此感兴趣的少数人的想法,无法代表群体整体的需求。上网人员并不能代表全部人口,甚至在互联网十分流行的美国也只有总人口的 12％在上网,这部分人口不能代替全体,企业应使用其他方法调查其他部分的人口。

（2）E-mail 地址的缺乏。实施电子邮件调查的关键是拥有大量的 E-mail 地址,而实施主动浏览调研又需要限制一址多答。另外,大部分可供浏览访问的主题不应与访问者有过强的利益牵连,这样,感兴趣者需一定时间才能到达感兴趣的部分。

（3）自由选择导致只有少数人愿意回复或与调查方联系,所代表的人数及范围较窄。

（4）上网匿名。由于担心自己的资料泄露,很多人都匿名上网,调查者很难证实被调查者的详情。由于被调查者担心自己的资料被一些不负责任的企业当做资料卖掉,所以调查者必须保证被调查者资料不会被乱用。

（5）在线注意时间较短。据统计,被调查者在回答 25～30 个问题后就会不耐烦,被调查时间最多只能在每次 30 分钟以内。

（6）多重选择答案的可信度。与其他形式调研相同,网络调研也无法保证被调查者不说谎。大多数网络调研无法控制被调查者的答题。如在一次调研中,就出现过一个有名的软件生产商为使其产品超过竞争对手而伪造投票。类似这种情况屡屡出现,可使用安全措施（如 cookies、IP 地址、URL、密码）来确保网络调研的准确性。

总之,利用网络进行国际市场调研的优势是明显的,但在实施时必须首先要使消费者和企业接受这种市场网络调研方法,同时还必须要有专业网络调研人员和网络软硬件设备的支持。

三、市场网络调研的目的

1. 识别企业站点的访问者

企业在网络进行市场调研,最基本的一个目的是要了解谁是企业站点的访问者。当有人访问企业的网站时,企业应想办法知道这个人是老是少,是男是女,是富是贫等基本背景信息。这些信息对从事网络经营的企业来讲是极为重要的,了解了企业站点的访问者信息,企业就可以勾画出目标客户群体的整体结构,然后有针对性地展开营销活动。

2. 进行客户满意度调查

客户的满意度与忠诚度是衡量企业的产品与服务在客户心目中位置的重要指标,它将直接影响企业的发展与利润。对客户满意度进行有效的调查,对客户满意度指标进行合理的评估和管理,对企业的日常运作和长期的策略制定都具有极其重要的指导意义。提高客户的满意度,保持客户对企业的忠诚度,不仅可以留住老客户,还有可能吸引更多的新客户,从而巩固和扩大企业的客户群。

3. 进行新产品测试

在当今这个富于创新的时代,用户无止境的要求及不断更新的消费观念使得企业面临着十分严峻的竞争环境。为了进一步满足用户的需求,企业需要不断地推出新产品、新概念或者新的服务方式。为了准确地了解客户的需求,在新产品的酝酿推广过程中,企业可以利用网上市场调研的方式,为新产品进行宣传与市场调研,分析新产品的优缺点与可能占有的市场份额。目前,已经有许多企业开始尝试这种方法。如 Motorola 与 Sohu 就联手进行过一次手机新产品的网上促销活动,这是网络广告品牌宣传与网上市场调研两种网络商业手段的有机结合。该活动历时两个月,通过该活动,一方面为 Motorola 的品牌宣传起到了积极的作用,同时又了解了客户对新产品的意见,收到了一箭双雕的效果。

4. 进行网站价值评价

网站作为网络虚拟社会"媒体"概念的进一步拓展与延伸,使传统媒体作为大众传播工具"一对多"的传播方式逐步向网站的"一对一"的传播方式演进。如何利用网站这一新的媒体进行市场营销与产品的促销,是广告界与市场研究领域研究的重点。同时,网站还是企业的形象,网站的价值也是投放网络广告的依据之一,所以网站价值的评估十分必要。网站评估的目的之一是为了进行网站的优化,以进一步提高网站的客户满意度。

四、市场网络调研的策略

网络调研的目的是要收集各种网络信息,利用网络加强信息的调查者与信息源之间的沟通与理解,因此,企业应制定在 Internet 上收集访问者信息的策略,采用一些有效的调研手段,以便让更多的顾客既愿意访问企业的网站,又乐于接受企业的调查询问,并善意而又真实地发回反馈信息。

1. 利用电子邮件与来客登记以询问访问者

网络是企业和客户之间的桥梁,而在其中起关键作用的是电子邮件和来客登记簿。电子邮件可以附有 HTML 表单,顾客能在表单界面上点击相关主题,并且填写附有收件人电子邮件地址的有关信息,然后回发给企业。而来客登记簿则是让顾客填写并回发给企业的表单。企业通过电子邮件和来客登记簿能获得有关访问者的详细信息。如果有相当人数的访问者回应,企业就能统计分析出相应的销售情况。

2. 向访问者提供物质奖励

如果企业能够提供一些奖品或者是免费商品,就会比较容易地从访问者那里得到想要知道的信息,包括姓名、性别、年龄以及电子邮件地址等。一般来说,这种策略是可行的,它能减少访问者发出不准确信息的数量,从而使企业提高调研的工作效率。现在在互联网上有不少的站点都向访问者提供了购买打折商品或给予奖金的机会,但前提往往是需要访问者填写一份有关个人习惯、兴趣、收入等情况的调查表。因为有物质奖励,所以许多访问者还是乐意完成这些调查问卷的。

3. 在 Internet 上收集访问者信息的策略

如果企业用大量有价值的信息和免费使用软件来吸引访问者,可以得到有关个人的详细情况。现在网上有很多提供免费信息的站点,允许访问者下载软件,同时鼓励访问者提供包括个人姓名、职位、所在公司及所在行业的有关信息。

4. 进行选择性调查

一般来说,当调查的问题比较短小精悍,属于选择题类型时,人们是乐于参加这种调查和意见测验的。对企业来说,一个有效的方法是,在设定网上调查问卷时,在每个简短的问题后面设置若干代表选择答案的按钮,让访问者直观地表达他们的观点。

5. 控制问题的数量

在进行网上调研时,如果问的问题太多,访问者往往会感到厌烦,不愿意参与。因此,掌握调查问卷中所含问题的数量是设计调查问卷的一个技巧。不过,不同的行业,调查问题的最佳数目各不相同,如何设定合适的问题数量,有赖于企业从实际操作中不断总结经验与教训。

6. 监控在线服务

企业可以利用互联网上的一些软件程序来跟踪在线服务,观察访问者挑选和购买何种产品,以及他们在每个产品主页上耗费的时间。通过研究这些数据,企业能分析出哪种产品是最受顾客欢迎的,产品在一天内的哪个时间段销售情况最好,以及何种产品在哪个地区销售数量最多等。这些数据对企业来说是非常重要的决策依据。

7. 充分利用数据库功能

数据库是企业了解市场信息、产品信息和营销信息的最大资源库。企业通过提供迎合大众趣味或者有关本行业的数据库,吸引顾客访问公司的主页。因此,企业应查找或建立适合本公司需要的数据库,选用适当的搜索引擎,还应该经常查看每个已链接的数据库,保证数据库信息的及时性和准确性。

第二节　国际市场网络调研的步骤与方法

一、市场网络调研的步骤

1. 明确调查问题与目标

进行网络市场调研,首先要明确调查的目标是什么。如了解顾客对企业所提供的产品与服务的评价;调查产品或企业的知名度;企业网站的邮件订阅者对企业邮件服务的满意度;企业产品的潜在顾客群是否对本企业的新产品感兴趣等。

2. 确定调研对象

网络市场调研的对象主要有 3 类,即企业产品的购买者、企业的竞争者,以及企业合作者和行业内的中立者。

3. 选择合适的网络调研方法

根据调研目标和调研对象,科学选择调研方法,市场调研人员即可通过电子邮件向互联网上的个人主页、新闻组或邮件列表发出相关查询。互联网上的个人主页信息对企业来说是非常重要的,应引起营销调研人员的高度重视。因为利用搜索引擎访问个人站点,企业产品的购买者和潜在消费者都可以成为调研的具体对象。只要被访问的人愿意并且是善意的,他们就会以电子邮件的形式通过互联网做出相应的回复。

4. 确定适用的信息服务

互联网上的信息服务不仅能使企业市场调研人员掌握大量调研对象的信息,而且通过公告板以便访问者提出询问而获得更翔实的信息。与传统的市场调研相比,网上信息服务为企业的市场营销开拓了更广阔的空间。另一方面,利用互联网进行市场营销调研的最大优势是及时快速。在互联网上,调研人员可以不定时地查看本企业的电子邮件信箱,并向各个私人或公众站点发出询问请求,以便及时准确地了解来自各方面的信息,把握市场变化动态和消费变化趋势,制定相应的市场营销策略。互联网是一个没有国别的信息数据库,市场营销调研人员可以利用互联网获得大量有价值的环境信息、商业原始数据和信息,并且可以将其下载,进行认真的分析和研究。因为互联网上提供的各类信息浩如烟海,所以市场营销调研人员应确定使用适当的信息服务。

5. 信息的加工、整理、分析和运用

收集到的信息往往是片断的、零散的,甚至夹杂着一些无用的信息,必须对获取和存储的信息加以条理化和有序化,然后运用各种定性和定量的方法进行分析研究,掌握市场营销活动的动向和发展变化趋势,探索解决问题的措施和办法。

6. 制作并提交报告

调研报告是市场调研成果的集中体现,它是经过对信息资料的分析,对所调研的问题做出的结论,并提出实现调研目的的建设性意见,供公司的决策者针对公司的情况及时调整营销策略。市场营销调研报告一般有两种形式:一种是专门报告,是专供市场研究及市场营销人员使用的内容详尽具体的报告;另一种是一般性报告,是供职能部门管理人员和企业领导

者阅读,其内容简明扼要而重点突出的报告。

企业通过互联网可以方便地收集到顾客和潜在客户的信息,从而帮助企业更好地理解并为客户服务。在进行网上调研时,客户可以借助这些手段和方法,发现更多的有关企业产品和服务的信息,而企业则可以更多地了解有关客户的信息。

二、市场网络调研的方法

根据资料来源可以将企业利用网络开展市场调查的方式分为网络直接调查方式和网络间接调查方式。

网络直接调查方式,即利用互联网直接收集第一手资料。主要通过网络调查问卷以及网络论坛采访得到。网络直接调查一般适合于针对特定问题进行的专项调查。

网络间接调查方式,即利用互联网的媒体功能,从互联网收集二手资料。由于越来越多的传统报纸、杂志、电台等媒体,还有政府机构、企业等也纷纷上网,因此网络成为信息海洋,信息蕴藏量极其丰富,关键是如何发现和挖掘有价值的信息。主要通过搜索引擎收集一些公开的出版物、报纸、杂志、政府和有关行业提供的统计资料,了解有关产品及市场信息。这些资料的整理分析,有助于了解整个市场的宏观信息,对企业了解市场的整体情况帮助很大。网络间接调查主要是利用互联网收集与企业营销相关的市场、竞争者、消费者以及宏观环境等信息。

对于一个企业来说用得最多的还是网络间接调查方法,因为它的信息广泛并能满足企业管理决策需要。实际的市场调查工作是将上述两类资料结合起来,进行比较、分析、整理,得出市场调查的总结论。

1. 市场网络直接调研

（1）市场网络直接调研的方法

① 利用自己的网站

网站本身就是宣传媒体,如果企业网站已经拥有固定的访问者,完全可以利用自己的网站开展网上调查。这种方式要求企业的网站必须有调查分析功能,对企业的技术要求比较高,但可以充分发挥网站的综合效益。如海尔公司希望获得用户使用投诉调查,就可以在自己的网站上做类似的调查。

② 借用别人的网站

如果企业自己的网站还没有建好,可以利用别人的网站进行调查。这里包括访问者众多的网络媒体提供商(ICP)或直接查询需要的信息。这种方式比较简单,企业不需要建设网站和进行技术准备,但必须花费一定费用。如海尔公司可以在人民日报网站进行调查(它已经购买了广告位)。

③ 混合型

如果企业网站已经建设好,但还没有固定的访问者,可以在自己网站调查,但前提是已与其他一些著名的 ISP/ICP 网站建立广告链接,以吸引访问者参与调查。这种方式是目前常用的方式,根据调查研究表明传统的优势品牌并不一定是网上的优势品牌,因此需要在网上重新发布广告吸引顾客访问网站。如中国互联网络中心(CNNIC)每半年进行一次的"中国互联网络发展状况调查"就属于此类型。

④ E-mail 型

直接向你的潜在客户发送调查问卷,这种方式比较简单直接,而且费用非常低廉。但要求企业必须积累有效的客户 E-mail 地址,而且顾客的反馈率一般不会太高。采取该方式时要注意是否会引起被调查对象的反感,最好能提供一些奖品作为对被调查对象的补偿。

⑤ 讨论组型

在相应的讨论组中发布问卷信息,或者发布调查题目,这种方式与 E-mail 型一样,成本费用比较低而且是主动型的。但在 Web 网站上的新闻组和公告栏(BBS)上发布信息时,要注意网上行为规范,调查的内容应与讨论组主题相关,否则可能会导致被调查对象的反感,甚至是抗议。

(2) 网络直接调查的分类

根据采用调查方法的不同,可以分为网络问卷调查法、网络观察法和网络实验法。

① 网络问卷调查法

网络问卷调查法是将问卷在网络上发布,被调查对象通过 Internet 完成问卷调查。问卷调查是从企业角度出发考虑问题,它比较客观、直接,缺点是不能对某些问题进行深入调查和分析原因。

网络问卷调查法有两种途径:一种是将问卷放置在 WWW 站点上,等待访问者访问时填写问卷。这种方式的好处是填写者一般是自愿的,缺点是无法核对问卷填写者的真实情况。为达到一定问卷数量,站点还必须进行适当宣传,以吸引大量访问者。另一种是通过 E-mail 方式将问卷发送给被调查者,被调查者完成后将结果通过 E-mail 返回。这种方式的好处是,可以选择被调查者,缺点是容易遭到被访问者的反感,有侵犯个人隐私之嫌。

② 网络观察法

可以利用网页访问统计软件如实记录以下数据:站点访问者的数量;回头客的数量和频次;访问者连入本站点之前所处的站点位置,包括利用哪个搜索引擎连入本站点;访问者访问本站点的停留时间;访问者浏览了哪些网页;访问者看过网页上的哪些条目;访问者的域名;访问者的国别代码;访问者的购买操作等。

这些数据可以让企业了解它的顾客来自何处,他们经常访问哪些站点,他们是通过什么途径进入本企业的主页的,他们对主页上的哪些内容感兴趣,对哪些内容不感兴趣,顾客每次购买商品的种类、品牌及花费等信息,从而让企业市场人员能更方便地观察消费者的行为动态,为企业的网上营销提供可靠的决策依据。

③ 网络实验法

由于有网页访问软件的帮助,企业市场人员可以更方便地在网上以实验的方法来测定顾客对每个营销因素的反应。例如,市场调查人员可以在不同时间,在主页的同一位置放置两条内容相同而布局不同的广告 banner(例如一幅广告是先显示图像后显示标题,另一幅广告是先显示标题后显示图像),并观察顾客对广告条的点击情况,来测试顾客对不同广告的反应,并依此来选择效果好的广告布局。又如,将同一类商品采用不同的价格在网上销售,测定其销售量的变化,可以据此调整企业的该类商品在网上销售的价格策略。

2. 市场网络间接调查的方法

网络间接调查主要是利用 Internet 收集与企业营销相关的市场、竞争者、消费者以及宏观环境等方面的二手资料信息,网络间接调查方法一般是通过搜索引擎搜索有关站点的网址,然后访问所要查找信息的网站或网页,一般是通过搜索引擎搜索有关站点的网址,然后访问所要查找信息的网站或网页。间接调查渠道主要通过 WWW,Usenet,News Group,BBS,E-mail 等方式实现,其中 WWW 是最主要的信息来源,根据统计目前全球有 8 亿个 Web 网页,每个 Web 网页所涵盖的信息包罗万象、无所不有。

（1）利用搜索引擎收集资料

随着 Internet 的迅速发展,互联网上的信息包罗万象,通常用户上网都有一定的目的,例如在网上查看某一条新闻,到某个网站打打牌,寻找专业信息等。纷繁复杂、处于无序状态的 Internet 可能会令许多用户无所适从,找不到所需的信息资源。因此,搜索引擎(search engine)应运而生了,它是 Internet 上的一个站点,具有帮助用户在 Internet 上查找特定信息的功能。犹如茫茫大海中的导航灯,但它只是告诉用户所需信息,而不能提供具体查找信息的内容。

目前 Internet 上的搜索引擎非常多,中国用户使用比较多的是中文搜索引擎,英文搜索引擎次之。国内中文搜索引擎都在 1999 年进行了升级,可以分别按分类、网站和网页来搜索关键字。由于国内的搜索引擎一般都是模拟雅虎,采用分类层次目录结构,使用时可以从大类再找小类,直到找到相关网站,操作时只需进行选择即可。为提高查找效率和准确度,可以通过搜索引擎提供的搜索功能直接输入关键字查找相应内容。目前引擎可以按分类、网站和网页来进行搜索。值得注意的是按分类只能粗略查找,按网页虽然可以比较精确地查找,但查找结果却比较多,因此搜索最多的还是按网站搜索。在按网站搜索时,是将要搜索的关键字与网站名和网站的介绍进行比较,显示出比较相同的网站,如要查找市场调查类的网站,可以在搜索引擎的主页搜索输入栏内输入汉字"市场调查"并确认,系统将自动找出满足要求的网站。如果找不到满足要求的网站,可以按照网页方式查找,系统将自动找出满足要求的网页。使用较多的中文搜索引擎是:

- Google (http:// www. google. com)

- 搜狐（http:// www. sohu. com）
- 新浪（http:// search. sina. com. cn）
- 网易（http:// www. yeah. net）
- 中文雅虎（http:// gbchinese. yahoo. com）

如果是外文信息,使用较多的搜索引擎是:

- Yahoo!（http:// www. yahoo. com）
- Excite（http:// www. excite. com）
- Lycos（http:// www. lycos. com）
- Infoseek（http:// www. infoseek. com）
- AltaVista（http:// www. altavista. com）

（2）利用公告栏收集资料

BBS(Bulletin Board System,公告牌系统或电子公告板)是早期 Internet 最普遍的应用之一,随着 Internet 技术的发展,BBS 的功能越来越丰富,它相当于一个很多人参加的大论坛,为广大网友提供了一个彼此交流的空间。任何人都可以在上面进行留言、回答问题,或发表意见,也可以查看其他人的留言,好比在一个公共场所进行讨论一样,你可以随意参加,也可以随意离开。在 BBS 上,可以方便地从索引栏目中找到感兴趣的主题,畅所欲言;同时,BBS 还是一个解答问题的百宝箱,不管是技术难题,还是情感困惑,众多的网友会互相开导提供帮助;通过 BBS,还有机会结识志趣相投的网友,到在线聊天室体会虚拟空间的概念。但在 BBS 上,如在公共场所一样,发言人要注意言行举止,不要发表反动言论,或进行人身攻击,为此公告栏一般都进行了申明,请务必注意,否则可能引起恶劣影响。BBS 通常有两种访问方式:Web 页浏览方式和远程登录方式。有的 BBS 支持以上两种访问方式,有的可能只支持其中的一种。Web 页浏览方式比较简单,熟悉使用浏览器浏览网页的用户就可以很容易地参与 BBS,但是 Web 方式使用的是 HTTP 协议,传输网页内容比纯文本方式信息量大得多,因此可能在传输速度上受到影响。远程登录方式使用 Telnet 协议,传送的是纯文本信息,所以传输速度高,但这种方式必须使用远程登录软件,目前使用较多的有 Telnet 或 NetTerm 等。利用 BBS 收集资料主要是到主题相关的 BBS 网站了解情况。目前许多 ICP 都提供免费的公告栏,你只需要申请使用即可。

（3）利用新闻组收集资料

新闻组(newsgroup)是 Internet 上专门讨论某个特定主题的讨论小组。就像日常生活中的讨论会一样,参与讨论的用户可以就所选主题发表文章(或称之为消息),也可以听取其他参与讨论的用户的意见,所有文章都是通过电子邮件来实现的。

新闻组已经成为互联网上一个重要的组成部分,由于新闻组使用方便,内容广泛,并且可以精确地对使用者进行分类(按兴趣爱好及类别),其中包含的各种不同类别的主题已经涵盖了人类社会所能涉及的所有内容,如科学技术、人文社会、地理历史、休闲娱乐等。你可以通过新闻组,参与自己感兴趣的主题讨论,加深对这一主题的认识,可以通过新闻组,提出自己在学习或生活中遇到的问题,其他用户也许能够给出答案;同样也可以利用自己的知识为其他用户答疑解难,形成一个网上的生活学习小组。

新闻组是 Internet 为人们提供的又一种人与人之间的交流方式,每天都吸引着全球众多的访问者。使用新闻组的人主要是为了从中获得免费的信息,或相互交换免费的信息。但使用时要对新闻组中的内容非常敏感,并对张贴消息非常小心。因为如果透露过多的个人信息,就会受到垃圾邮件的侵害。这里必须注意,新闻组中的"新闻"不同于日常生活中所见的"新闻",它是指参与讨论的用户对某一主题发表的意见,纯属个人观点,不具备日常新闻所要求的实时性、准确性等特点。而且,新闻组中的发言不受政府或 ISP 的监管,有很大的随意性,可畅所欲言,但是与日常生活中的交往一样,用户在参与新闻组时也要保持一定的礼貌和风格,否则也有可能激怒他人,遭到攻击。

(4) 利用 E-mail 收集资料

E-mail 是 Internet 使用最广的通信方式,它不但费用低廉,而且使用方便快捷,通过E-mail收集信息是最快捷有效的渠道,收集资料时只需要到有关网站进行注册,以后等着接收 E-mail 就可以了。因此它最受用户的欢迎,许多用户上网主要是为收发 E-mail 信件。

目前许多 ICP 和传统媒体,以及一些企业都利用 E-mail 发布信息。但采取这种方式时,要注意避免受到侵扰,因为注册后很容易收到一些垃圾信件,所以在注册前一定要注意是否可以取消订阅,是否有其他的商业要求。一般来说,一些规范的网站都允许用户取消订阅。

三、网络调研应注意的几个问题

利用互联网进行营销调研,虽然是一种非常有效的方式,但如果在一些具体环节上缺乏周到、细致的考虑,将会直接影响到调研的效果,因此以下几方面的问题应给予足够的重视。

1. 调查问卷设计要周密

首先要重视卷首语的写作。一份完整的网上调查问卷通常包括卷首语、问题指导语、问卷主体以及结束语。卷首语虽然不是问卷主体,但它重在说明调研的目的、意义等,以期引起网上被调研者的重视和兴趣,让被调研者有一种参与某种重要活动的感觉,从而争取他们的积极支持与合作,这部分不可掉以轻心。在确定调研目标市场的基础上,问卷主体要充分考虑被调研者的特征及心理特点,设计的问题应使被调查者有兴趣并愿意回答。

2. 应公布保护个人信息的声明

任何一个国家的公民,对个人信息都有不同程度的自我保护意识,因此应及时在网上公布保护个人信息的声明,要让用户在充分了解调研目的的基础上,确信个人信息不会被公开或者不会用于其他任何场合。而以市场调查为名义收集用户个人信息以展开所谓的数据库营销或者个性化营销,则不仅会严重损害企业在消费者中的信誉,尤其是在被调查者中的信誉,而且同时也将损害合法的市场调查,一定要极力避免。

3. 网上调研样本应合理选择

网上调查结果不仅受样本数量多少的影响,样本分布不均衡同样可能造成调查结果误差增大。样本分布不均衡主要表现在用户的年龄、职业、教育程度、用户地理分布,以及不同网站的特定用户群体等方面,因此在进行市场调研时,要对网站用户结构有一定的了解,尤其是在样本数量不是很大的情况下,更要注意网上调研样本的合理选择。这主要涉及抽样调查方法的运用。抽样调查是现代统计学的重要分支之一,它既是统计调查方法,又是统计分析方法。抽样调查是指按照随机原则从调查总体中抽取一部分单位进行观察,并以样本指标对总体相应指标作出具有一定可靠性的估计和判断,从而达到对调查总体认识的一种统计调查方法。抽样调查的科学原理在于,许多客观存在的社会经济现象总体都具有一定的客观规律,用数学语言来表达,就是社会经济现象所表现出的数量特征满足一定的概率分布。因此,我们可以根据研究问题的精度需要,遵循随机原则,抽取其中有足够代表性的样本进行调查分析,并据此推断总体数量特征。

4. 无效问卷要尽量减少

问卷除了易于回答之外,大部分在线调查都利用了电脑程序。在问卷提交时应给予检查,并提醒被调查者对遗漏的项目或者明显超出正常范围的内容进行修改和完善。当然,这只能在一定程度上有效。因为网上的任何人都有权填写问卷,所以,调研在这种情况下就很可能受到干扰。如果同一个人重复填写问卷,问题就会变得更加复杂。有一家电脑杂志决定在网上进行读者意向调研,由于重复投票,调研结果极其离谱,以至于整个调研无法进行,不得不半途而废。基于这样一种情况,应特别注意设置 IP 地址鉴别或访问口令,以保证一人一答,尽量减少无效问卷。

5. 应采用多种网上调研以及传统调研和网上调研相结合的手段

在网站上设置在线调查问卷是最基本的调研方式,但并不限于这种方式,常用的网上调研手段除了在线调查表外,还有电子邮件调查、对访问者的随机抽样调查、固定样本调查等。具体应用时应根据调查目的和预算,将多种网上调查手段相结合,以最小的投入取得尽可能有价值的信息。与此同时,由于目前网络的普及率较低,上网人数有限,网民比例分布不合理,种种条件的限制,使得网络调查适用的范围有限,因此,当前网络市场调查还无法取代传统的市场调查。认识这些问题对于正确实施网络调研是非常重要的,采用各种网上调研以及传统调研和网上调研相结合的手段,才能获得最佳的调研效果。

6. 要合理设置奖项

作为补偿或者为刺激参与者的积极性,问卷调查机构一般都会提供一定的奖励措施,有些用户参与调查的目的可能只是为了获取奖品,甚至可能用作弊的手段来增加中奖的机会,虽然在传统的问卷调查中也会出现类似的问题,但由于网上调查无纸化的特点,为了获得参与调查的奖品,同一个用户多次填写调查表的现象常有发生,即使在技术上给予一定的限制条件,也很难杜绝。而合理设置奖项则有助于减少不真实的问卷。

第三节　国际市场商务信息网络调研

商业企业要在激烈竞争的全球化市场中及时、准确地掌握商业信息,必须学会如何利用互联网收集国际市场企业自身产品、消费者和竞争同行的各种有价值信息,及时把握市场的动态变化势态,制定有效的营销策略,使企业在国际市场竞争中立于不败之地。

一、如何利用 Internet 收集竞争者的信息

从 Internet 上收集有关竞争者的信息主要有以下途径:

1. 用搜索引擎查找竞争者

在用搜索引擎查找企业竞争者时,调研人员首先应该注意,只需选择国内外最知名的几大搜索引擎检索即可。国外著名的搜索引擎有 Yahoo、Altavista、Infoseek、Excite、Hotbot、Webcrawler、Lycos 等。国内著名的搜索引擎有搜狐、中文雅虎、北大天网、网络指南针等。其次,在查找前,调研人员应选择合适的类目,以及确定 5～10 个关键词或关键词组来寻找竞争者。再次,在检索得到的大量的结果中,由于时间和精力的限制,一般只需审看前 10 条或 20 条检索结果的描述。如果前 10 名或 20 名站点都是从事与你相同或相近业务的,那么他们就都是你的竞争对手,而且这些站点在搜索引擎中的排名往往代表了他们与你的企业竞争的实力。

2. 定期浏览竞争对手的网站

市场调研人员应定期访问竞争对手的网站,并关注以下方面的信息:

(1)观察竞争对手的网站有哪些特色值得借鉴,有什么疏漏或错误需要避免。

(2)竞争对手现在提供哪些产品或服务。尤其是跟踪国外竞争对手推出的新产品,获取其站点上对产品技术性能的详细说明,这将帮助国内企业了解国外新产品的情况,以便开

发自己的新产品。

（3）观察竞争对手正在做哪些调查。

（4）跟踪竞争对手的招牌广告。

后两项内容可以帮助调研人员分析竞争对手研发和决策的新动向。

3. 参加行业聊天室

由于企业一般有较强的保密意识，所以在其网站上公布的信息一般深度不够，而且信息更新的时效性较差。因此，若想获取关于企业内部研发，或最新决策动向的一些最新资料，经常参加行业聊天室是一个好办法。特别是想获得关于企业研发方面的信息，参加技术人员组成的聊天室，往往可以得到很多有价值的信息。例如，微软为了提防 Linux 对其操作系统 Windows 的挑战，就经常访问有关 Linux 的 BBS 和新闻组站点，以获取最新资料。

4. 查找专利数据库

企业通过在网上检测专利数据库，可以了解竞争对手的专利申请情况，这是了解竞争对手新产品开发计划的极好途径。企业可以直接查询专利数据库或委托专利事务所代理查询。

5. 从网上新闻媒体获取竞争者信息

如果竞争者是一家有较高知名度的公司，企业可以通过网络版的报纸、杂志以及电台、电视台的网上站点对竞争者的报道了解竞争者的有关最新动向。

6. 从市场研究机构发布的研究报告中获取竞争者的信息

一些市场研究机构发布的研究报告，大多是就某一个专题进行的综述和述评，其中会以大量的企业案例去评论其产品的优劣、经营决策的成败，并常常提出有建设性的结论和建议。例如，预测某个新产品项目或某个行业的发展趋势，为某些企业提出诊断意见等，这些都是企业市场调研人员深刻了解、剖析竞争对手的极有价值的资料。

二、如何利用 Internet 收集市场价格行情

如果企业希望了解某种产品或原材料的市场价格行情及其变动趋势，则可以通过以下途径获得信息：

1. 从综合类商情信息网获得产品的价格行情

例如，进入中国价格信息网（http://www.cpic.gov.cn），可以了解国家定点检测的述评及服务的价格。

进入中国企业产品报价网（http://www.quot.com.cn），可以获得各行业产品价格信息。

进入中华鼎网（http://www.dingcom.com），可以了解包括计算机、汽车、房地产、建材家具等最新的市场行情报价等。

2. 从专业类商情信息网可以获得产品的价格行情

例如，进入中国化工在线——价格行情（http://www.chemsina.com/market），可以每天及时了解国内外化工产品如塑料、橡胶的价格行情。

进入全国钢材市场信息网（http://www.chinasteelinfo.com），可以了解全国钢材价格行情。

进入中公网证券信息港，可以了解股票和期货市场的实时行情等。

3. 从一些免费订阅的电子邮件杂志中获得某类产品的价格行情

进入上海索易（http://www.soim.com/ezine/mart.htm），可以了解计算机市场行情。与从传统的印刷型媒体收集市场行情信息相比，网上查找的市场行情一般数据全，而且实时性强。

三、如何利用 Internet 收集消费者信息

利用互联网收集消费者的信息，主要采用网络直接调查法，首先向各私人网站或公众网站发出询问请求，然后通过电子邮件及时收集来自各方面的反馈信息。

通过互联网可以收集到消费者的需求特征、购买特征、个人特征，如地址、年龄、E-mail地址、职业、收入水平等信息。

四、如何利用 Internet 收集市场环境信息

企业要收集市场行情、竞争者和消费者等信息，还要利用网络了解国际市场的政治、法律、人文、地理等环境信息，以寻求市场商机。

政治信息，可到一些政府网站（如 http://www.moftee.gov.cn，中国对外贸易与合作部网址）和 ICP 站点收集（如 http://www.sina.com.cn，新浪网网址）。

法律、人文和地理等环境信息可利用图书馆站点上的电子资源，或直接通过搜索引擎在网上查找。

◼ 本章小结

本章通过让大家了解有关国际市场网络调研的基本知识，进一步讨论了网上调研与传统调研方法的差异；熟悉国际市场网络调研的步骤和方法；并且学会利用互联网收集国际市

场商务信息。

重要概念

市场网络调研　　　　　　　　网络调研方式

网络问卷调查法　　　　　　　网上观察法

网上实验法

同步测练

思考题

1. 什么是国际市场网络营销调研？

2. 国际市场网络营销调研与传统营销调研有何区别？

3. 国际市场网络调研的方式有哪些？

4. 国际市场按什么步骤开展网络市场调研？

5. 国际市场网络调研的特点是什么？

6. 国际市场网络调研的策略有哪些？

7. 如何利用网络对国际市场行情进行调研？

8. 如何利用网络对国际市场的竞争者进行调研？

9. 如何利用网络对国际市场的营销渠道进行调研？

10. 国际市场网络营销环境与传统营销环境有何区别？

11. 怎样理解国际市场网络营销环境中的社会环境？

12. 如何理解国际市场网络营销环境中的技术环境？

13. 消费方式对国际市场网络营销环境有何影响？

14. 国家制度政策对国际市场网络营销环境有什么作用？

实践题

1. 登录网易、新浪、雅虎等网站，详细了解其中有哪些网络广告，写出分析报告。

2. 试设计一个有 20 个调查项目的调查表，调查人们对网络营销的看法。

3. 使用互联网对某一特定产品进行网络调研，写出调研报告。

C

第三章

HAPTER THREE

出口产品电子化形象展示

学 习 目 标

本章主要介绍外贸企业电子化形象展示和网站建设的有关理论和实践知识。"虚拟市场"的出现和不断发展,给我国的外贸企业带来了新的商机,通过电子化的展示手段使自己的产品走出国门,起点低、成本低。企业网站是外贸企业进行电子化形象展示的具体形式之一,建设自己的网站,提供网络上的在线浏览、产品选择,甚至在线买卖服务是任何外贸企业的共识。

重 点 难 点 提 示

- 外贸企业电子化形象展示
- 网站规划
- 网站布局和风格设计
- 企业网站建设过程
- 企业网站推广
- 企业网站维护

第一节　外贸企业电子化形象展示的原则

电子商务为企业提供了虚拟的全球化贸易环境,大大提高了商务活动的水平和质量,赋予了企业一种全新的经营方式。企业可以轻易地把产品和服务推向市场,实现跨区域、跨国界经营。拓展海外市场、扩大海外业务是外贸企业利用网站进行电子化形象展示的终极目的以及利益所在。

互联网的迅速发展,为我们提供了一种拓展国际市场的新手段,它廉价而高效,企业要注意自身电子化形象的建立和展示,争取最大的利益。

外贸企业进行电子化形象的展示,效果的好坏直接关系到企业国际市场的拓展和利润的实现,不论是自建网站,还是在其他的商业网站上展示企业的电子化形象,都要注意以下原则。

一、商务性原则

商务性原则是指企业的电子化形象要符合商业运营的特点:效率高、专业性强。公共网络的建立将迫使企业对市场机会做出快速反应,而强大的信息沟通能力将大大提高企业的反应速度,这也正是企业电子化形象展示的优点。商务性原则主要包括以下几个方面。

1. 信息发布的实时性、可用性和真实性

企业要注意及时发布公司的最新动态,如公司的团体活动、媒体对企业的好评、成功的交易等,加深用户对企业的了解;在网站上及时发布本企业最新的产品、最前沿的技术是一种很好的营销手段,但在公布有关技术资料时应注意保密,避免为竞争对手利用,造成不必要的损失。

可用性主要是指企业网站上所提供的各项信息、服务等内容实用,真正能够为用户提供方便。如企业针对不同的业务制定相应的业务流程,减少业务流程中不必要的环节等。

诚实守信是现实社会中企业秉承的原则,在网络世界、虚拟市场中这个原则更为重要。发布在网络上的信息必须是真实、可靠的,过度地夸大和吹嘘自己只能适得其反,要以务实的精神赢得客户的信任。

2. 询盘回复专业、及时

企业通过网站发布产品信息、建立企业的电子化形象,使网络浏览者有机会了解到企业的产品,进而想更深入地了解或购买企业的产品。企业回复客户询盘的专业性、及时性对最终交易的成交至关重要。企业应提供资料,尽量满足客户的需求,增加企业的商机。

二、美观性原则

良好的视觉效果与强大的功能同等重要,网页能够给浏览者带来最直接的视觉感受,也是能否吸引浏览者继续深入浏览企业网站的关键。

美观性主要就网页而言,包括两方面。一是页面设计简洁明快,色彩搭配调和、清新大方,图片精巧,文字图形搭配得当,文字排版体贴浏览者、不制造视觉障碍。二是网站主题内容鲜明突出、突出企业的文化特色和定位,凸显企业所处行业的特点,从而避免初次接触的浏览者从视觉或文字上对企业的行业产生误解,使得企业的形象建立产生偏差。

片面强调功能和强调美观都是不可取的,一味地追求美观,会造成网页浏览速度下降,只能使浏览者望而却步。

三、信任感原则

获取客户的信任是赢得市场的关键。对于外贸企业而言,企业的电子化形象往往是国外客户了解企业的第一窗口,客户通过企业的网站建设会留下对该企业的第一印象。这个第一印象是决定客户是否与其合作的重要因素。因此,企业的电子化形象要注意使客户产生信任感。具体而言,要注意以下几方面。

1. 网页制作专业、更新及时

网页是企业电子化展示的手段和载体。专业的设计制作是美观、简洁、友好的统一,粗糙无序,色彩不和谐的网页只能让人产生"次品"的感觉。企业要注意网站的更新,及时发现自己错误或容易造成误解的信息,并进行修改。设计专业、更新及时的网站,可以使人感觉到企业的活力和发展的趋势,由此产生信任感。

2. 提供详细有效的联系信息

详细有效的联系信息,可以帮助客户方便地联系到企业,由此产生对企业的信任感。如果客户按照企业在网站上给出的电话、传真、E-mail、手机等多种联系方式,很难或无法联系到企业,很难不产生对企业的怀疑。

企业可以分部门或分功能地列出各种联系方式,并且列明工作时段、具体联系人,这样会让客户产生这样一种感觉:该公司是有规模的,且管理明晰、正规,这样便无形中增加了对企业的信任和好感。其中,E-mail 是现在最常用的联系方式之一,速度快,成本低。外贸企业不妨多通过 E-mail 来加强与国外客户的联系,但要注意邮箱的安全性和容量。

3. 良好的个人信息保护措施

在显著的位置发布企业有关客户个人信息保护的声明,有助于信任感的产生。一般用户在注册成为网站的会员时,最担心的就是个人信息泄露问题,尤其是国外客户普遍隐私保护意识很强,对网站信息安全性更为重视。

企业应采取切实有效的措施保障客户个人信息的安全,保证用户的个人资料不外泄、不被非法窃取,用户的电子邮件地址不会被第三方获取而成为垃圾邮件发送对象。

4. 专业性的产品介绍

电子化形象展示的重点是企业的产品或服务。外贸企业可以按照产品的特点分类介绍,但要注意分类的标准要符合出口当地客户的习惯。介绍产品的文字说服力强,图片美观,产品的规格详细,这些都能使客户直观地感受到公司的产品,增强对企业的信任感。

5. 网站要具有良好的服务性

在以客户需求为中心的营销活动中,周全的服务为客户带来方便,节省客户时间,增加客户满意度,客户对企业的信任感也由此产生。企业要注意明确说明产品的保修、退换货政策等用户关心的问题,并设计方便用户浏览和使用的网站栏目及功能,如 FAQ(常见问题解答)、用户帮助、网站地图等。

6. 外文版本翻译要准确

外贸企业由于出口的需要,往往要建设中、英文等多个版本,比如出口到新加坡、中国台湾等地区,就要考虑繁体中文版的建设,出口到日本,要考虑日文版本。翻译准确、流畅的外文,可以增强用户,尤其是国外用户对企业的信心和信任。我们常常会发现一些企业的英文版本有明显的错译、错拼现象,很难给客户留下良好的印象。

第二节　外贸企业网站的规划

企业网站一般是指以企业自身的产品、服务为主要内容和服务对象的网站。企业可以在网站上发布公司信息,开展网上买卖等商务活动。外贸企业网站是外贸企业商务系统运行的主要承担者和体现者,它为电子商务参与各方互相交流提供了操作平台,同时,也是企业产品进行电子化展示的具体形式和平台。

企业网站的建设离不开先进的电子商务技术和应用工具的支持,但对于一般的企业而言,并不一定要具备相关的技术人员,而是可以把技术的实现外包给专业公司来做。但是,企业电子化国际贸易系统的长期规划、网站发展的战略目标、网站架构的设计等与企业自身的商业经营目标、策略、模式息息相关,只能由企业自身完成。因此,企业首先要进行网站的规划,然后才能在此基础上进行网站的建设。

一、企业电子商务建设的 3 个阶段

外贸企业电子商务建设的最终目标是实现本企业的电子化国际贸易系统,这是一个长期的过程,不能一蹴而就,要分阶段实现。

1. 以树立企业形象、信息发布为主的阶段

搭建起一个功能相对简单的网站,是这一阶段的主要目标。企业根据自己的规模、主要业务、产品、目标市场、现有资源等情况,合理地进行网站的建设,而不能求大、求全。企业网站的主要功能是向客户、业界人士或者普通浏览者介绍企业的基本资料、树立企业的电子化形象,并适当提供行业内的新闻或者知识信息。

要实现这个目标,企业首先要有意识地加强公司内部电子商务意识的培养,加强对员工的教育、培训,使其掌握电子商务的初步知识、提高计算机应用能力,尤其是企业的管理人员。其次,进行企业信息化的建设,这是因为企业信息化是电子商务的重要基础。企业按照现代企业制度的要求,适应市场竞争的外部环境,对现有的工作流程进行改革和优化,并用现代信息技术支撑运作。从建设 MIS(企业管理信息系统)发展到企业 Intranet(内部网)、Extranet(外部网),逐步实现企业信息横向、纵向的顺畅流动。

2. 以网络营销为主的阶段

企业初步建立起公司的电子化形象,并逐步为消费者所接受之后,要注意进一步扩大电子商务的领域,加深电子商务的深度,从非营利的网上宣传到为企业带来利润的网上交易,并逐步扩大企业网络营销所带来的利润。

在这一阶段,企业可以在网上向企业客户或者企业产品(服务)的消费群体,提供某种直属于企业业务范围的服务或交易。这样的网站可以说是正处于电子商务化的一个中间阶段,由于行业特色和企业投入的深度、广度的不同,其电子商务化程度可能处于从比较初级的服务支持、产品列表到比较高级的网上支付的其中某一阶段。

企业可以根据自己的情况,对网站进行不同程度的优化;增加与网上销售有关的功能,如:产品价格表、购物车、数据库、电子支付系统等;升级网站的软硬件系统并购买相关的软件,如:数据库软件、防火墙软件、电子钱包软件等。该目标的实现,与前一阶段相比技术性更强,需要强大的专业支持,其中后台处理功能是实现该功能的关键。一般而言,企业可以委托专业公司来实现。

另外,网上交易完成后,企业要及时、按时地把用户购买的商品或服务送到指定地,这就要求企业有一个强大的物流配送系统作为后盾。

3. 电子化国际贸易系统全面实施的阶段

随着企业网络营销广度和深度的不断扩展,企业一方面积累了开展电子商务活动的经

验;另一方面迫使企业进一步整合资源,提高运营效率,以适应和更好地为拓展"虚拟市场"服务。

一般情况下,企业可以利用先进的技术对企业运营的各个环节进行优化:通过办公自动化系统(OA)来提高工作效率、降低办公成本;通过供应链管理系统(SCM)来实现与合作伙伴之间的信息共享,提高企业的预测能力,提高企业对市场的反应能力;通过客户关系管理系统(CRM)来提高服务水平并降低服务成本;甚至通过决策支持系统(DSS)来帮助企业进行决策分析等,最终实现信息流、资金流、物流的统一,乃至"无纸贸易"。

上述每一个阶段都是以前一个阶段为基础的,对于正准备开展电子商务的企业,有必要从一开始就打好基础,为企业日后发展创造好条件。

二、企业网站战略目标

电子化国际贸易系统是企业电子商务建设的长期目标,要分阶段进行,但并不是说每个企业都要从第一个阶段做起,而是从企业的实际情况出发,规划现阶段的发展目标。

1. 要实现的目标

企业制定现阶段网站建设目标时,要从以下几个方面考虑。

(1) 以"消费者"为中心

企业站点的设计是展现企业形象、介绍产品和服务、体现企业发展战略的重要途径,因此必须从用户需求出发,做出切实可行的设计计划。要根据消费者的需求、市场的状况、企业自身的情况等进行综合分析,应该以"消费者"(customer)为中心,而不是以"美术"为中心进行设计规划。

(2) 目的性定义明确

企业首先要进行市场调查,分析企业的市场状况,竞争状态,营销渠道、方式及方法等,然后才能确定建设网站的目的:为谁提供服务,提供什么服务,怎样提供服务。只有这样,网站的功能才是适用的、有效果的。

(3) 从实际出发

企业网站的规划要注意从企业当前的资源环境出发,而不能脱离自身人力、物力、网络基础及外部环境等因素盲目制定目标。

企业自行建设网站一般需配备以下人员:系统策划师、网站设计师、程序设计师、美工师、录入员、项目经理等。对于中、小企业而言,企业内部往往缺乏其中的专业技术人员,也不需要一定配备全部人员,因为大多数企业把网站具体的实现外包给专门的服务商来做。

企业要对网站建设,以及网站建成后的运营资金做一个预算。网站建设是全部由自己来做,还是委托专业服务商来做;自己定期指导,还是设定要求、目标,完全由别人代劳,选择不同,费用不同。目前,在国内建设网站的总体费用包括以下几个方面。

① 域名费用。企业注册域名后,每年需交纳一定的费用以维护该域名的使用权,不同层次的域名收费标准也不一样。

② 线路接入费用和合法的地址费用。IP 地址一般和线路一起申请,也要交纳一定的费用。ISP、接入方式和速率的不同导致费用的不同,速率越高,月租费越高,具体费率可向 ISP 服务商咨询。

③ 服务器硬件设备费用。如果租赁专线自办网站,还需要支付购买服务器、路由器、防火墙等硬件的费用。

④ 如果选择主机托管或租用虚拟主机,则要相应地支付托管费或主机租用费。托管费一般按主机所占托管机房的空间大小(以 U 为单位,机架单元)来计算,主机租用费用则按所占主机硬盘空间的大小来计算。

⑤ 系统软件费用。系统软件费用是指企业购买操作系统、Web 服务器软件、数据库软件等的费用,不同的软件之间,费用有差别,另外,要注意潜在的购买费用,如软件增加一个用户所需的费用。

⑥ 开发维护费用。搭建好软硬件平台后,Web 页面设计、编程和数据库开发等具体的网站开发工作以及网站的维护可以委托给专业公司来做,企业需支付一定的费用。

⑦ 网站推广和经营费用。

(4)主次分明循序渐进

如果企业网站建设目标比较大,就要区分主次,先建设主要目标,由易到难循序渐进,否则很难达到企业的预期目的。

2. 要实现的原则

为了实现网站商务功能最大化的目标,给目标客户提供方便、实用的信息服务,并为企业电子化国际贸易系统建立良好的基础,在设计该平台时,我们要充分考虑以下几个原则。

(1)可靠性和安全性原则

可靠性和安全性原则是网站设计的首要原则。只有在满足这一原则的前提下,才能考虑其他因素。

可靠性是指该平台正常运行后,能够为用户提供高度可靠的稳定运行保障。由于面对的是广泛的全球互联网客户,因此系统应能够具备每天 24 小时,每周 7 天的不间断运作能力。

安全性是指网站在 Internet 上执行任何程序或提供任何服务都是安全的。互联网是一个标准开放的网络,在网上进行各种商务活动,随时可能面对黑客的攻击,病毒的侵袭等。因此,网站必须能够保证网络和数据的安全,保护硬件资源不被非法占用,系统免受病毒以及其他恶意攻击等。若网站支持网上支付功能,则要采用更高、更严格的安全措施,保障信息传递的安全性、可靠性,避免冒用、欺骗等非法行为。

（2）可扩展性、标准性和开放性原则

可扩展性是指网站系统具有良好的扩展能力。互联网具有巨大的商务潜能，没有人可以确切预计系统的最终访问量和最佳的商务运行模式，因此网站的设计必须具有良好的扩展性与维护的灵活性。

标准性和开放性是指所有程序及接口具有统一的标准，使程序和系统具备优异的可移植性。企业网上平台的设计应当严格遵守国际标准，在还没有形成标准的新领域内也积极倡导标准的形成，为促进地区国际贸易打下坚实的基础。

（3）便捷性、交互性和美观性原则

便捷性包括两个方面，一是指客户进出网站的速度快。二是指网站的功能和服务方便快捷，使访问者在最短的时间用最快捷的方式找到自己所需要的信息。

交互性是指网站的各种功能以友好对话的形式出现。缺乏交互性的网站即使看上去非常漂亮，也是缺乏生命力的。

美观性是指网站具有良好的视觉效果，美观大方。

3. 要实现的利益

建立企业网站是传统经营转向电子商务化的最直接的突破口，是企业面向全球，宣传产品和企业形象的大窗口，将成为企业未来最强劲的经济增长点，如，海尔集团在电子商务基础上的物流重组，预计每年将为集团节省近 2 亿的资金。具体来说有以下几点。

（1）树立良好的公司品牌和企业形象

把公司经营范围和服务承诺放到公司站点上，及时向外界发布，使潜在的客户对企业有一个直观的第一印象，无形中就树立了公司品牌和企业形象。企业及时处理各种反馈信息，从中发现市场需求、行业动态，依此调整产品生产和经营策略，使企业能掌握先机，动于市场变化之前。企业可以将自己最新的产品发布到网站上，使客户第一时间了解到产品的信息。总之，网站对于推广企业本身和发现需求是最廉价、最快捷的，这些都是企业传统模式所无法比拟的。

（2）降低企业的运营成本

这主要体现在两方面：一方面，电子商务直接在网上进行交易，从而降低了传统贸易过程中的单据费用，提高了效率；另一方面，电子商务深入到产品的定购、销售和广告宣传等中间环节中，从而减少了企业在这方面的费用。在美国，企业在进货成本方面，使用电子商务的公司一般能节省 5%～10%的成本。

（3）提高工作效率和促使企业取得竞争优势

电子商务使得信息能够以最快的速度接收、处理和传输，这不仅简化了信息处理的一些程序，而且提高了信息处理的准确性。企业通过电子商务，可以用最快的速度获得更多的信息资料，从而在竞争中赢得优势。

（4）提供更有成效的售后服务

利用因特网进行售后服务，企业可以在站点上发布产品介绍、技术支持等信息，介绍简单的故障处理方法，从而提高售后服务的质量和速度。这不仅省钱还节省了大量的劳动力支出，使企业有更多的人力、物力来处理复杂的问题，搞好与客户间的关系。

电子商务能为我们的企业带来如此多的便利，它极大地改变了人们的生活方式，同时也在迅速地改变着我们的商业活动形式，企业应该抓住这一时机，进入"虚拟市场"，并努力实现"虚拟市场"和"现实市场"的融合，使其成为企业另一个效益增长的飞跃点。

第三节　外贸企业网站建设实施

搭建好网站系统平台后，就进入网站的后期制作过程，主要包括：网站内容设计、网页的设计制作、后台处理功能的设计、系统测试等。不论自行建设网站，还是请专业公司制作，企业都要确定整体的建设方案，主要包括网站风格的策划、网站布局策划、网站内容策划等。在网站后期制作过程中，后台处理功能的设计占有举足轻重的位置，这是因为网站与客户的互动都由这部分来实现，但一般由专业公司来完成。

一、网站风格策划

风格（style）是一个抽象的概念，主要指站点的整体形象给浏览者的综合感受。风格的设计包括站点的CI、版面布局、浏览方式、交互的方式，文字的语气及内容等方面。网站的风格是统一的、独特的，能够使浏览者明确分辨出这是你的网站独有的，如网易壁纸站的特有框架，即使你只看到其中一页，也可以分辨出是哪个网站的。

CI是网站风格策划的重点。所谓CI（corporate identity），其含义是指通过视觉来统一企业的形象，包括网站的标志、色彩、字体、标语4个方面。一个优秀的网站和实体公司一样，也需要整体的形象包装和设计。准确的、有创意的CI设计对网站的宣传推广有事半功倍的效果。

1. 几个典型网站的风格

（1）迪斯尼网站（http://www.disney.com.cn）

迪斯尼公司创造了丰富多彩的动画人物，并拥有世界上最大的综合性游乐场，进入迪斯尼网站，扑面而来的是一种生动活泼、可爱有趣的气息。随处可见的动画人物、明快亮丽的网站色彩、卡通化的各种标志等都感染着每一位访问者，明确地传达着网站的主题和公司的特点，如图3-1所示。

图 3-1　迪斯尼网站主页

（2）海尔网站（http://www.haier.com.cn）

海尔集团是著名的家电企业,并向电脑等多个领域发展。海尔的产品以质量和性能著称,该企业不断地研发新的技术,提高产品的品质。进入海尔网站,让人感受到海尔良好的服务和产品的专业性。该网站使用"海尔"的汉语拼音作为网站的标志,并放在重要的位置,网站的色彩以粉红、淡蓝、白色为主,温暖而不浮躁,很好地体现了海尔的营销理念,如图 3-2 所示。

2. 如何体现风格

首先,企业需要找出企业最有特色的东西,也就是最能体现网站风格的东西,并以它作为网站的特色加以重点强化、宣传,常用的有以下几种方法。

（1）网站标志（logo）的设计要体现网站的风格,并尽可能地出现在每个页面上,或者页眉,或者页脚,或者背景。logo 集中体现了网站特色和内涵,成功的 logo 能使大家迅速联想起企业的站点。标志的设计创意来自网站的名称和内容。中文、英文字母、符号、图案、动物或者人物等都可以作为标志。如迪斯尼的米老鼠,搜狐的卡通狐狸,中国银行的铜板标志等。

（2）设计网站的标准色彩

网站给人的第一印象来自视觉冲击,确定网站的标准色彩是相当重要的一步。不同的色彩搭配产生不同的效果,并可能影响到访问者的情绪。"标准色彩"是指能体现网站形象和延伸内涵的色彩。如:IBM 的深蓝色,肯德基的红色条型,Windows 视窗标志上的红蓝黄

图 3-2　海尔网站主页

绿色块,都使我们觉得很贴切,很和谐。

　　一般来说,一个网站的标准色彩不超过 3 种,太多则让人眼花缭乱。标准色彩要用于网站的标志、标题、主菜单和主色块,给人以整体统一的感觉。其他色彩只是作为点缀和衬托,绝不能喧宾夺主。

　　(3) 设计网站的标准字体

　　标准字体是指用于标志、标题、主菜单的特有字体。一般网页默认的字体是宋体。为了体现站点的"与众不同"和特有风格,我们可以根据需要选择一些特别字体。例如,为了体现专业可以使用粗仿宋体,体现设计精美可以用广告体,体现亲切随意可以用手写体等。

　　(4) 设计网站的宣传标语,用一句话甚至一个词来高度概括。类似实际生活中的广告金句,如海尔的"真诚到永远"、Intel 的"给你一个奔腾的心"。

　　(5) 使用统一的语气和人称。即使是多个人编写文稿,也要让读者觉得是同一个人写的。

　　(6) 使用统一的图片处理效果。比如,阴影效果的方向、厚度、模糊度都一样。网站风格的形成是一个长期的过程,需要在实践中不断强化、调整、修饰。

二、网站内容策划

　　网站就如同一本书,精美的封面设计、插图、精心的版面设计都只是一种烘托,引人入胜的内容才是人们阅读的原因。因此,网站内容的策划是网站成功的重要因素。

如同写书一样,网站内容的策划首先要确定网站的主题,然后围绕这个主题收集和组织大量的相关资料。网站的内容就是企业希望通过网站向用户传递的所有信息,网站内容包括所有可以在网上被用户通过视觉或听觉感知的信息,如文字、图片、视频、音频等,一般来说,文字信息是企业网站的主要表现形式。

1. 网站内容要素目录

网站的内容是一个网站能否发挥其作用的关键,下面归纳了一般网站所常见的内容要素,仅供参考。

① 公司简介。公司简介主要包括公司背景、发展历史、主要业绩、企业文化及组织结构等内容,使访问者大概了解公司的基本情况,这是企业电子化形象展示的第一步,也是非常重要的一步。如果是上市企业,可以提供企业的股票市值,或者到专门财经网站的链接,这将有助于浏览者了解企业的实力。

② 产品目录。提供公司产品和服务的完整目录,可以根据产品和服务的分类,把目录进行分级,方便顾客在网上查看。企业可以根据实际需要决定资料的详简程度,决定是否配以图片、视频和音频等资料,但至少要包括产品和服务的名称、规格、技术特点等。

③ 产品搜索。除了设计详细的分级目录之外,产品搜索功能可以帮助用户方便地找到需要的产品。企业可以根据需要设计不同的搜索功能。如联想网站把客户进行分类,分别设计了3种产品搜索方式:家庭、商业企业与机构(员工不超过1 500人)、大中型企业与机构。

④ 产品价格表。用户浏览网站的部分目的是希望了解产品的价格信息,对于一些通用产品及可以定价的产品,发布产品价格,对于一些不方便报价或者价格波动较大的产品,也要注意尽量为用户提供方便,比如提供一个简单的表单,让用户填写简单的联系信息,然后把相关的信息发送给客户。

⑤ 荣誉证书和专家、用户推荐。这些资料可以增强用户对公司产品的信心,其中第三者作出的产品评价、权威机构的鉴定,或专家的意见,更有说服力。

⑥ 公司动态和媒体报道。通过公司动态如企业整合、团体活动等,可以让用户了解公司的发展动向,加深对公司的印象,从而达到展示企业实力和形象的目的。另外,如果有媒体对公司进行了报道,也应及时转载到网站上。

⑦ 联系信息。网站上注意提供足够详尽的联系信息,除了公司的地址、电话、传真、邮政编码、E-mail地址等基本信息之外,最好能详细地列出客户或者业务伙伴可能需要联系的具体部门的联系方式。对于有分支机构的企业,还应当列出各地分支机构的联系方式,在为用户提供方便的同时,也起到了对各地业务的支持作用。

⑧ 服务信息。提供详细的售后服务信息:质量保证条款、售后服务措施,以及各地售后服务的联系方式等。其中,是否可以在本地获得售后服务往往是影响用户购买决策的重要因素,因此要提供所有可能的相关信息。另外,归纳客户在使用产品中常见的问题及其解决

办法,给客户提供简单故障的在线技术支持。

⑨ 辅助信息。如果一个企业的产品品种比较少,网页内容比较单调,可以考虑通过增加一些辅助信息来弥补这种不足。辅助信息的内容比较广泛,行业动态,产品保养、维修常识,产品的发展趋势或者本公司、合作伙伴、经销商或用户的一些相关新闻、趣事等。

⑩ 其他内容信息。主要有公司人员招聘信息、与合作企业网站的链接、网站地图、法律声明、版本信息等。

2. 网站内容设计注意事项

(1) 主题的策划

企业网站的主题应集中、概括地反映企业的经营和服务定位,鲜明地反映企业的企业文化,具有亲和力和感召力。网站的主题往往通过简单明确的语言和画面来体现,常用的方式是在页头准确无误地标识站点和企业标志,如:海尔集团的网站(www.haier.com)的主题与该企业的形象是一致的:"真诚到永远"。

网站主题是通过网站的整体设计:网站的布局、色彩、图片、风格来体现的。把图形表现手法和有效的组织与通信结合起来,做到主题鲜明突出,要点明确。调动一切手段充分表现网站点的个性和情趣。

(2) Web 文稿的编写

围绕主题收集好资料后,就要进行 Web 文稿的编写,如何更好地抓住读者的眼球是 Web 文稿编写者的任务。在编写 Web 文稿时,不但要重视内容的表达,还要符合读者网上阅读的心理。应注意以下几个问题:

① 文字简洁。网上阅读的速度要比纸上阅读的速度慢,也更容易使人疲劳,因此,Web 文稿一般比同样的纸上文稿要简短,大约是后者的一半比较合适。

② 重点突出。避免冗长的正文,使用简短的段落、副标题和项目符号列表来突出重点,帮助读者阅读。

③ 语言清晰。Web 用户很难花时间阅读大量的材料,因此,每个页面的设计应该使用户一看到它,就能知道它的内容和功能。一般的原则是,最重要的材料要首先展示,并放在最显眼的位置;标题明确简短,正文的开始就是正文的中心思想,尽量使用简单句等。

三、网站布局策划

网站布局策划主要包括网页板块和栏目策划、网页版面策划、网站结构策划等方面。

1. 网页板块和栏目策划

如果说网站的主题是一篇文章的题目,那么板块和栏目就是这篇文章的大纲。板块是对网站内容大的划分,在每个板块下设有不同的栏目。企业网站常用的板块有公司简介、产品介绍、售后服务、联系方式等。一个网页板块的划分一般体现在网页的菜单栏中。

设计合理的栏目,可以使复杂的资料条理清晰、便于阅读。同时,好的栏目还能突出企业特色、吸引客户。进行栏目设计时一般应注意以下事项。

(1) 设计要突出主题

脱离主题的栏目,会造成网站的混乱。为了使栏目与主题紧密结合,可以按照一定的方法对主题内容进行分类,设立栏目。如在产品展示这个板块中,联想把产品进行了分类,见图 3-3。

图 3-3　联想产品分类页面

(2) 栏目设计要有较强的针对性

认真调查分析用户的需求、用户关心的热点,并据此设立相应的栏目,只有这样才能吸引用户。

(3) 利用辅助性栏目提高网站的友好性

设立站点指南、产品搜索、资料下载等辅助性的栏目,帮助用户快速地找到自己想要浏览的内容,更好地使用网站的资源。

(4) 利用互动栏目提高网站的亲和力

常用的互动栏目有论坛、BBS、留言本、邮件列表等,在这里浏览者可以发表自己的观点、反馈信息,可以加强企业和用户交流,并增强网站的亲和力。

2. 网页版面策划

网页的版面策划可以使网页的各个栏目布局简洁、合理、有序、浑然一体。网页的版面策划的原则是突出重点、协调和谐。企业网站中常用的网页布局方式大致有以下几种。

(1) 居中式

这是一些大型网站所喜欢的类型,主要内容位于网页中部,一般上面是网站的广告、主菜单或联系方式,左右可以是友情链接、产品分类等,见图3-4。

图3-4　居中式页面

（2）左右框架式

把页面分为左右两部分,一般左面是导航链接,有时最上面会有一个小的标题或标志,右面是主要内容。这种结构的特点是非常清晰,一目了然,见图3-5。

图3-5　左右框架式页面

（3）封面式

这里指页面布局像报刊的封面或是海报，一般是以一张精美的页面作为页面的设计中心，在适当的位置放置主菜单，具有动感、引人注目的效果，网站的主页经常用到这种布局方式。有的还运用 flash 等多媒体手段，试图达到先声夺人的效果，但由于页面太大，可能会导致用户下载速度慢，见图3-6。

图 3-6　封面式页面

3. 网站结构策划

网站是由多个网页构成的，网页与网页之间的关系就构成了网站的结构。网页之间的关系是通过链接来表示的。链接结构主要有 3 种：线形结构、树形结构和网状结构。

（1）线形结构

线形结构的特点是直观、简单。用户浏览时，随着链接的指引，一层层进入，一层层推出。传统的信息媒介大多采用这种方式，就像书是一页页装订在一起的。

当设计者明确知道用户下一步的去向时，不妨使用这种结构。如会员注册时，需要经过阅读注册说明、填写个人信息、检查个人信息、注册成功等几个步骤，这些页面之间就可以使用线形结构。

（2）树形结构

这是站点设计中最常用的结构，在整体栏目规划时都采用树形结构，该结构类似于 Windows 中的目录结构。优点是条理清晰，缺点是效率低，因为用户要通过树形从上到下逐级访问，才能到达要访问的页面。

（3）网状结构

是每个页面都相互链接的一种结构。在任何一个网页都可以一次性到达另外一个网页，优点是浏览方便，用户可以方便到达自己喜欢的页面，缺点是链接太多，容易使浏览者迷路。

在网站结构设计中，往往根据实际情况，混合使用以上几种模型，吸收优点，避免缺点。另外，还可以从用户兴趣点出发，设计与相关内容页面的链接。如在婴儿用品的网站上，用户查询 8～12 个月婴儿的衣物，那么网站可以给出该年龄段适用的书籍、食品等，吸引用户的注意力。

四、网页设计注意事项

网页能够给浏览者带来最直接的视觉感受，也是能否吸引浏览者继续深入浏览企业网站的关键，从设计上来说网页应该是文字与图形、文学与美学的巧妙结合体。页面设计要简洁明快、色彩搭配调和清新、图片精巧、文字图形搭配得当。网页版面设计中应注意以下问题。

1. 合理利用屏幕资源

屏幕资源是有限的，应使用户感兴趣的内容占据屏幕的大部分，否则，用户就会失去兴趣而离开。

2. 减少网页下载时间

网页设计必须考虑到目前 Internet 的制约因素，如网络传输速率、服务器性能指标等，切不可为了单纯追求页面的奢华而加大网络传输图片的负荷。长时间的等待，会使浏览者失去耐性。图片虽然能使整个页面生动，但不能过多，而且动态图片更应该少之又少，只是起点睛之用。

3. 网页具有兼容性

网页的兼容性是指网页显示在不同的客户端时的效果是一致的。也就是说，与客户端浏览模式无关，如屏幕的分辨率、浏览器等。现在较流行的显示器的分辨率一般都能达到 1 280，但用户在设置的时候往往有自己的偏好，一般是 800×600，1 024×768 的设置多一点，也有用 1 152 和 1 280 的，特别是国外的客户，他们常用的是液晶显示器，默认分辨率为 1 024 以上。所以在设计的时候一定要考虑到不同分辨率下的状况，尽量设计出与分辨率无关的网页，主要原则是使用可用空间的百分比，而不是固定大小来策划网页的布局。

在国内，最常用的浏览器是微软的 IE 浏览器；但国外，市场上其他类型的浏览器还有着比较大的市场份额。在这些浏览器上，网站的动态特性或者功能可能会受到限制，因为很多新出现的功能支持都是微软提出的，其他浏览器并不支持功能。因此，网页设计还是以实用为主,减少特效的使用。

4.重视主页的设计

网站是由多个网页组成的,其中,我们把用户访问网站时显示的第一个页面称为主页。主页是网站留给用户的第一印象,用户是否被吸引而继续浏览网站,主页的设计效果十分重要。因此,必须重视主页的设计。

5.合理地使用静态页面、动态页面

如何合理地使用静态页面、动态页面是网页设计的难点,静动结合,以静制动是基本的原则。静态网页通常是指 HTML 格式的网页,一旦制作处理及上传以后,不能随意进行变化、修改。由于内容相对稳定,因此容易被搜索引擎检索。动态网页是指采用动态网站技术生成的网页,具有交互性。

静动结合,有两方面的含义:一方面是指,对于一些重要的,而且内容相对固定的网页制作为静态网页,如包含有丰富关键词的网站介绍、用户帮助、网站地图等;另一方面,可以将动态实现的网页通过一定的技术,当发布出来之后转化为静态网页,这种方式尤其适合于发布后内容无须不断更新的网页(如新闻等)。"静动结合,以静制动"反映的是一种网络营销基本思想:能用静态网页解决的绝不用动态网页,尤其是对一些重要网页,一定要采用静态的方式处理。

五、系统测试

系统测试是网站建设中一个不可忽视的环节。企业网站建立后必须要经过多次细致的试运行测试后才能发布,测试的过程就是模拟用户访问网站的过程,从而发现问题并加以改进。测试的内容包括兼容性测试、检测页面链接、下载施加和容量、应用程序测试等指标。最好让对计算机不是很熟悉的人来参加网站的测试工作,这样会发现专业人员没有顾及到的问题。

此外,网站在运营过程中要不断地进行维护和管理,以保证网站运行的安全性、正常性。

第四节　网站的推广与维护

一、网站的推广

建设好网站后,就可以发布网站,这是网站运行的第一步。但是,现在每天有成千上万个新网站出现。要想在它们中间脱颖而出,并不是说起来那么简单,需要不断进行宣传,让

更多的人知道你的网站,才能达到企业建站的目的。一般来说,网站推广有以下几种方法。

1. 登录搜索引擎

对商业网站来说,目前很大程度上也都是依靠搜索引擎来扩大自己的知名度。搜索引擎上的信息针对性都很强。用搜索引擎查找资料的人都是对某一特定领域感兴趣的群体,所以愿意花费精力找到你的人,往往很有可能就是企业渴望已久的客户。而且不用强迫别人接受企业的信息。相反,如果客户确实有某方面的需求,他就会主动找上门来。

搜索引擎推广实际上就是基于关键词搜索的目标客户推广,是目前最有效,针对性最强的推广方式,搜索引擎推广的关键是关键词的选择,这样才能让客户找到你,使你的推广最有效果。选择关键词首先要进行市场调查,找到客户最容易使用的关键词,同时要避免盲目追求火暴效果,以及添加过度的定语,这是因为定语越多,被使用的几率越小。

不同的企业,目标市场和用户群是不一样的,选择注册的搜索引擎也就不一样。对于产品比较传统,技术含量不是很高,目标客户文化层次一般的企业,建议采用门户网站的推广登录,因为一般文化层次不高的网民,用门户网站的搜索比较多,资金充裕的可以采取百度的竞价排名,效果比较好,但是投入比较大。产品技术含量比较高,客户群体知识层面比较高的企业,采取百度的竞价排名和 Google 的关键词广告效果是比较好的;目标客户是海外客户的,采用 Google 的广告和雅虎的排名可以取得相对好的效果。

2. 网络广告

这种推广方式是指在比较著名且访问量大的网站上或行业网站发布企业的广告。一般形式是各种图形广告,称为旗帜广告(banner adds)。此外,企业可以申请成为广告交换计划公司的会员,与其他会员相互交换进行网上宣传,可能会带来意外之喜,这在网上颇为流行。

目前网络广告收费形式主要有按千次广告播映率收取一定的费用(CPM)和按千次广告点击率收取相应的费用(CPC)两种,前者是指以客户浏览广告页面的次数计费,后者是以广告图形被点击并连接次数计费,如广告主购买了 10 个 CPC,意味着投放的广告可被点击10 000次。

3. 新闻组和BBS

互联网上有大量的新闻组、论坛和BBS,经常进入与企业业务或网站主题相关的讨论,宣传自己的产品,利用专业知识积极为网友提供专业服务和技术支持,从而使网友对网站有良好的印象,也不失为一种好的推广方法。

但是,由于多数新闻组和论坛是开放性的,几乎任何人都能在上面随意发布消息,所以其信息质量比起搜索引擎来要逊色一些。而且在将信息提交到这些网站时,一般都被要求提供电子邮件地址,这往往会给垃圾邮件提供可乘之机。当然,在确定能够有效控制垃圾邮件前提下,企业不妨也可以考虑利用新闻组和论坛来扩大宣传面。

4. 目标电子邮件宣传

电子邮件推广是利用邮件地址列表,将信息通过 E-mail 发送到对方邮箱,以期达到宣传推广的目的。电子邮件是目前使用最广泛的互联网应用,企业在通过这种方式推广自己的网站时,首先要创造一些有益的活动,如优惠、促销、售后服务、竞赛等,有意识地营造自己网上用户群,获得目标客户的邮件地址。注意电子邮件的内容和形式,尽量为客户提供有用的信息,从而吸引客户。Yoyodyne、索易等网站成功地利用了目标电子邮件推广自己的网站。

5. 传统媒体的运用

现阶段,传统媒体宣传的影响力仍然远大于网络,特别是对于面向国内的站点,电视、报纸、杂志等这些媒体的效应可以说是立竿见影,企业网站的推广,应该融入整个企业的宣传工作中,在所有的广告、展览、各种活动中都要在显著处加入公司的网址,并做适当介绍,应该把企业的 CI 融入进去,如:办公用品、印刷出版物、促销宣传品等。

二、网站的维护与管理

网站的维护与管理是延续时间最长的环节,也是资源投入最多的阶段。这个阶段工作质量的好坏,直接关系到企业建立网站的目标实现与否。

1. 网站维护与管理的意义

(1) 良好的网站维护与管理是保持网站对客户吸引力,维护企业形象的需要。几个月甚至一年一成不变的网页是毫无吸引力可言的,那样的结果只能是访问人数的不断下降,同时也会对公司的整体形象造成负面影响。在网上往往会发现这样的网站:制作精美,但存在许多错误,如网页找不到,链接错误,无电话地址等联系方式,更有甚者上面的信息依然是半年、一年前的;如果按上面的 E-mail 地址发信去询问一下产品情况,极少能及时回复,大多数都是石沉大海。这样的网站会让人感觉企业的效率低下,甚至会认为该企业已经不再运作。

(2) 管理完善的网站将成为企业和用户最重要的沟通渠道。

(3) 良好的管理可以提高网站的运营质量,降低运营成本,最终实现企业建设网站的目的。

2. 网站维护和管理的内容

网站的管理主要负责网站平时的正常运行,比如设备和网络的管理等,而网站的维护主要涉及网站内容的变化和反馈信息的处理,比如网页内容和栏目的更新等。网站的管理与维护是密不可分的,其主要工作内容如下。

(1) 定期查看日志文件。日志文件是操作系统中一个比较特殊的文件,它记录着操作系统中所发生的一切。企业要关心的是系统的访问记录,里面包含访问者的 IP 地址、所在地区、访问时间和访问页面等信息。定期查看日志文件,并对访问记录进行统计,就可以掌握网站的运行状况以及需要改进的地方。

(2) 动态更新页面。企业 Web 站点建立后,要不断更新内容,利用这个新媒体宣传本企业的企业文化、企业理念、企业新产品。站点信息的不断更新和新产品的不断推出,让浏览者感到企业的实力和发展,同时也会使企业更加有信心。

动态更新页面主要包括两方面,一是更新网页的文字、资料和图片,及时发布企业的最新产品、价格、服务等信息,实时删除已经过时的旧内容和旧页面。二是网页设计更新,不断增加新的营销创意,提高网站的知名度。另外,根据企业发展的需要,不断地对网站进行优化,如栏目更新、网页链接、结构调整等。

(1) 网站设备的管理。保持网站设备的良好状态,使企业网站可不间断地安全运行,及时处理服务器、程序、数据库等的故障。注意网站安全管理,实时进行检测,并对数据进行备份,防止病毒的攻击和恶意的访问。

(2) 网站人员与服务管理。根据企业的规模、功能和性质的不同,网站人员的配置也不相同,其中,Web 服务器管理人员和网页编辑人员一般是必备的。

(3) 反馈信息管理。与客户保持密切联系是衡量网站服务质量的重要标志之一。好的反馈机制可以扩大网站的影响。企业要对用户的投诉或需求信息及时处理,并向顾客反馈处理结果,做到有问必答。最好将用户进行分类,如:售前一般了解、销售、售后服务等,由相关部门处理,使网站访问者感受到企业的真实存在,产生信任感。反馈信息管理一般可用以下 4 种方法。

① 建立常用问题回答表(FAQ),对于常见的问题,用户可以快速找到答案,节省了双方的时间。

② 建立固定格式邮件答复系统,大多数情况下,对于用户的问题可以从中选择答案,并回复给用户。

③ 在线表单,利用表单制作调查表问卷,把对企业有利的反馈信息做成必答项,并放在调查表的显著位置,从中获得关键性信息。

④ 使用专业的工具软件,搜集用户信息并归类,创建面向个人的自动应答机制。

本章小结

本章立足于外贸企业如何向网上的浏览者展示企业及其产品,让学生能够了解出口产品电子化形象展示的基本含义、原则，以及在电子化网络展示中如何规划和实施的问题。本章也介绍了有关网站推广和网站维护的基础知识。

同步测练

1. 企业进行电子化形象展示遵循的原则是什么？怎样树立用户对企业网站的信任感？

2. 企业进行电子商务建设可分为哪几个步骤，怎样确定现阶段的目标？

3. 企业网站常见的内容有哪些？

4. 什么是网站的风格，如何在网站的设计中体现网站的风格？

5. 假设你在一个出口企业从事电子商务方面的工作，请根据企业的情况设计一份推广该企业网站的方案。

6. 网站维护的重要性是什么，在网站维护中应注意哪几方面的问题？

第四章

电 子 采 购

学 习 目 标

网络为企业提供了信息交流的平台,买卖双方都能够利用国际互联网撮合交易。利用国际互联网技术,许多企业将物资采购程序移到网上,以此来增加市场的竞争性,从而为企业带来成本的节约。本章要求读者重点掌握电子采购的概念和电子采购的模式。另外,还要了解网络上特有的两种采购模式——网上团购和逆向拍卖。

重 点 难 点 提 示

- 电子采购的概念
- 电子采购的优点
- 电子采购的模式
- 网上团购
- 逆向拍卖

第一节　电子采购概述

一、电子采购的概念

电子采购是企业实现电子商务的一个重要环节,它利用现代信息技术建立电子采购系统,致力于解决企业传统采购存在的问题,利用自身优势,将采购功能转变成了交易场上的一个强有力的竞争武器。目前国际上使用电子采购系统节省大量成本,提高工作效率,从而在竞争中脱颖而出的例子比比皆是。因此,电子采购市场正在作为一种新兴的电子化商业模式被众多的企业所追逐。

1. 电子采购定义

电子采购(e-procurement)产生于 20 世纪 90 年代后期,最先兴起于美国,起步于一些软件公司。它的最初形式是一对一的电子数据交换系统,即 EDI。起初进行得非常不顺利,由于解决方案价格昂贵、耗费庞大、缺乏统一的标准,且由于其封闭性,仅能为一家买家服务,令中小供应商和买家却步。随着经济全球化和互联网技术的发展,全方位综合电子采购平台出现,并广泛地连接了买卖双方提供电子服务,电子采购才真正兴起。

电子采购就是由计算机系统代替传统的文书系统,通过网络支持完成采购工作的一种业务处理方式,也称为网上采购。它的基本做法是在网上寻找供应商和商品,网上洽谈贸易,网上订货,甚至在网上支付货款。由于其具有的低价高效,操作简单,且对外联系范围宽广等特点,成为目前最具发展潜力的企业管理工具之一。

2. 电子采购出现的必然性

电子采购的出现时间很短,却发展很快,这首先要归功于互联网技术的飞速发展。但它绝不仅仅是技术发展过程中的偶然产物,而是有着其深厚的现实土壤的必然产物。它的出现,在一定程度上取代了传统的采购模式,这是有其深层次原因的,可以总结为以下两个方面:

(1) 传统采购模式存在大量问题

传统采购模式的重点放在如何和供应商进行商业交易的活动上,特点是比较重视交易过程中供应商的价格比较,通过供应商的多头竞争,从中选择价格最低的作为合作者。传统采购模式的采购过程是典型的非信息对称博弈过程,这种模式随着经济的发展越发地暴露出其弱点,主要表现在以下几个方面。

① 效率低

传统采购效率低主要指采购周期较长,且浪费人力。这种低效率首先表现在商品选择过程中。采购中,对商品和供应商都需做出选择,采购人员需要到众多供应商所提供的产品目录中找寻需要的产品及定价等方面的信息。由于信息来源的多样性,如报纸、杂志、电视等媒介,以及通过其他伙伴介绍,寻找和过滤信息都要花费较长时间,并且消耗很多的人力和物力。其次,在商品和供应商确定下来后,企业还要安排订货。由于采用人工的订货方式,也会带来很大成本。首先需要与供应商通过电话、传真或见面等方式进行多次联系,之后才能下订单。并且对于交易的记录一般采用手工方式,并以纸面方式为主,这对于今后的查看、整理和信息反馈都不方便。

② 成本高

传统采购所带来的成本并不仅表现为采购成本高昂,也包括浪费很多不必要的存货成本。首先,传统模式下的采购所面对的买家较少,可挑选的货物范围较窄,这样就很难找到最低价格下最满意的商品,从而难于实现资源的最优配置。其次,传统采购的方式较为单一,在现实中实现团购、招标等多样化的采购手段成本很高,从而当采购量不具影响力时,很难创新采购方式来获取低价。最后,正是由于采购过程的低效率和高价格,企业尤其是一些较大规模的企业,为了减少采购的麻烦,并且拿到较低价格,常常选择大量采购。这样企业不仅需要为暂时用不到的产品占用资金,支付高额的仓库保管成本,甚至可能为产品在保管中的危险自己承担责任,或者遭受产品价格降低带来的损失。

③ 透明度低

传统采购的手工操作、难于管理等特点直接导致了其天生的弱点:透明度低。这又会给企业带来以下两个层面上的严峻问题。

一方面,透明度低使得信息资源的共享成为不可能。由于大部分的采购操作和与供应商的谈判是通过电话、见面等方式来完成的,没有必要的文字记录,采购信息和供应商信息基本上由每个业务人员自己掌握,信息没有在公司内部,更不要说在外部得到共享。其带来的影响是:首先,企业在每次采购时进行很多重复劳动,以前成功的采购不能发挥其应有的范例或延续作用;其次,业务的可追溯性弱,一旦出了问题,难以调查;再次,同时采购任务的执行优劣在相当程度上取决于人,人员的岗位变动对业务的影响大。更大方面说,这对于企业建立一个开放、友好、合作的健康企业文化或氛围没有起到积极作用。

另一方面,采购中的低透明度正是滋生腐败现象的温床。正如我们前面所述,企业在采购过程中,往往个人因素起决定作用,购买性资金使用不透明、不公开、随意性强,因此容易发生相互利用、权钱交易的情况。为防止这种情况,在传统采购中,一般为了防止采购费用的过度支出和滥用职权,企业往往建立一套分级采购审批程序,这又为原本就低效和费时的采购加上了新的枷锁。

④ 难于实现企业战略整合

现代企业的管理讲求"整合",利用内部资源、部门的整合来达到一致目标。采购作为企业整体运行的一部分,是为卖、为使用服务的,需要纳入企业的整体战略管理。采购要依照企业的长期发展目标及其所处的行业状况等环境,并且与企业的其他行为相互促进,或者至少并行不悖。但是基于传统模式的采购,本身需要花费很多的时间和精力,这就使企业的注意力更多地转移到采购的具体操作和内容。从而忽略了把采购作为一种策略,站在企业的整体运行顺畅和获取最大利益的基础上,把采购与企业的其他行为进行整合。这样做容易产生短视行为,会对企业的整体协调和长远发展埋伏下很多问题。从横向看,传统的采购行为难以实现各职能、各部门之间的整合。传统采购行为一般基于纸面或人工的管理,如前所述,信息的存储及调用不便。因此采购部门与用料、财务等相关部门之间信息较难共享,购买和使用、销售等行为往往产生不一致。这使得企业内部矛盾激化,利益受损;从纵向时间发展来看,传统采购的信息系统不发达导致反馈信息不能很好地发生作用。采购行为结束后,使用或销售部门对产品的反映不能及时地得到反馈,以致采购缺乏目的性,并且容易产生较大库存,不利于企业的长远发展。

（2）电子采购的优势

电子采购相对于传统的采购方式,最主要的区别就是采取现代计算机网络技术,特别是以因特网的应用为工具,把采购项目的信息公告、发标、投标报价、定标等过程放在计算机网络上来进行,采购相关的数据和信息实现了电子化方式。但这只是表面上的技术优势,更重要的是,在这些技术支撑的基础上,电子采购作为电子商务的一部分,已经在企业内部形成了一种开放、互动、系统的管理和经营思路,从根本上解决了企业在采购中所遇见的问题。对照传统采购的各方面,总结出电子采购以下几方面的优势。

① 效率高

电子采购是提高效率最直接、最易于实现的手段。它所带来的高效率,可以从两方面看出:寻找信息的便利、操作简单以及内部容易控制。

现在,互联网上出现了很多 B2B(business to business,即商家对商家的电子商务)中介网站,这些网站的出现,给企业提供了更广阔的采购平台。它们可以在最短时间内,聚集最多的供应商和种类繁多的产品,并且提供详尽的信息。进行电子采购时,这些网络采购公司还会对整个采购过程实行一条龙服务,从联系确定供应商到确定采购时间,最后完成采购竞价,一直全线跟踪服务。网络采购把价格谈判的时间从几个月压缩到几个小时,减少了商业环境剧烈变化对价格影响的可能性。并且利用网络开放性的特点,使采购项目形成了最有效的竞争,有效地保证了采购质量。

从企业内部控制看,电子采购的应用使得信息的录入、统计、保存都实现了电子化,减少了简单劳动的工作量,提高了速度,并且使人工失误的可能性降到了最低程度。

② 成本低

成本的大幅降低对企业来说是选择电子采购很重要的原因。采购成本的降低包括直接成本和间接成本的节省。

首先是间接成本的降低。电子采购运用计算机和互联网进行操作,减少了传统采购手续的烦琐复杂。它减少了采购需要的书面文档材料,减少了对电话传真等传统通信工具的依赖,减少了由于购销双方信息的不对称使双方都需要支付的进行市场调查的大量费用,降低了采购的间接成本。据不完全统计,电子采购能将 10%～20% 的采购开支直接转化为税前利润。

其次,电子采购导致作为企业采购成本大部分的直接成本大幅降低。采购商面对大量地供应商和种类繁多的产品,可以按自身需求对商品的各方面属性提出采购要求,使得只有符合条件的供货商通过互联网沟通信息,消除了诸多不必要的中间环节,从而采购费用大幅度降低。并且,大量地占有供应商和产品的信息,进行多方的对比分析,使得得到更为合理的价格、节省成本更有可能。

因此,对那些成功采用电子采购系统的公司来说,如此大幅度地节支当然成为了它们有力的竞争武器。

③ 采购范围国际化

传统采购往往选择范围狭窄,局限于国内,甚至地方市场。而电子采购通过互联网将采购视角伸向世界各国,保证供货信息公开、公正、公平、透明,可以使产品质量、价格、服务、物流之间实现最佳组合,及时满足本企业需要。

电子采购不仅对原有的国际贸易进口商有益,使得传统的国际贸易采购变得更加便捷。更重要的是,对于以前在国内采购的企业而言,电子采购扩展了它们的视野。它们采购的选择范围扩大,为追逐最小成本,可以选择国际采购,以达到最大利润。

这种采购范围的国际化不仅在短期对进口企业有利,从长期来看,对于整个行业来说,实现国内外资源的最优配置,自由公平竞争,有利于行业的发展和进步,采购方也可以进一步降低采购成本。

④ 优化外部关系

企业的生存与发展离不开环境,也就是与外部各方之间形成的关系。这些关系处理得好坏直接影响着企业的生存和发展,因此企业的运营过程中都对此极为重视。电子采购的出现,对于在采购方面协调各方利益,优化企业的外部关系起重要作用。下面从横向、纵向两方面看电子采购各有什么作用。

从横向关系,也就是从采购企业之间的竞争关系看,很多同一产品的采购商之间都是竞争关系,为能获取物美价廉的货源,无论什么行业,在传统采购中竞争对手之间常常是相互提防,相互封锁市场信息。由于传统采购的信息封闭,他们之间更不可能有任何合作,使竞争各方在同种商品的采购上遭受不平等待遇。传统的采购中也出现过团购这种采购商之间合作的方式,但大多由于信息的不充分,难于组织等原因没有广泛地发展起来。然而电子采购的出现,给团购注入了新的活力,彻底改变了进口商这种被动局面,一些过去互为竞争对手的买家开始尝试着以采购领域为起点,开展不同层次的合作,逐步实现采购联盟化,从而共同发展。

从纵向的供应链角度讲,电子采购能帮助改善客户服务和客户满意度,促进供应链绩效,以及改善与供应商的关系。企业通过电子采购加强了对供应商的评价管理。电子采购扩大了供应商资源,供应商数据库的建立为企业采购提供了方便的查询手段,帮助企业及时准确地掌握了供应商的变化,同时也为供应商的选择提供了决策支持。对于供应链另一端的客户而言,电子采购使得采购企业增强了服务意识,提高了服务质量。由于电子采购杜绝了人的因素的负面影响,促进了供应商的公平选择和管理的完善。而采购商对于其所售出的产品而言,也是供应商,因此为避免在客户的供应档案管理中留下不好的印象,企业也改善了经营方式,为客户负责。

⑤ 透明度高

电子采购为采购管理提供了有效的控制手段,实现了公开、公平、公正的规范化采购。通过公平竞争,可以形成市场良性循环,带来的影响是连带性和多方面的。首先,实施电子采购由于需要对各种电子信息进行分析、整理和汇总,可以促进企业采购的信息化建设;其次,能够更加规范采购程序的操作和监督,大大减少采购过程中的人为干扰因素,减少"暗箱操作";最后,电子采购更加符合信息时代对企业采购的要求,促进企业采购与电子商务相结合。

二、电子采购的多种模式

电子商务模式是电子商务中参与者的互动模式。电子采购模式沿用电子商务模式的分类,从采购方角度来分类考察。在这里我们对现在比较常见的电子采购模式进行简要的说明,使大家对各种形式的电子采购形成初步的了解,不同的公司可根据自己特定的市场环境选择不同的模式。

1. 多对一模式

这种模式是指供应商开发自己的网站,在互联网上发布其产品的在线目录,采购方通过浏览来取得所需的商品信息,以做出采购决策,并下订单。之所以称为"多对一"指的是多个买方对应一个卖方,结构如图 4-1 所示。

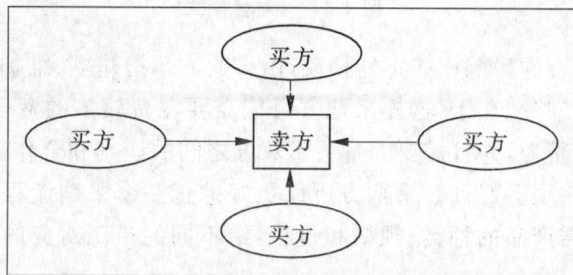

图 4-1 多对一模式

电子商店(e-shops)和购物中心(e-mall)就是这种模式的例子。电子商店是供应商企业的网络营销,它帮助企业推销其商品和服务。当企业拥有自己的网站,并通过该网站进行公关宣传和信息传递,提供商品在线订货和在线服务等基本功能后,企业就开设了一家电子商店。电子购物中心的产生是由于卖方为增加曝光机会,请中介商通过电子市集,增加链接。

在这个模式中,卖方价值链的营销元素和买方价值链的采购元素直接通过网络相连;由于省去了渠道价值链,为卖方减少了推广和销售费用,从而让利于采购商。对于采购方的优点在于,这种模式中卖方自设网站供不特定的买方浏览,并且由卖方维护。这种模式的优点在于容易访问,并且不需要任何投资;但侧重由供应商推动,以供应商利益为前提。对买方而言,难以跟踪和控制采购开支。

2. 一对多模式

一对多的采购模式是一种买方主导的模式。买方一对多模式是指采购方在互联网上发布所需采购产品的信息,供应商在采购方的网站上登录自己的产品信息,供采购方评估,并通过采购方网站双方进行进一步的信息沟通,完成采购业务的全过程。在此过程中,采购方维护多个供应商的商品服务目录及数据库,并负责所有交易公司的采购和财务系统。在这种情况下,尽管卖方提供了产品、服务、价格、可获得性等目录信息,但是买方作为承担者进行信息的维护和更新。一对多模式如图 4-2 所示。

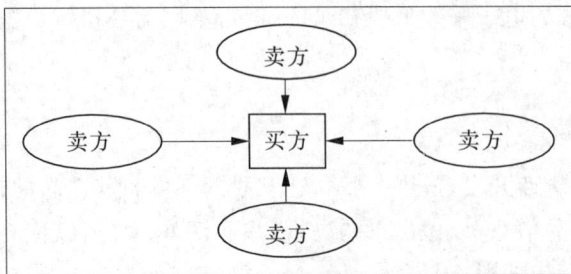

图 4-2　一对多模式

这种模式与多对一的采购模式正好相反,由采购方承担建立、维护与更新产品目录的责任,其影响有利有弊。弊端在于,这样采购方可能需要花费较多的资金投入,以及管理和维护系统所需的时间和精力,并且需要大量买卖双方之间的谈判和合作。与此同时,企业在享用此系统时,也会收获很多好处。采购方可以更好地把整个采购流程的主动权控制在自己手中,控制目录中所需产品的种类、规格和价格,给不同的员工对应的采购权限进行控制和监督。

从多对一模式的特点可以看出,这种采购模式比较适合市场影响力较大的大型企业,尤其是大型生产性企业采购直接物料时使用。

3. 多对多模式(第三方门户)

第三方门户(third party portals)的产生及其快速发展是有其必然性的,它是网络应用的专业化分工,它是价值链优化的内在要求。它为那些打算把网络营销交给第三方的公司提供了服务。第三方门户网站是通过一个单一的整合点,使得多个卖方和买方能够集合,并进行各种商业交易。门户网站模式是互联网上全世界范围内任何人都可进入的单个网站站点,允许买卖双方交一定的费用以进行商业交易。其结构如图4-3所示。

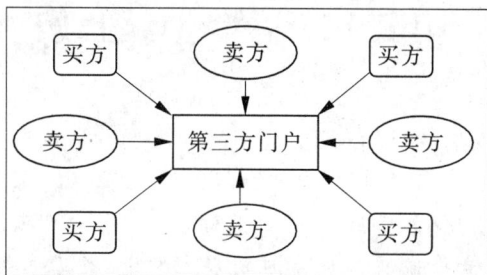

图 4-3　多对多模式

其中门户又可分为垂直和水平两种:垂直门户(vertical portals)是经营专门产品的市场,通常由一个或多个本领域内的领导型企业发起或支持;而水平门户(horizontal portals)集中了种类繁多的产品,主要经营领域包括维修、生产所用零配件、办公用品等,一般由电子软件集团或这些间接材料和服务供应领域内的领导者发起资助。

第三方门户模式的好处在于能够聚集大量的供应商和产品,采购商选择的范围非常广,这减少了采购商自己寻找供应商的费时费力。缺点在于还要交纳额外的中介费用,这无疑加大了采购成本,采用此模式前需要把这些费用考虑进预算。

4. 一对一模式(企业私用交易平台)

企业私用交易平台(private exchanges)是一种限于邀请对象使用的网络架构,可使某一企业与其顾客、供应商,或两者相互连接。它类似电子数据交换(EDI)系统——EDI系统是大型企业长期以来使用的主机式应用程序,以电子方式交换订单、库存报表与其他资料。企业私用交易平台和EDI网络类似,能减少沟通的时间与成本,但是亦能使合作厂商以标准格式,实时分享文档、图表、试算表与产品设计,因而使彼此间达成更紧密的联系,功能更胜EDI。企业私用交易平台因而能将因特网平台的功能与EDI系统的安全性两相结合。

企业私用交易平台的功能超越其前身的开放式架构。透过安全、一对一的沟通,私用平台能强化共享的供应链流程,诸如库存管理、生产计划和订单履约,让积极参与者掌控大权。

由于私用交易架构中的供应商仅包括受邀访客和网站站主,因此等于买方已选择做生意的对象,甚至可能已于网络外完成商谈。

其实,企业私用交易平台主要是一种信息交流管道。虽然买方能在此以更理想的条件进行采购,但是我们发现买方却很少愿意这么做。这是由于这种模式中采购方需要花费很大成本,并且在某些情况下,对供应商的选择是需要时间和了解的。

当采购商决策是否选择此采购模式时,可以直截了当分析投资报酬率,即可了解此项投资是否值得,尤其应注意发掘参与交易架构的间接长期优点。

第二节　网上团购

当进口商采购规模较小,难以在其求购产品的市场上造成影响时,似乎被动接受出口商所规定的价格和各种格式条款是采购该商品的唯一选择。但随着电子商务的发展,各种贸易信息更加透明,客户之间的联系也更加便捷。于是,不满足于商家"一口价"和"格式条款"的进口商想出了联合起来以增加其自身影响力,获得更加低廉的价格和更加合理的条件的采购方式——团购。团购这种方式真正起到广泛作用还依赖于网络以及电子商务的发展。

一、网上团购的定义

现今的网络采购已越来越普及,而大多数采购者或进口商的采购数额都较小,因此很难在市场,尤其是广大的网上国际市场中拥有发言权;但另一方面,随着经济和网络的发展,信息变得更加透明,各行业的竞争日趋激烈,尤其是价格竞争已使商家无利可图,利润率都存在着下降趋势。上述两方面的矛盾促使商家追求采购成本的最小化,同时尽可能得到最优待遇。在此基础上就产生了网上团购这种尽管是"多对一"却能对卖方产生压力的国际贸易采购方式。

团购也称团体采购,即集体采购,在一定意义上说,就是一同关注某种商品的采购方,大家聚集在一起向卖方提出购买意图,以此为讨价砝码,从而获得在原始价格基础上的折扣、一些小额的优惠或更公平合理产品保证等方面的好处。

从团购定义可以推出,网上团购不外乎是把上述的团购的做法搬到网上。通过总结和提炼多方提出的定义,我们把网上团购的定义归纳为:有意向购买同一产品的消费者通过自发集合、厂家组织,或由第三方中介网络公司,统一组织起来通过互联网,以大量的用户为基础,大量向厂家购买,从而在保证质量的前提下,与生产厂商协商价格,使消费者可以用超低折扣购买产品,甚至能获得更好的售后服务的采购活动。

二、网上团购流程

随着网络和计算机技术的发展,网上团购的定义对于熟悉互联网的大多数人都不难理解,但具体怎样操作才能及时、低价地采购到满意的商品,还需要对网上团购的操作流程进行了解。完善的团购流程是团购的枢纽,唯此才能保证团购的顺利进行。团购流程简单地说也就是团购的操作规则,主要是实务方面操作性较强的一些方法和步骤,根据网上团购的实践主要有以下几个步骤。

1. 选择团购服务公司

之所以团购服务公司会成为组织团购的主体,而不是消费者自发组织或厂家组织,是由以下两方面原因决定的。

一是从理论上讲,一方面,由于消费者本身集结起来管理成本较大,也较难协调;另一方面,厂家为了强调核心竞争力,专业化进行生产,对于销售一般都交由外部管理。

二是现今出现了这样一种情况,消费者在通过团购服务公司的一次交易之后,自主组织了数人,直接去厂家购买,在此种情况下,商家也是按照团购价,甚至更低的价格给予。所以这种做法的出现威胁了团购服务公司的生存与发展,因此他们选择必须与厂家之间签订协议,无论厂家是在价格上不遵守,还是在产品质量上不过关,即为违约,按照协议的违约条款执行,同时厂家也会失去此种销售渠道,那么也就起到了制约的作用。

因此,现在来说网上团购的组织者多为专业化的第三方团购服务公司。这些网上团购服务公司制定合适的流程,消费者与团购服务公司依据流程进行交易。只有依据完善的规则操作,团购才能井然有序地进行。因此,正确选择团购服务公司在采购流程中至关重要。

团购服务公司必须做到让消费者真正感受到团购的优势,让消费者真正体会到团购的便利,那么团购网才能具有市场空间,也才能蓬勃的发展。否则不但进口商会觉得没有秩序、难于把握、费时费力,团购服务公司自身操作起来也会觉得很累,错误、投诉繁多,结果就会造成团购服务公司忙于处理而疏于管理、疏于开拓市场了。所以对于网上团购服务公司来说,制定完善的流程是至关重要的,否则即使其他的地方都做到位了,也会因为在交易过程中的错误、无序而失去客源。对于网上采购的国际贸易进口商来说,恰当地选择中介服务商更是能否操作简便、得到折扣、保证利益、准时到货的关键,因此选择时一定要慎重,尽量选择有一定信誉和资质的大公司。选择时应重点参照以下几点。

(1) 产品

进口商采购产品,以此作为生产其产品的原材料,或起维持运营等的作用,因此,选择适合的产品不仅是采购过程的关键一节,甚至对于公司今后的运作发展都起着至关重要的作用,一定要慎重选择,主要看以下几个方面。

首先必须保证产品齐全,进口商能够很方便地找到所需要的各种种类和品牌、型号齐全，质量好的产品；其次从产品的展示上看，产品应介绍详细并配有各类图片、相关的产品资质证书，使查看者能够清楚地了解产品，也可从众多的品牌、规格、型号中挑选到自己满意、放心的产品，这也是吸引消费者购买的前提条件；最后确保通过该网站购买产品能够享有至少不低于其他渠道所购买的同类产品的合理价格。

（2）资质

尽管进口商的目标是商品，但作为联系进口商与生产商的重要纽带，网上团购服务公司的信誉同样需要仔细辨别和考察，因为这些中介公司资质的好坏关系到产品的好坏、真假、价格的高低，甚至能否顺利拿到产品。进口商所需具体考察的内容主要包括以下几个方面。

例如团购服务公司是否同厂家签订协议，确保团购价是否是任何途径购买中的最低价，确保产品是否质量过硬、具有相关资质证书。对于如何辨别资质，没有完全简单易行的方法，这主要还是通过与生产商联系咨询是否与团购服务公司有关，在论坛上与其他买家交流经验教训，对比同类的团购服务公司看是否价格过低等方法来获取多家资料和大量信息，以此加以辨别。

（3）能力

团购网吸引消费者眼光的最具说服力的就是能够用最低的价格购买到质量放心的产品。因此，除了考察团购网的基本资质，保证不会受骗，更进一步地，还要看它的业务能力。如果说消费者自己在网上直接购买，价格同参加团购差不多，甚至还要低，也就不能吸引大家去团购，团购也就没有了自己的市场空间。考察团购网的能力包括以下几项。

首先，是与厂商之间的关系密切，一般要求签署一定的协议，在此基础上看谁能拿到更大的折扣，如果是条件较好的排他性协议就更可靠；其次，还要看网站聚集人气的能力，由于团购与参加者的数量有很大关系，因此团购的成功与否，甚至折扣的大小都会受到极大影响，所以在选择时，应尽量选择比较大型的，有一定知名度的团购网；最后，真正的协调处理能力也至关重要，选择网站时，要看它的设计流程是否便于操作和人性化，网站是否能够很好地协调各方关系，及时处理发生的问题。

2. 购买时的操作步骤

（1）挑选产品

由于本书所涉及的主要是电子商务国际贸易中商品的采购，因此一般来说，最简单、省时、直观的方式就是从中介网站上直接挑选。进口商可以在短时间内，浏览各大网页，找出多种备选产品，考察其配置性能，并且综合比较各团购网提出的价格和条件。具体做法是在网站上按分类或关键字查询，找到需要的产品，凡是有"团购商品，超低折扣"标志的商品都参加团购。

虽然是网上团购，但挑选产品的方式却不拘泥于网上挑选。例如，如果是需要见到实物才能分辨好坏，并且需求量较大的产品，我们可以选择到各实际售卖展厅或亲自到厂家进行挑选。需要注意的是,在进行电子商务国际贸易的过程中,这样做往往需要较大的时间和金钱成本,做之前要充分地把这一部分成本考虑进去;另一方面,有时虽然见到的原货符合要求,但不能保证团购网提供的产品保证质量的一致性。

(2)报名、提交购买意向

为使团购活动顺利进行,能及时收到组织者的反馈信息,要将自己的真实信息和购买意向具体地告知网站,进行报名。一般是要填写一个"网上团购申请表"来提交个人信息及购买意愿。按照申请表的要求如实地填写自己的信息,以及欲购买商品的信息,为公司采购还要详细地留下公司的信息。这里需要注意的是,要提前一段时间报名,因为有些品牌需要等一段时间才能提货。还有一点,也就是我们现在很关注的网络安全问题,自己的信息是否能保证不被泄露,这点对于进口商来说很被动,因此我们能作的就是尽量选择有信誉的,或已经合作时间较长的团购网。

(3)签订合同

这里需要注意的是,并非总如我们前面所说的可以直接看到折扣的信息。很多网站都会选择对折扣进行保密。它们这样做的道理是如果价格太低,公开会冲击厂商其他渠道的销售,所以不能在网站和其他场合公开。因此当进口商得知能够得到的折扣后,还可以继续考虑是否愿意签订合同。

如果决定签订合同,也可根据公司及购买条件的实际情况而灵活运用不同方式。具体来说,如果公司的购买数量不大,且团购网在公司本地没有办事处,可以选择电子合同以及传真等方式成交;如果公司的采购额较大,且双方见面的成本已经充分考虑进去,也可以见面签订合同并就具体事宜进行进一步谈判。

有时,团购网为了维护自身利益,以免购买方改变主意从而对其造成影响,也会收取一定的定金。定金的交付要慎重,一方面,要确定已经挑选到了满意的商品,否则变更会给公司带来一定的损失;另一方面,就像我们一再强调的,一定要确定团购网的信誉,以免上当受骗。

(4)收货付款

根据网站要求或双方协商,一般有货到付款和款到交货两种方式。

货到付款是指厂家上门送货、进口商收到货物后交齐剩余全款。作为进口商,当然这种付款方式较为有利,一方面,可以保证产品的质量,在团购网不能提供合同中所指明的产品时,进口商可以拒绝付款,从而制约团购网可能出现的违约行为;另一方面,见到货物再付款,可以保护进口商,也防止了团购网在收到货款后拒绝交货的行为。

款到交货是与货到付款相反的方式,在卖方收到货款后再对买方发货。这种方式保护了团购网的利益,保证其收到全额货款,避免遭受财货两空的危险。于是很多网站都利用格式条款,强行应用此种方式。

针对上述两种方式的显失公平,一种新型的交付款方式应运而生。即支付宝,它能作为中间机构为买卖双方提供信用保证。

三、网上团购的优势

既然已经熟悉了网上团购的具体操作，我们接下来就要了解一下究竟在什么条件下应该使用这种方式，以及能带来什么好处，以便于进口商进行采购时决定是否选择。网上团购与一般的电子采购相比，其优势大致可归类为以下 3 点。

1．提高影响力

网上团购可以提高采购者在购买时与卖方讨价还价的影响力。网上团购凭借网络，将有相同购买意向的消费者组织起来，以大订单的方式减少购销环节，厂家将节约的销售成本直接让利。

能够通过网络把很多有意向购买的人群集中在一起，大家共同购买一种商品，在这个过程中因为有足够的购买数量，所以在价格上，是可以谈的一件事。厂家应该很重视这个现实，一二百人共同买一种商品，给一定的折扣，是理所当然的。

随着经济的发展，同一类产品在品牌、外形、功能、价格等方面的差异造成了多样化。与此同时，人们的需求日趋多元化。因此，拥有较小购买能力或需求的进口商自己很难找到获取折扣的办法。团购网提供了这样一个平台，它聚集了大量的具有相同需求的进口商，并且找到了大量的厂商。进一步，大量的团购网形成了网上团购的大平台，为进口商在更广阔的空间选择商品，并得到更大的优惠提供可能。

2．降低成本

进口商通过网上团购这种方式可以极大地降低成本，包括金钱、时间和人力成本。

首先，可以节约金钱成本。这点很直观，网上团购可以让进口商购买相同产品，却得到一定的折扣，这种成本的降低对于企业提高利润和长远健康稳定的发展有益。其次，可以节约时间，进口商一般对所采购的产品并不是很了解，应该买什么型号、质量、品牌、价格的，这些东西如果靠自己去积累和完善的话，非常耽误时间。网上团购的时候，大家可以通过论坛共同来交流这个事情，利用节省下来的时间创造更大效益。最后，网上团购还可以节约人力成本，以往的电子采购需要严格审查卖方的资历，并与之进行谈判，而网上团购避免了这些麻烦，通过团购这种组织形式把很多谈判的工作交给了团购网一并进行，进口商轻轻松松即可买到优质、放心的产品。

3．优化结果，实现更大利益

这点在消费者通过自发组织团购或论坛讨论中更能体现出来。消费者在购买过程中相互学习，并且集结起来占据一个相对主动的地位，同时在出现质量或服务纠纷时，可以采取集体维权的形式,以更有利的方式解决。下面我们以购房网上组织团购为例来说明,尽管"购房"与国际贸易中的进口方不直接联系,但很能说明问题。

案例:购房网团购带来的额外好处

"搜房网"是一家以房屋为标的的网上房屋交易中介。在搜房网的平台上,包括很多与购房相关的知识,团购案例,及律师总结的团购成功和失败的经验,业主论坛等。通过对"搜房网"的考察,我们总结出了以下3点网上团购的额外好处。

(1) 学习作用

网站会不定期地组织几次大型的业主集会,把大家关心的问题罗列出来。这个是由小及大的过程,每个人所关注的要点不一样,有的人关注的是房屋质量,有的人关注的是开发商的信誉,但是在团购的过程中,大家要找到一个共同的底线,在这样的过程中,就是一个舍小取大的过程。组织团购,有一点像教育业主的过程,要教育大家怎么买房子,看重房子的哪些方面。因此是相互学习的过程,每个业主有自己不同的工作、学习的经历,可以取长补短,从各种角度看待问题。

(2) 更优待遇

这就是以购房为例的原因,与很多其他的耐用品相同,买房的时候是阶段性成交,但是生活品质是不可能阶段性成交的。正如有的理智的消费者所说:"价格不是我们唯一关注的内容,在购房合同,甚至购房合同以后的物业服务,再加上收房,都是在团购的过程中,应该深深考虑在内的事。"所以选什么样的物业公司,签订什么样的物业条款,这个其实是大家未来接触更广的问题,在团购的过程中,就能谈到物业的环节,可以不仅拿到低价,更重要的是今后的服务。

从更专业的方面看,正是由于团购的力量,我们现在标准格式文本合同比以前规范了很多,包括装修的标准等,很多地方会打擦边球,或者表示不明确。另外还涉及开发商和购房人之间的权利义务的不平等,因为业主违约有相应的处罚条款,开发商违约的时候,没有明确的规定,也是长时间的交涉内容。新版合同有很多附加的条款,更加保障了消费者的利益。可能有一些买房人很苦恼,这个房子难以割舍,可是我的权益也很在乎。怎么样把不平等的霸王条款拿下来,或者是相应地加一些对消费者有益的不同条款,这个也是在团购过程中着力实施的。

(3) 扩散效应

这点更能通过购房体现出来,尽管参加的购买者只是一部分,但其实楼盘的所有业主都享受了这样的优惠。虽然是团购那部分人的需求,但是对方的供给必须是全面的供给,因此这种好处扩散到了其他更广泛的消费者中。这个主要表现在绿化、街道、会所等方面,这些东西只要跟一户签了,剩下的业主都会享用。

四、网上团购的劣势

任何事物都是两面的，网上团购也不例外。尽管在理论上有很多好处，但这种采购形式只占电子采购的一小部分，究其原因，还在于网上团购在实践中发展的不完善和一些存在的困难，简述如下。

（1）缺少大型的团购网，综观各类团购网，种种网站也不在少数，但细查之后会发现，现今没有一家网站拥有某一领域所需的全套基本材料。

（2）网站对一些产品的介绍也是寥寥无几，难于通过网站直接了解产品的详细情况。

（3）也是最重要的一点还是价格问题，例如，一家团购网的论坛上有人抱怨说，为正在装修的小公司通过××团购网购买了一些材料，原本以为既得了实惠，又买到了优质的产品，结果在后来去市场买其他材料的过程中了解到相同牌子、相同规格型号的材料，不需通过团购也能打到相同的折扣，如购买数量多的话还可更低。

其实，更深层次的原因还在于以下两点：一方面，厂家面对渠道选择的两难处境。厂家的渠道分为很多部分，比如说代理销售的网点和批发商等，如果网上团购能拿到低价就会绕开他们，从而对他们造成威胁，因此其他渠道以此威胁厂家，厂家为了更大的既有利益，放弃网上团购实施；另一方面，就是消费者的信息不对称造成的不信任。例如对于很多名牌产品网上都会有相当多的低价团购，购买方对于其真假很难分辨，于是选择其他渠道购买正价商品。

正是上述种种客观因素，导致现今多数消费者对网上团购缺乏信任感，依然奔波于各市场采购，而网上团购的发展受制。

综合本节内容可以对网上团购及其过程操作有大体的理解，它作为电子采购的一种特殊形式，可以起到增加进口商影响力、享受更低价格和更优质服务的作用，但也要看到其在实际中运用的不完善，权衡利弊进行选择。

第三节　逆向拍卖

一、逆向拍卖的定义

逆向拍卖（reverse auction）是一种采购的竞价程序，指采购方为购买某种产品或服务，利用互联网发布标准的采购需求（包括产品的名称、品牌、规格型号、数量、交货期以及最高限价等信息），进行采购招标；接受邀请的供应商可在互联网上预定的时间内竞价投标，直到投标价格降到接近或低于买者的底价为止；买方会根据各个报价，结合该供应商的供应实力给予综合考评，从而选出最具竞争力的供应商作为自己的合作伙伴，通常报价最低者会获得最终的成交机会；并在投标结束时产生一个框架性采购协议，在此基础上买卖双方谈判和签订采购合同。

　　由上述定义可知,逆向拍卖是以采购商为主体,利用供应商公开竞标压低价格而获得合同的一种采购模式。该技术是将采购招标和网上竞价相结合的一种全新的采购方法,帮助采购商最大限度地发现卖主,并引发供应商之间的竞争,大幅度降低采购成本。目前该技术在国外已被广泛运用于工业品采购、政府采购及全球采购等各个领域中。

二、逆向拍卖一般流程

　　逆向拍卖的实现原理很简单,就是买方通过软件服务商或者自己建设的网络平台,建立一个高度竞争的在线竞价场所,把谈判过程放到网上,让事先确定的多个供应商通过这个在线市场就标的物进行竞价,从而买方就此进行采购。在逆向拍卖进行过程中,每个供应商都可以通过显示器终端看到其他供应商的报价,这会促使他为得到买方的订单报出自身可承受的、更低的价格。逆向拍卖都有时间限制,往往是很短的半小时到一小时。这种公开的实时比价机制使供应商之间的竞争更加激烈,从而让采购价格趋于市场价格,甚至更低,压缩供方利润,以使买方采购成本降低。

　　逆向拍卖没有标准化的流程,不同软件服务商的流程设计不尽相同。下面是归纳总结出的逆向拍卖的一般流程。

1. 可行性分析

　　首先,要明确的一点是,逆向拍卖并不适合所有企业,也不适合一个企业购买所有产品时使用。企业要根据自身实力、需求状况、产品市场、供应商和产品的具体情况,具体分析是否应采用此种方式。

　　分析时首先应考虑企业自身财力状况,因为逆向拍卖的投资(主要体现在信息网络的建设,支付供应商的服务费,大量的培训和初始阶段的学习成本)比较大。其次应该把逆向拍卖与其他采购方式进行对比,把逆向拍卖的投资成本与其获得的价格降低的好处进行对比,以考虑该方式是否可行。

　　其次,也应该充分考虑到供应商的情况。因为逆向拍卖是一个新事物,其接受程度并不确定。如果大多数供应商的技术较为先进,并且愿意参与此方式,就可以进行。

2. 制定评判标准

　　买方在使用逆向拍卖进行采购中,所关注的重要因素就是价格。然而,价格远非产品采购的决定因素。产品的品质良莠不齐,一些供应商为提出有竞争力的价格,就会提供低品质的产品,使买方的利益严重受损。因此,买方在采购时,应明确、具体地制定适宜的评判标准。对产品的规格、品牌、质量等进行评判。对这些方面详细、严格的规定是保证市场价格有效的重要前提。品质规定得越具体,供应商就越能明确地计算出自己的成本。同时,以保证所有报价产品的一致性。

针对产品采购中可采取按质论价,以及一次采购多种产品的情况,出现了可以支持等级报价的软件系统。这种方法下,一般是选择更有代表性的综合效益(total value)作为评判标准。它的高低不仅取决于价格,还受许多非价格因素(如品质、售后服务、供应商信誉等)的制约。在具体衡量供应商能够提供的综合效益时,可以采用对每项加权平均计算总分的方法,排出名次择其高者录用;也可以根据品质把供应商提供的产品划分为不同等级,每一等级取其报价低者。在一次采购多种产品的情况下,这样的区分产品进行报价可以使得供应商提供其能力之内的产品,而不至于受一揽子采购的影响,被动提供其无竞争优势的产品,采购商也能在各个产品上享受最低价格。

3. 联系供应商

供应商是逆向拍卖的参与者,买方在拍卖准备阶段就应联系供应商,以使其有充分的时间进行准备。由于网络技术和经济的发展,供应商数量加大,水平良莠不齐。因此,企业应进行询价,从中寻找符合条件的供应商,并对供应商进行培训。

询价是联系供应商的第一步,也是获得所有有意向的供应商最为重要的一步。买方应把一套完整的请求报价寄给供应商,保证每个供应商同时收到完全相同的信息和向每个供应商提出同样的要求。供应商通常有一个月左右的时间来评估请求报价,并提出自己的报价。收到反馈的信息将直接影响到有多少的供应商可供选择,供应商的质量,进而影响到采购的成败。

寻找符合条件的供应商,在询价的基础上,通过网络或其他途径,以企业的采购需求为依据,对供应商的有关信息(包括公司信誉、公司历史、生产能力、财务状况、现有客户、供应链管理情况等)进行分析,识别并挑选出条件比较适合的一些供应商纳入投标名单。通常名单中包含五十个左右的供应商,也可根据具体条件进行一些调整。但需注意的是,过少的供应商参加难以形成竞争,降低价格;过多的供应商容易造成管理成本的加大,因此保持适当数量的备选供应商至关重要。这些供应商既可以是买方已有的客户,也可以是一些潜在的新供应商。对于新的供应商,企业尤其要谨慎考察,利用现场调查等方法,评估他们的管理质量系统、交货性能、生产系统、设备和设施等资质是否符合要求。

符合条件的供应商最终将获得参加逆向拍卖的资格,针对这些供应商应进行逆向拍卖技术使用的培训。这是因为逆向拍卖还是一个新兴的应用技术,一些有实力的供应商可能由于对此不熟悉而被排除在外。就培训的内容来说,首先应对逆向拍卖的基本应用知识进行系统的介绍,其中包括原理介绍、如何使用软件、拍卖规则的说明等。在供应商对此有了理论的了解后,有条件的话还可以举行一次虚拟拍卖,让供应商熟悉操作流程,感受逆向拍卖的竞争氛围,督促供应商充分地备战和增强自信心。这种培训能够保证正式拍卖的顺利进行,不会在操作中因为技术上的问题而影响整个拍卖的进程,因此是极为必要的。

4. 竞拍过程

就像复习是为了最后的考试做准备一样，前面的步骤都是为竞拍这短短几小时做的准备，因此竞拍过程是逆向拍卖最重要的环节，其成败具有决定性。

在拍卖日，按照规定的时间，供应商被安排登录到在线采购公司的网络开始竞标。需要说明的是，进入这一阶段的供应商数量不应过少，以保证形成竞价的氛围。在拍卖开始后，各供应商按照起拍价，提出自己的报价，并根据其他供应商的反应，根据自身条件决定是否更新报价。

通常在拍卖结束时，出价最低的供应商会成为赢家，获得和买方签订合同的机会。但这也不是肯定的，决定谁是最终胜者的权力掌握在买方手中。拍卖规则没有规定必须接受最低报价的投标，许多别的因素会影响买方的最后决定。价格虽然是逆向拍卖中的主要评价指标，却不是唯一的考评标准。如前所述，买方更侧重依据供应商最终报价给自己带来的综合效益来进行选择。

在拍卖结束后，买方通常是按"赢者通吃"（winner takes all）的做法，把机会给予拍卖中胜出的供应商。有时双方甚至为了保证合作的稳定性而签订长期的合同，借此与供应商建立长期稳定的战略合作关系。

5. 后期总结

拍卖过程的结束并不意味着所有工作的结束，采购方应充分利用此次采购，进行后期的总结工作，为今后的采购进行准备。

首先，利用拍卖中各供应商提供的信息和报价，更清楚地分析市场信息。包括可以加深对产品的认识，对产品的底价和供应商的数量、水平等有大概的了解。利用这些信息进行市场分析，有利于下次采购更有力的进行。

其次，建立与供应商的联系。通过拍卖过程，可以对供应商的综合实力评估并打分，总结这些供应商的情况，并将信息登记入库，以备将来采购时使用。不可忽视的一点是，保持与每个参与拍卖的供应商联系，包括那些落选的供应商，向他们许诺将来的商业机会。这些都会对今后的采购提供基础保证。

再次，还要总结逆向拍卖中的经验和教训，以在将来更好地举办类似的活动。由于逆向拍卖是一个新兴的事物，企业在这个过程中难免会出现问题，寻找解决方法。这些经验和教训对于企业逆向拍卖的成熟运用将起到促进作用。

三、逆向拍卖的优势

逆向拍卖周密和创新的流程设计不但能弥补一般电子采购方式的缺陷，而且还具有其他方式无法比拟的优势，总结逆向拍卖的特点可以看出，逆向拍卖兼有招标采购的公开性、比价采购的参照性和动态性、议价采购的灵活性,它是各种传统采购方式的集大成者。逆向拍卖相比较一般电子采购的效益优势突出体现在以下几个方面。

1. 降低成本

成本是企业在采购中所考虑的首要因素,成本的降低对企业的经营和发展有着重要的作用。选择逆向拍卖的方式,企业可以从减少采购成本和采购过程中耗费人力、物力和财力两方面降低成本。

(1) 直接采购成本的降低

这主要指的是采购的购买额,亦即采购价格乘以采购数量。这是企业购买标的物所花费的直接成本,不包括在采购中所花费的其他成本。

一般电子采购方式中,这取决于企业的讨价还价的能力,也就是企业在市场中的影响力,还取决于对供应商的寻找。一般的企业或者因为规模不大,或者因为没有过多的时间和精力难于接触大量的供应商,使得采购成本偏高。

逆向拍卖很好地解决了这些问题,以拍卖的方式吸引大量的供应商,通过扩大供应商的范围,促进竞争,使得供应商供货的价格维持在相对合理的低水平。并且从长期看,对于供应商来说,竞争的加剧使得他们提高生产效率,促进科技进步,整个行业进一步发展,对于采购商,成本也会进一步下降。另一方面,逆向拍卖可以整合同类的物料采购,使得企业不会由于计划的不确定性和部门之间的缺乏沟通分散进行采购,从而使企业支付更低的单位成本。

(2) 企业采购过程中间接成本的降低

采购是一个复杂的活动流程,其中会发生很多间接成本,包括促成采购行为所花费的人力、物力和财力。

在一般电子采购活动中,一种商品的采购流程就进行得相当复杂,包括大量的市场调查、产品分析、与供应商频繁的接触和了解、无数次的供应商谈判等。这些活动都会造成采购过程中的很多隐性成本。更何况企业为保持其正常运作,每天都在产生着大量的采购需求,需要购进很多种原料、半成品等相关物资。这些不可避免地会招致大量的运营费用,从而严重影响企业的竞争力。

逆向拍卖通过把大量责任转移给供应商则大大简化了这一流程。采购商提出标准,让符合条件的供应商主动与之联系,从而降低了公司内部在采购过程中的成本。包括减少了参与采购的工作人员,从而降低每次采购中花费的人力成本,降低了各部门之间,以及企业与外部联系的成本,并且节约了与供应商接触所花费的开支等方面。

2. 提高效率

效率是现代企业经营管理中极为重视的内容之一,效率的高低直接影响着企业的利润高低与可持续发展。在采购过程中,效率同样重要。我们所说的效率主要体现在时间的节约、信息的完全和资源的最优配置上。

（1）节约时间

企业在进行电子采购过程中面对大量信息,短时间内难以消化吸收。逆向拍卖对此流程有了很大的改进和简化,节约了时间。由于拍卖的时限性,往往需要耗费数日的谈判在一个小时甚至半个小时内就能完成。因此逆向拍卖极大地缩短了采购的时间,有效地增加了采购效率。

（2）增加信息

采购商所需的信息大部分被供应商掌握,进行市场调查可谓困难重重,因而使买卖双方信息不对称,降低了效率。

相比较来说,逆向拍卖方式下获取市场信息极为容易。这是因为逆向拍卖方式能够借助于信息和网络技术,实现信息的批量处理。例如,产品的定价结构这个信息对买方掌握真实价格非常重要,但由于是供应商的商业机密,供应商一般都会严格保密,使之无从了解。逆向拍卖则通过创造一种实时的竞价环境让供应商互相竞价,买方从而能够记录整个的竞价过程相关的报价数据和报价走势,用以分析供应商的成本构造、利润率等潜在信息,总结备案,以便在未来的采购中作为参考。

（3）资源优化配置

逆向拍卖的采购方式可以集合大量的供应商,进行自由竞争,实现有效率的资源配置。没有什么比自由、公开的拍卖更能高效率、准确地给商品定价的了。

这样做的好处,一方面在于为供应商提供了竞争报价的空间,使得供应商行业实现优胜劣汰,以保证有效率的生产;另一方面,对采购方来说,使采购方以最低的价格买到最适合的产品,达到采购企业内部资源的优化配置。

3.　增加采购透明度

采购一直是企业管理中的灰色区域,采购人员暗箱操作、营私舞弊的行为时有发生。这是因为在传统采购中,各种步骤都由人操作,不规范行为便会不可避免地发生。企业为弥补这个漏洞负担的额外成本,以及因此招致的潜在损失严重影响着企业的正常运作和竞争力的提高。

逆向拍卖为企业增加采购透明度提供了一种崭新的思路和途径。逆向拍卖通过规范的流程和电子化的管理,创造出一种公平、公开竞争的市场氛围,使得采购管理透明化、采购信息发布规范化,采购体系清晰化,从根本上杜绝了不规范行为,使供应商的实力成为取胜的决定因素。

这种透明度的增加,不但在短期内使企业的采购行为更加规范有效率,实现了采购活动的顺利进行。从长远和整体看,还为企业的规范化管理和建立一个公平、公开、公正的企业氛围和文化提供了基础。

4．供应商管理

企业在采购过程中，供应商的选择至关重要，因为他们决定着产品的好坏、价格的高低，以及采购活动能否顺利进行。供应商管理包括两个方面，选择和维持，在这两方面逆向拍卖都发挥着传统采购不可替代的作用。

（1）选择供应商

采购时选择供应商，无非从以下两部分进行选择：已有的和潜在的。

在一般电子采购中，由于需要花费大量的精力和时间，所以大部分企业，尤其在进行重复性的采购时，往往倾向于选择已经有的供应商数据库中的成员。一般的操作方法是进行几家比价，综合考评之后，选择其中最优的。这种方法由于方便和可靠，固然有可取之处，但有时候，由于信息得不到有效沟通，选择范围狭窄，不一定能选到最好的供应商。

而如果企业采取逆向拍卖的方式，发布的采购需求可以广泛、快速地传播出去，大量的供应商信息也可以自动地快速通过网络反馈到数据库中。这样，采购企业便可以得到极其广泛的选择范围，在进一步的逆向拍卖中挖掘出潜在的、有实力的供应商，也可以包括已有的供应商，使其充分竞争，考虑多方因素，实现最优选择。

（2）维持与供应商的合作关系

在选择了满意的供应商后，与供应商建立并形成长期稳定的战略伙伴合作关系也是逆向拍卖所追求的目标。这是因为在市场经济高度发达的今天，一个企业的竞争优势已不只是由自身的竞争力强弱决定，而是取决于自己与上游和下游企业联合起来的竞争合力。中心企业想要专心致力于自己的核心业务，保持与上下游的稳定合作，建立牢固的供应链是前提条件。

通过逆向拍卖流程选择出的供应商竞争力都很强，与这些供应商一旦建立合作关系，可以省去为转换供应商付出的成本和精力。

四、逆向拍卖的风险

逆向拍卖虽然具有传统采购方式所不能比拟的优势，但是由于逆向拍卖还处于成长期，没有形成十分成熟的运作模式。因此，当前逆向拍卖带给买方的实际收益存在被高估的现象。当事者忽视了逆向拍卖应用的风险和条件，造成对逆向拍卖的滥用，将利润压低到了供应商仅能生存的价位。使得在供求关系中，买方得到了大部分好处，而卖方得到的却少得可怜，减弱了该行业的稳定性。为避免我国企业和政府采购对逆向拍卖的滥用及由此造成的失败，需明确逆向拍卖应用的风险。

1．邀请受拒

目前流行的逆向竞价方式大大降低了企业的采购成本，但是从长远看来，它打击了供应商的积极性,并对市场造成了相当程度的破坏。由于 Internet 的出现,买方对供应商有了前所未有的更多的了解,逆向拍卖更是剥去了长期盖在商务关系表面上的盖子。逆向拍卖的做法会引起供应商对买家的怀疑和失望,以至于买家的投标邀请会被供应商拒绝。

一般来说,受拒的原因有以下两点。

(1) 不信任

许多供应商不信任使用逆向拍卖的买家。他们怀疑,买家为了获得最低投标价格,会让不合格的供应商参与投标,甚至买家自己也会派人加入投标行列,以在背后故意操纵拍卖进程。除此之外,他们还担心逆向拍卖系统的安全性和可控性。例如自己的商业机密有可能在拍卖进行过程中被泄露,或者竞争不公平等违规行为。这种担心使得多数供应商拒绝邀请,使逆向拍卖因没有足够的供应商参加而难以形成竞争环境。

(2) 不平等

逆向拍卖这种交易行为从本质上说是不公平的,在使买方获得好处的同时,严重损害了供应商的利益。首先,买方通过逆向拍卖创造了一种供过于求的竞争氛围,使得供应商不断降低报价,在供应商之间的激烈竞争中,买方坐收渔利;其次,逆向拍卖的规则是不公平的,因为它是由采购方制定的,规则的条款对买方有利,且具有强制性,卖方只能选择退出竞争或无条件接受。

2. 抬高价格

买家在利用逆向拍卖进行采购时,也可能遇到国际卡特尔企图控制少数产品的供应商市场,抬高投标价格的风险。这种抬高价格,包括自觉的和不自觉的两种情况。

(1) 采购方故意抬高价格

当采购商不熟悉产品市场行情时,会出现少数参加竞标者互相联合起来,抬高价格。使得采购商与其达成高于市场平均价格的协议,从而蒙受损失。

(2) 长期价格上升

在逆向拍卖的发展过程中,大部分中小企业由于难以降低成本被淘汰,一些大企业随着竞争对手越来越少,实力越来越强,垄断供应市场的趋势将成为可能。这将对买方产生消极影响,本来买方采用逆向拍卖的出发点是创造一种竞争的环境来压低价格。

但现在随着竞争,却产生了与其对立的垄断。垄断市场的逐渐建立,使得买方的优势地位将逐渐消失。当供应商发展到足够强大的时候,会凭借自身优势制约买方,最直接的后果是大幅提升供应价格,这与买方最初的愿望完全相反。

3. 合同签订受挫

在逆向拍卖进行的过程中,有时竞争的感情胜过商业决断的理智,供应商投标的产品数量有时会高于其产能,或者价格低于其成本。这些做法会导致供应商无法履行承诺。另一方面,也存在一些企业或个人出于各种目的,故意扰乱秩序、胡乱压价。在这两种情况下,双方签订交易合同的可能性将显著减少,买家的合同采购量有完不成的风险。

这种结果会导致两方面的不良影响。

首先,这样的直接影响是付出的成本无法收回。整个逆向拍卖的失败,使得企业前期的各种准备,和其他企业的努力毁于一旦。要再次进行采购,之前付出的人力、物力和财力只能被记为沉淀成本。这无形中加大了企业的采购成本。

其次,如果企业想再次采购,先前的供应商很可能积极性会受到影响,从而选择不参与竞标,使得企业可供选择的供应商数量减少,不利于采购成本的降低和产品的挑选。

4. 与供应商关系恶化

逆向拍卖追求的最低投标价格冲击着买家与现任供应商的合作关系。这种模式下,价格成了首要因素,因此企业往往过于看重低价格,而导致与供应商关系恶化。

（1）价格上的争夺导致供应商不满

在一般的交易过程中,合同的达成是买卖双方互相谈判,利益让步的结果。这种合同达成对买卖双方来说都是在合理的利润与其范围内,因此是双赢,合作会比较愉快。但在拍卖的竞争氛围下,制造商急于拿到合同,常常不惜以牺牲盈利为代价。因此价格往往被压得很低,这种恶性竞争导致利润被压到了极低水平。拿到合同的供应商也感到自己的利益受损,受到了买方的不平等待遇,供应商的这些感觉会为买卖双方长期合作关系的发展蒙上阴影。

（2）长期关系不健康

逆向拍卖可能会遭致买方的报复。在后续的业务合作中,供应商将不再有高热忱致力于双方的合作和信息的共享。更有甚者,他们可能在将来的业务中寻找机会弥补在逆向拍卖中的损失。

另一方面,逆向拍卖导致短期行为。买方的各种策略和行为都将是围绕降低成本这个目标进行的。为了追求更低的成本,在机会出现的时候,买方不会吝惜放弃已经合作多年的现有供应商,这也让供应商们感到心寒,也使双方关系的稳定受到影响。

针对上述短期行为,逆向拍卖后买方与供应商常常签订几年的供应合同,从而结成了稳定的长期合作关系。这样会产生新的问题,即会使得现有的供应伙伴停滞不前。一般来讲,在约定的合作期间,供应商保持原有状态即能满足买方的要求,不会再耗费大量的财力和时间用于追求技术的进步和提高生产率。但是随着时间的推移,经济的发展,在该项产品的供给上,供应商有从技术领先到落后的一天。供应商竞争力的下滑会造成买方采购成本高于市场水平,从而也不可避免地影响买方的情绪。

逆向拍卖与传统采购方式相比有着显著的优势,但企业采购时不应盲目选择。因为它的本质特征决定着它很可能导致短期行为。企业要根据自身情况和市场情况多方考虑,以决定是否采用。在采用逆向拍卖进行采购时,一定要从长远的角度和战略的高度运用逆向拍卖,把它融入到企业中长期采购战略中,才能避免盲目,从而把逆向拍卖的优势淋漓尽致地发挥出来。

本章小结

　　本章介绍了电子采购的基本概念,探讨了电子采购的基本商务模式,也指出了电子采购实施中的问题。本章还介绍了有关新的互联网上的采购竞价模式,例如网上团购和逆向拍卖。我们既要了解电子采购为企业所带来的优势,也要注意电子采购中可能遇到的问题。只有做好电子采购的实施,企业才能从电子采购中获得好处。

重要概念

电子采购　　　　　　　　一对一模式

一对多模式　　　　　　　多对一模式

多对多模式　　　　　　　网上团购

逆向拍卖

同步测练

1. 什么是电子采购? 与传统采购相比,电子采购有哪些优点?
2. 网上团购在使用时的利弊分析。
3. 逆向拍卖的流程是怎样进行的? 适用于什么样的条件?

C

HAPTER FIVE

第五章

电子化供应信息发布

学 习 目 标

网络日益成为企业向社会提供信息的平台。如何通过网络让企业的潜在客户更多地了解企业及所提供的产品和服务就成为企业关心的问题。本章要求读者掌握电子化供应信息的发布程序。重点掌握如何判断、甄别网上的反馈信息,以及如何对网上反馈的信息进行回复。

重 点 难 点 提 示

- 电子化供应信息的发布
- 判断、甄别反馈信息
- 回复反馈信息

第一节　电子化供应信息的发布

完成了电子化供应信息的撰写之后,就要把它发布到互联网上,以期众多在互联网上寻找合适产品的潜在客户能够发现我们的产品,进而通过浏览信息,对我们所提供的商品或服务产生兴趣,并最终与我们发生贸易往来,成为现实的客户。

总体来说,有 3 种比较常用,也是比较实用的供应信息发布方式,即:发布在出口企业自己建设的电子商务网站上;发布在专门的电子商务平台,如一些著名的 B2B 网站上;以及有针对性的信息发布。

一、出口企业自己建设电子商务网站,将供应信息发布在该网站上

企业自己建设电子商务网站,并在上面发布供应信息的好处是:

1. 网站域名注册有利于保护自己的品牌

根据国务院信息化工作办公室发布的《2004 年中国互联网络信息资源数量调查报告》显示,只有 36％的已注册域名有可被访问的对应网站,其他已注册域名主要用于保护网上品牌体系。且不论一部分注册了域名的企业为何没有建设相应的网站,这种品牌保护意识是值得我们借鉴的。但是,目前相当一些出口企业保护网上品牌体系的意识还不够强,应当尽快加强自我保护,以防止发生被别人恶意抢注的情况,避免不必要的经济损失。而企业域名一旦注册成功,只要按时交费,该域名就永远属于该企业。同时,出口商还可以拥有自己企业域名下的 E-mail 信箱。

2. 供应信息更容易进入客户的视线

一般来说,包含有出口商或出口企业名称的域名可以较为容易地被客户找到,发布供应信息也更容易受到更多的关注。而且,相对于在其他电子商务平台上发布供应信息所产生的域名来说,这样的域名往往简短得多,也更便于记忆。

3. 成本较低

当前的域名注册服务市场很难统一定价,各个代理商之间的价格竞争也非常激烈,不仅注册不同域名的费用不同,注册同一域名的费用也会因代理商的不同而有所偏差。但从总体上来说,随着互联网普及程度的提高以及技术的发展,现在建立一个网站的费用已相对较低。当然,面对目前域名注册服务市场的价格比较混乱,有时相差甚至很大的情

况,出口商大可以对若干服务商的价格进行对比。但是在这里有一个问题需要注意,切记不要一味追求价格上的低廉,还要综合考虑服务商的信用水平、网络的运行速度和稳定性等。

4. 提高信息可信度

假设你就是在网络上寻找供应商的买家,那么你将如何看待那些没有自己的域名或将网站放在免费主页空间上的企业呢?通常情况下,更多的客户更乐于相信那些拥有自己独立域名的公司。可以说,网站也是企业形象不可或缺的组成部分。将供应信息发布在自己企业的电子商务网站上,可以给客户一个较好的印象,也可以在一定程度上提高供应信息的可信度。

企业将供应信息发布在自己的电子商务网站上时,应当注意一些要点。或许其中某些要点看似无关紧要,然而实际上,对于吸引买家而言,一些细节往往起着不可忽略的作用。

1. 要使用简明的语言

前面已经提到,买家在网络上查询信息时,更多的是进行浏览,而不是阅读。希望客户从一开始就详细浏览供应信息的所有内容是不现实的,他们一般不会为了弄清楚该产品是否是他们所需要的而看完整个网页。在这种情况下,很显然,清晰、简明的供应信息更容易获得买家的青睐。

2. 关键词句放在前面

面对网络上的某条供应信息,买家通常会先快速浏览,看其中有没有他们想要的关键词、关键句子以及他们感兴趣的段落。所以,很重要的一点是,在不影响供应信息整体质量的情况下,应尽量把一些关键的词句放在信息中靠前面的部分。

3. 使供应信息发布页面更具有可浏览性

譬如说,字体不应当太小,而应该使用足够大的字体;应当使信息静止,而不是移动的、闪烁的;应当在供应信息和网页背景之间采用对比度高的色彩,一般采用"正正文",即背景采用白色,而发布的信息则用黑色。注意到类似的细节,会大大方便客户的阅读。

4. 重视网站的更新与维护

有些在自己的网站上发布供应信息的企业,往往非常重视发布信息的内容,这当然没有错;但它们却因此而忽略了网站的建设与维护,这就不是明智之举了。它们经常变换信息发布主题和内容,却舍不得在添加内容或更新页面上花点心思。实际上,自身网站的好坏,质量的高低,不仅影响信息的传播范围,而且对信息的可信度等也都有一定的影响。

因此,在重视信息质量的同时,也要重视自身网站。在网站建成之后,要及时地更新与维护。

最后需要说明的是,即使网站的访问率很高,发布的供应信息受到了许多买家的关注,出口商收到了许多反馈信息,也并不意味购买量的必然上升。只有在对口的购买群里寻找潜在客户,才可能成功。这里涉及如何判断、甄别所收到的反馈信息,以至最后如何回复反馈信息的问题。关于这一点,将在本章的后面一部分进行分析。

二、加入 B2B 网站,将供应信息发布在 B2B 网站上

从目前的情况来看,比较专业且商誉较好的 B2B 网站有:阿里巴巴、中国制造网、万国商业网等。其中阿里巴巴是我国最大的 B2B 类型的电子商务网站,曾连续 5 年被《福布斯》评为全球最佳 B2B 网站,也是目前全球最大的网上贸易市场。多年来,阿里巴巴一直公认为是电子商务的旗帜,在会员管理、信息管理以及宣传推广等方面,也都规划得比较有条理。

1. 加入 B2B 网站的优缺点分析

现在一些比较著名的 B2B 电子商务网站,在信息服务、行业侧重点等方面往往有所不同,各有千秋。我们以阿里巴巴为例,分析一下加入该网站的优缺点。

首先,相比于发布电子化供应信息的第一种方式而言,这种方法是借助别人搭建的平台来发布信息,免去了网站的建设和维护等事务,因而投入更少,难度更小。同时,在 B2B 网站上发布供应信息,同样可以达到更好地了解客户、减少库存、降低成本以及增强企业产品的市场竞争力等目标,只是在效果上可能会有差别。

其次,加入阿里巴巴并在上面发布供应信息,可以获得很大的资源优势。通过多方面的整合后,阿里巴巴现在已拥有大量的资源,对于加入阿里巴巴的企业,会有很大的帮助。

再次,该网站经过多年的成功运营,已经拥有了众多会员和良好的口碑,网站上每天的浏览人数和信息发布量,都处于同类网站的前列,许多阿里巴巴的会员都能感觉到在这里发布信息的效果比较明显。

当然,加入阿里巴巴也有一定的不利之处。这主要是阿里巴巴随着自身的不断发展壮大,会员数目众多,已经很难顾及和满足每一个会员的个性化需求。通常都是企业去接受阿里巴巴所提供的服务,因而相对来说比较被动。同时也由于会员数量的庞大,企业加入阿里巴巴后目标客户自然比较多,但是面临的竞争也较为激烈。

2. 在 B2B 网站上发布供应信息的步骤

在不同的 B2B 网站上发布供应信息,具体的操作可能会有所差异,但是基本步骤大致相同。下面,我们将选择阿里巴巴网站为实例,看一下出口商在 B2B 网站上发布自己的产品供

应信息需要经过哪些步骤。

首先,登录阿里巴巴网的站点,网址为 http://www.alibaba.com.cn/。图 5-1 显示在网站首页上方的中部有一个"注册会员"的链接。在中间部分的右侧,也有一个按钮状的"注册会员"。选择其中一个并点击,进入注册界面,如图 5-1、图 5-2 所示。

图 5-1　阿里巴巴网的会员注册页面(1)

注册前,可先阅读阿里巴巴的服务条款(点击图 5-2 下方"点此阅读阿里巴巴服务条款"即可)。需要填写的项目主要包括会员身份信息、联系方式、公司信息等。在需要填写的栏目右侧,是填写相应栏目的注意事项和具体要求,企业人员在注册时务必要仔细阅读。其中在填写完"会员登录名"栏目后,系统会自动检测该用户名是否已被注册。若已经被注册,则应立即更换会员名称,否则将无法正常注册。同样需要接受系统检测的还有"电子邮箱"项目。同样会在成功填写完某一项目后,系统会在项目名称的左侧出现一个绿色的对号作为提示。整个填写过程应当认真、仔细、谨慎。在按照网站要求填写完所有项目后,应对所有信息进行若干次细致的核对,尤其是联系方式。全部确认准确无误之后,方可点击页面最下方的"同意服务条款,提交注册信息",进入注册流程的下一个步骤。

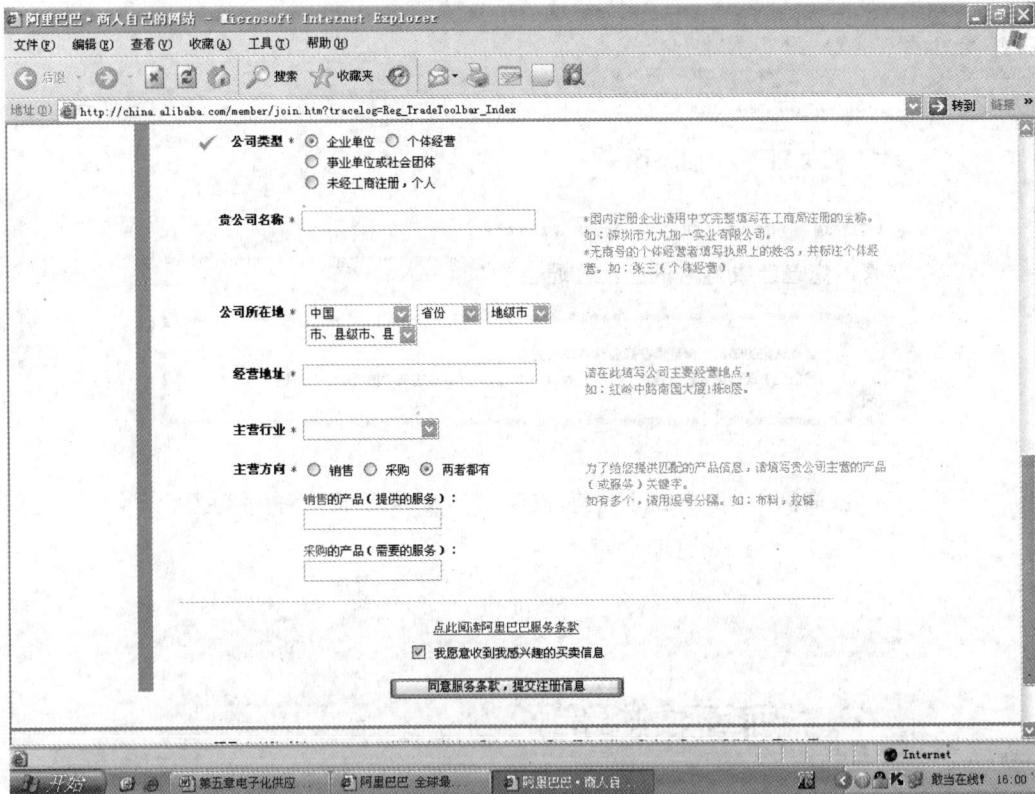

图 5-2　阿里巴巴网的会员注册页面(2)

只要提交的信息都符合要求，一般都可以顺利注册为阿里巴巴网站的会员。如果注册成功，会出现类似图 5-3 所示的界面。

此时，应立即进入在注册会员页面填写信息时所提交的电子邮箱，查看是否收到了阿里巴巴客户服务中心发来的电子邮件，主题为"赶快验证，马上享受更全面的阿里巴巴会员服务！"如图 5-4 所示。

在按照邮件里的要求进行确认之后，会出现图 5-5 这样的界面。

在这里，你将会被提示"需要重新登录系统"，并且可以自由选择是否升级为阿里巴巴网站的"诚信通"会员，以获得更多的服务和优势。然后注册邮箱里会收到第二封 E-mail，主题为"验证成功，欢迎进入阿里巴巴大市场！"主要内容如图 5-6 所示。

点击该邮件中的"发布供应信息"，即可进入阿里巴巴的会员登录页面。在输入注册的会员登录名和密码，并点击"登录"后，会进入到如图 5-7 所示的页面。

在图 5-7 所示的页面，企业可以发布公司介绍和产品供应信息，包括产品名称、类别以及详细说明等，并可以为产品上传图片。目前阿里巴巴网站规定，"诚信通"会员可以上传 3

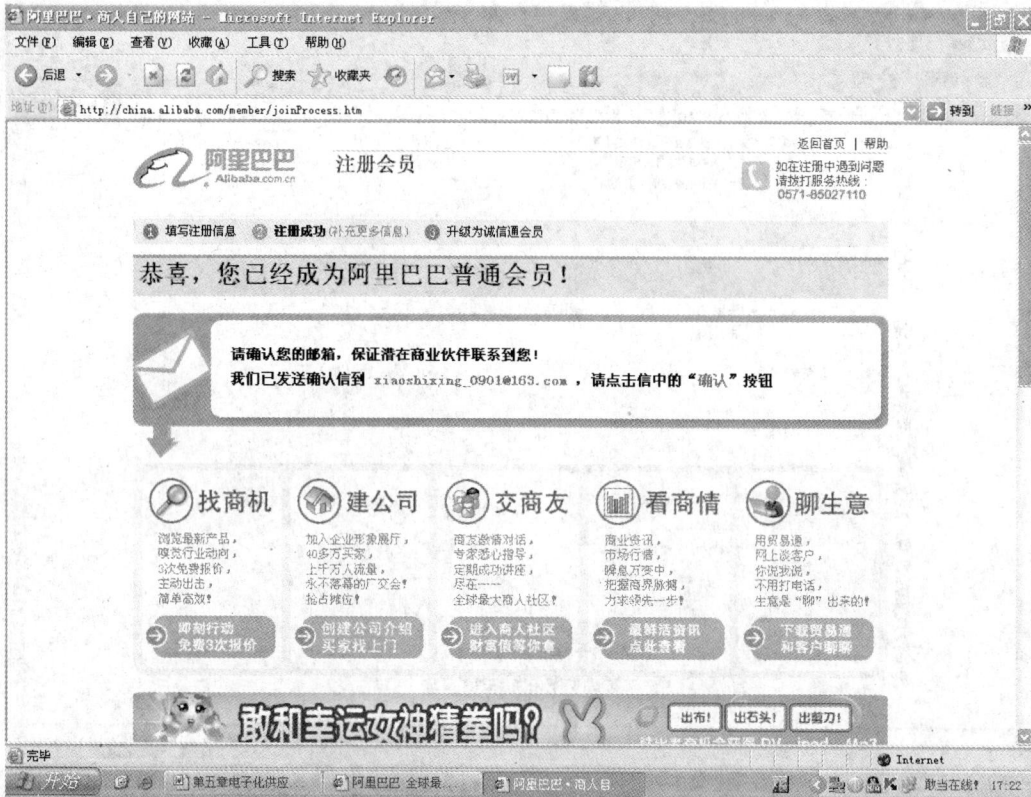

图 5-3 在阿里巴巴网站注册会员成功的页面

张图片，普通会员则是 1 张；图片格式应为 .jpg 或 .gif，同时大小不能超过 200k。

以后，当出口企业需要再次发布该信息，或者发布新的信息时，只需登录阿里巴巴站点，点击"会员登录"，就会进入如图 5-8 所示的网页。

这时，只需点击"发布商业机会"栏目下的"商业信息"，即可进入图 5-7 所示的界面，发布电子化的产品供应信息。左侧的功能栏非常重要，你可以在这里实现更改密码、更改联系方式等有关事项的操作。值得注意的是，功能栏最下方有一个"帮助中心"。打开链接后，会出现类似于"如何查看和管理已经发布的信息？""发布商业信息的规则是什么？""为何修改/删除了信息，网上还有原来的信息？"这样的问题，点击某一问题后就能看到相应的答案，非常实用。相关问题的操作（例如：如何修改已发布的信息）在此不再赘述。

另外，企业要特别注意各个 B2B 网站对于发布供应信息的不同要求。例如，某网站规定对于同样内容的信息，在一天内只接受一次。一旦发现某用户在一天内重复提交了相同内容的信息，则立即删除该用户的账号。对于类似的规定，企业必须密切注意并严格遵守。

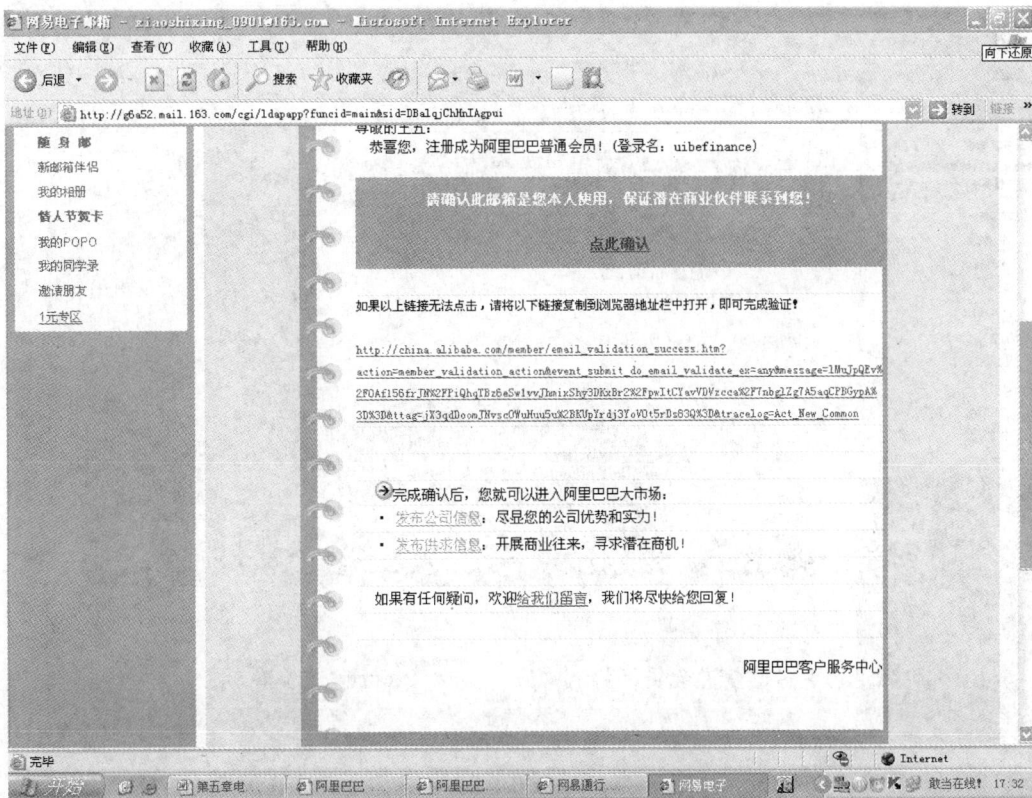

图 5-4　阿里巴巴客户服务中心发给新会员的电子邮件

3. 出口商使用 B2B 电子商务平台发布供应信息的注意事项

当前国内不少出口企业在利用 B2B 电子商务平台发布信息方面都存在一定的误区，而这些问题的存在已经制约了出口企业网络营销的发展。结合新竞争力的研究结论，我们认为企业在利用 B2B 电子商务平台发布供应信息的时候应注意以下问题。

首先，要注重网络平台的选择。目前，我国已经有数以万计的 B2B 电子商务网站可供选择。但是，如果企业对这些电子商务网站不够了解，选择不谨慎的话，就很容易白白浪费时间和金钱。另外，企业也不能盲目相信网站的宣传，不然就有吃亏的可能。所以，企业有必要睁大眼睛对不同的 B2B 网站进行认真的分析、选择。需要指出的是，出口商所选择的对象，不仅应该包括大型门户类的 B2B 电子商务平台，还应该包括行业类的 B2B 网站。这两者各有所长，各有所短。举例而言，假设某电子商务网站的重点在纺织行业，那么机械企业选择此类电子商务网站的话，效果肯定不理想。关于企业如何对 B2B 服务商网站进行分析，分析的重点是什么，以什么指标来评价和衡量某个电子商务网站是否适合自己的企业，请参

图 5-5　阿里巴巴客服中心发给会员的电子邮件(1)

见本书第七章第二节。

其次,不能过于频繁地发布供应信息。供应信息仅仅发布一次或几次肯定是不够的,如果想让更多的买家看到你的信息,需要增加发布信息的次数。供应信息的发布频率会因具体行业、产品类别以及选择的网站的不同而不同,但出口商要把握好一个"度",不能过于频繁地发布信息。有的企业每天都向众多的 B2B 网站提交同一个供应信息,搞信息轰炸,以期能被更多的客户发现,这并不是可取之举。其实,即使在热门平台上发布的供应信息不久后被搁置到"下一页"也不必过于担心,因为买家会在搜索引擎里的搜索结果中直接点击感兴趣的产品。供应信息的发布与更新当然是必要的,但企业应当结合自身的实际情况来进行,不能指望疲劳买家眼睛的方法来扩大市场。

再次,不能过度依赖 B2B 网站,而忽视自身网站的建设。过度依赖 B2B 网站的企业可能会出现以下两种比较典型的情况:一种情况是企业热衷于寻找大量的 B2B 网站,尤其是一些免费的平台,在上面发布供应信息,搜索买家信息,但除此之外找不到更好的办法来扩大市场;另外一种情况是企业在 B2B 网站上花费了不少财力,然后就坐等买家找上门来,如果得到的回复不

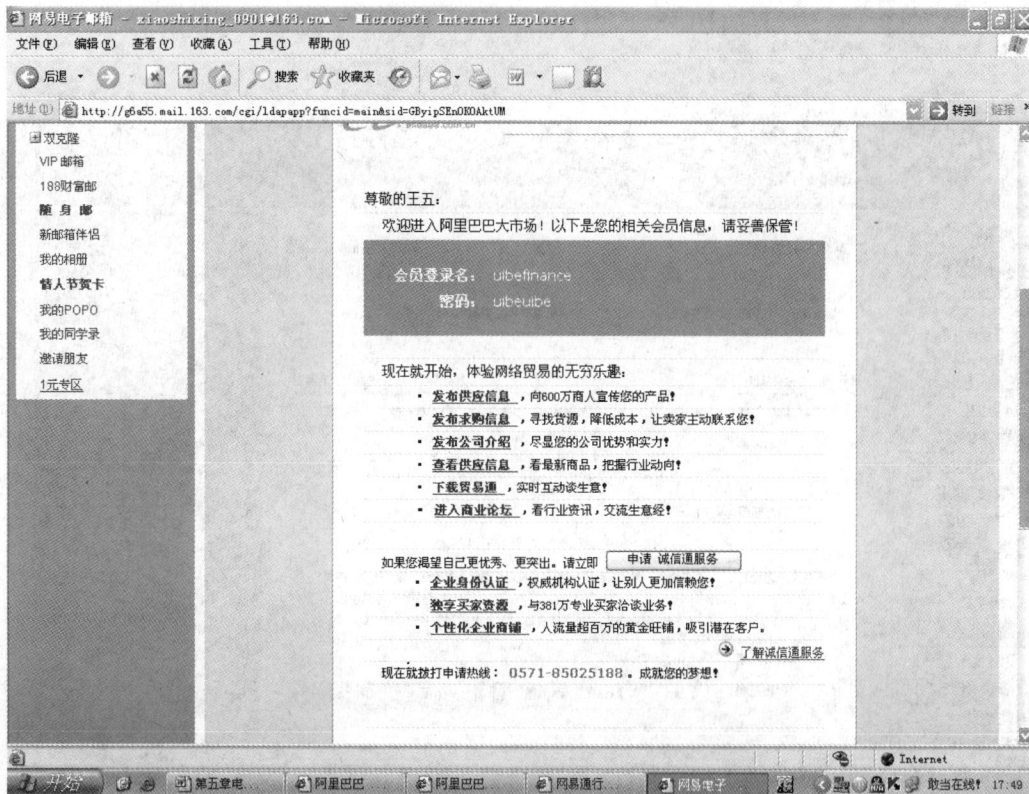

图 5-6　阿里巴巴客服中心发给会员的电子邮件(2)

多则束手无策。这样的状况对出口商来说绝对是致命的。如果出口商一味将希望寄托在 B2B 电子商务平台上，将错失大量宝贵的市场机遇。实际上，自身的电子商务网站才是一个相对独立的营销实体，而在 B2B 网站或其他免费空间里发布的信息只能依托该平台起作用。忽视自身网站的建设，一心扑在 B2B 网站上是一种错误的做法，也是一种策略上的失误。

最后，不要刻意追求 B2B 网站的地域性。有些出口企业在开拓区域市场时，会将信息发布平台特意地锁定为目标国家的 B2B 网站。初看之下，这一思路非常不错，实则不然，因为网络本身就是可以跨越地域限制的。一般的国外进口商在寻找供应商时，也不会过于在意出口商所在的国家，他们同样会访问某供应商所在国家或区域的 B2B 网站。所以对出口商来说，选择 B2B 网站时实在没有必要过于强调某 B2B 网站的地域性。

三、有针对性地发布电子化供应信息

简单地讲，所谓有针对性地发布电子化供应信息，就是指有目的性地，向特定的潜在客户发布产品供应信息的做法。与前面两种方式相比，该方式最大的特点在于信息接受者的

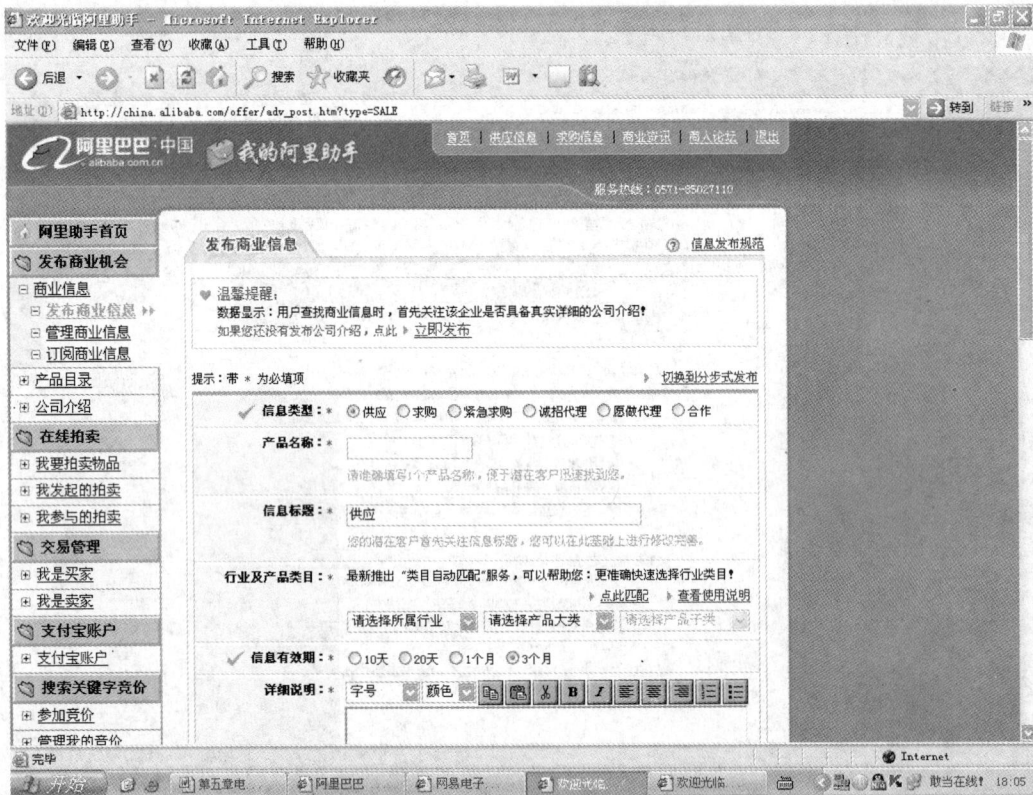

图 5-7　阿里巴巴网站会员发布供应信息的页面

相对确定性。

1. 必要性

在网络上发布了电子化的产品供应信息后,我们绝不能坐等目标客户上门,而是应该积极地寻找潜在的顾客,主动向他们发布供应信息。特别是有些出口企业,它们产品的专业性比较强,只能在某一特定的目标市场里才能进行市场定位。对于这些企业来说,有针对性地发布供应信息的重要性是不言而喻的。也许你的身边就有你苦苦"等待"的潜在买家,但如果你不去寻找的话,是很难发现的。记住,网络可以变天涯为咫尺,也可以变咫尺为天涯。

2. 优点与缺点

由于该方式一般是借助于电子邮件进行,因而与前面两种在网站上发布信息的方式在操作上存在着诸多差异。采用这种方式发布的信息传播范围会比较小,但是企业拥有更多的主动性,操作起来简单、快捷;同时由于针对性强,往往收获并不小。

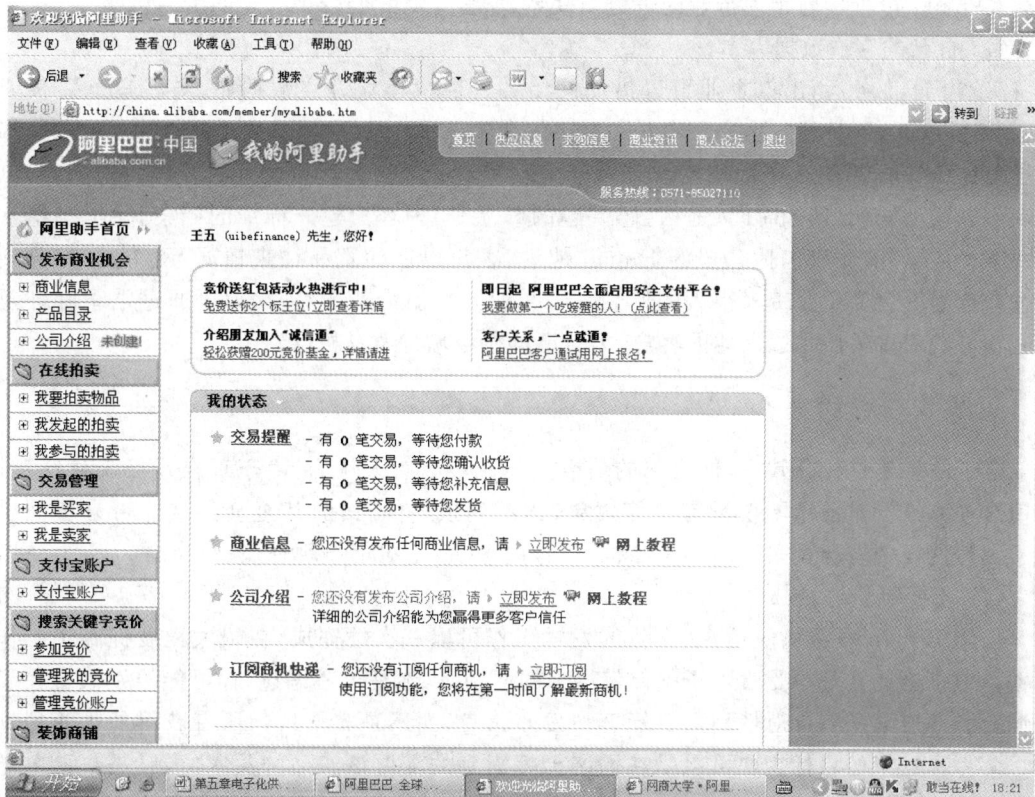

图 5-8 阿里巴巴会员的功能页面

3. 目标客户信息来源

既然要有的放矢地发布电子化供应信息，那么，应该向哪些客户发送我们的供应信息呢？如何获得有关进口商需求的相关信息？

（1）借助搜索引擎

最直接的手段是利用搜索引擎直接搜索。出口企业可以根据产品的关键词、来源区域、发布期限等多种方式搜索所要的求购信息。在这里将涉及选择搜索引擎、设定关键词，以及搜索结果的处理等问题，请参见本书第六章。

（2）浏览 B2B 网站

企业可以浏览一些比较著名的 B2B 网站，循着网站行业分类目录、产品分类目录，逐级查询求购信息，看有没有客户需要自己的产品。

（3）访问某些特定的网站

在一些特定的网站（如印度进口商名录，www.trade-india.com 等）上可以看到一些世界买家资料。可直接与相关行业的进口商联系，这将会给我们带来一定的贸易机会。

（4）自己的客户数据库

实施电子商务后，出口企业可以借助网络和计算机建立客户数据库，与客户建立长期的、紧密的联系，更好地为客户服务，提高客户满意度。可以说，出口企业的每一笔业务，都要建立在良好的客户关系基础之上，所以企业在平时必须注意客户关系的管理。例如，出口企业可以按不同项目（如时间、地区、感兴趣的产品等）为客户建立详细的档案，除了一些常规的客户数据外，还应包括客户的 E-mail 地址，客户以往的贸易往来情况等信息。充分利用客户数据库会为企业带来很大的便利。当企业开发出最新产品时，即可通过电子邮件及时通知可能对该类产品感兴趣的客户，为自己的企业增加贸易机会。

4. 需要注意的事项

电子邮件是一种高效率、低成本的信息发布手段。有人认为，由于现在垃圾邮件泛滥，采用这种方式发布信息不仅没有任何效果，达不到预期的目标，甚至会给企业带来负面影响。其实这样的情况大多是因不得要领，没有注意以下事项而导致的。

（1）不要制造垃圾邮件

使用 E-mail 发送供应信息，大量的发送工作可以一次性完成，在很大程度提高了工作效率。但是当你充分享受着电子邮件带给你的便利时，你是否考虑过，你可能给别人带去了烦恼？企业应该是有针对性地向目标客户发布信息，而不是笼统地向所有获得的邮箱地址发送邮件。这里的目标客户可以是在网络上搜索到的需要该产品的买家，可以是自己电子商务网站的会员，也可以是客户数据库中可能有相应需求的客户等。但是有些出口企业到处寻找邮件列表，然后利用一些软件进行邮件群发，一次性地把信息发布给列表上所有的邮箱，而不管收到信息的是什么人，这种做法有失妥当。更何况现在不少服务器都具有了屏蔽垃圾邮件的功能，如果发送了太多的垃圾邮件，今后以该出口商名义发送的邮件就可能成为服务器惩治垃圾邮件的重点，那就得不偿失了。

（2）不要缺失邮件主题或发件人署名

对于收到的电子邮件，收件人首先看到的就是邮件的主题。邮件的主题对于吸引收件人阅读具体的邮件内容起着相当重要的作用。对于连主题都没有的邮件，即便是收件人为了了解大致内容而打开了它，也不会有什么心思仔细阅读邮件内容，甚至会因此对发送者产生偏见。没有署名的邮件就更糟糕了，会让人感觉发件人好像在做什么不好的事情，不敢露出自己的面目一样。这样的电子邮件，是难以获得买家回复的。

（3）避免内容繁杂、格式混乱

用电子邮件发布信息不同于在报纸上做广告，篇幅越大越能显示出企业的实力，影响也越大。电子邮件的内容必须简洁，不需要使用华丽优美的词句来装饰。如果收件人对该产品没有需求，邮件内容再多也没有价值，反而可能引起收件人的反感。而且，由于邮箱容量有限,在需要删除邮件以释放空间的时候,过大的邮件是会被首先考虑的。再者,尽管没有统一的格式可循,但毕竟属于商业信函,至少要参考一般商务信函的写作格式。没有人会对乱糟糟的邮件产生好感。

(4)尽量不要添加附件

有些发件人为了方便,或者为了添加内容,将若干文件作为附件粘贴在邮件中,这种做法值得商榷。要知道,现在很多收件人由于担心感染电脑病毒,或者由于打开附件的速度太慢,根本就不去打开附件。即使他试图打开你的附件,但由于每个人所安装的操作系统、应用软件等存在着差异,附件内容也未必能够被打开。因此,除非你觉得很有必要,邮件内容一般不要采用附件的形式。

以上叙述了 3 种常用的电子化供应信息发布方式。这 3 种不同的发布方式,有不同的适用对象,也都有各自不同的优缺点。可以肯定地说,随着电子商务的继续发展,将来一定会出现更多、更好的信息发布方式。但不论出现什么样的变化,就如三足才能鼎立一样,作为出口商,应该灵活应用各种方法来扩大市场,而不能过于依靠某一种方式,一条道走到黑。

第二节　判断、甄别反馈信息

一、判断、甄别反馈信息的必要性

出口企业通过以上 3 种途径发布供应信息后,会陆续收到一些反馈信息。但是,不要简单地认为每个询盘的目的都是要向你购买产品。我们在收到客户询盘后至回复反馈信息前,必须要有一个辨伪程序,认真地对反馈回来的信息进行判断与甄别。反馈信息可以分为两类,其中一类的目的只是了解我们的产品,获取价格等方面的信息,可能是客户做市场调查的一种手段,也可能是竞争对手来打探商业机密;另一类才是出口企业所期待的,也就是真正的买家询盘。

有鉴于此,面对较多的反馈信息时,出口企业必须敢于舍弃。如果你不放弃一些价值不大的信息,就会被淹没在电子邮件的海洋里,每天疲于回复,无暇顾及其他,甚至可能会泄露公司机密。

二、如何判断与甄别反馈信息

一般来说,如果收到的反馈信息是老客户发来的,那么企业可以根据平时与该客户的沟通交流情况、贸易往来记录等信息进行分析,相对比较容易判断其真伪。如果是新客户发来的信息,企业就要多花些心思了。

1. 要充分了解对方的信息

作为供应商,首先要对对方进行深入的了解,包括实力、背景等。企业可以访问买家的网站,或者搜索网络上对其公司的介绍、评价等;也可以通过对方的所属机构进行验证;甚至可以参观其生产基地,进行实地考察。同时要注意客户是否来自企业的目标市场,包括企业的主要市场,潜在市场等。如果不是,这样的"客户"为什么会注意我们发布的供应信息呢?其目的何在?当收到意料之外的反馈信息时,先不要盲目高兴,而是应该冷静地思考、判别。

2. 对发送反馈信息的客户进行评价

某企业的信用状况如何在很大程度上决定了它发送给我们的反馈信息是否真实,以及在将来的款项收支等方面可能存在多大的风险。在充分了解了客户的信息后,如何对该企业的资信状况进行评价?中国企业诚信网为我们评价某目标公司的资信标准提供了以下主要指标。

(1) 财务状况

尽可能全面地进行财务数据分析和相关分析,可以帮助企业了解目标公司的经营规模、资金效率和盈利能力,分析其财务风险。

(2) 经营状况

了解目标公司的主要业务,行业地位,掌握目标公司的经营现状及可能发生的经营变动。了解目标公司的销售渠道、销售区域、客户状况和基本销售条件,以及目标公司的采购渠道、采购区域、供应商状况和基本付款条件。

(3) 付款记录

通过各种途径访问银行、目标公司的供应商,查询法院的诉讼记录,了解目标公司对其他企业的付款历史和贸易记录,使企业了解目标公司在支付方面的信用。

(4) 注册资料

官方注册资料是评定目标公司经营合法性的信息。经营合法是与目标公司建立业务关系的前提。

(5) 股东背景

了解目标公司的主要股东和股份。企业的股东特征对判断企业的信用风险状况总是具有重要的参考意义。

(6) 管理人员

一个企业的经营前景和对待债务的态度相当程度上取决于主要领导者的能力和风格。尽可能多地掌握目标公司主要管理人员的背景对信用决策的意义不言自明。

(7) 关联企业

了解目标公司的关联企业有时能提供意想不到的有价值的资料。

3. 邮件中提供的内容是否详尽,特别是是否提供了一些细节信息

在进行甄别的时候,要务必留意客户是否提供了真实而详细的联系方式,是否有对自己公司情况的介绍说明,是否有对求购产品的详细要求,是否提供了需求的数量等。比如,某客户在邮件中要求企业对某一种产品进行报价,而且具体到了数量、规格、包装、产地、质量要求、技术标准、到货港口等。面对这样的查询,企业一定要认真对待,因为这很可能是真实的买家为了采购产品而发来的询盘。

当然,在实际情况中,供应商不可能面面俱到,完完全全地按照以上指标来评价对方的企业,否则工作量也是极大的,判断、甄别反馈信息的工作也就在一定程度上失去了意义。但是,对客户企业,尤其是新的客户企业进行评价是必不可少的,企业可以根据行业、产品等具体情况,有选择性地对客户进行指标评价。在进行评价的时候还要注意以下3个问题。

首先,通过以上3个方面的判断、甄别,再加上与客户的沟通,判断客户反馈信息的真假与优先级别,可以使我们的工作更高效。但不管怎样的判断要点、标准,都只能是相对的,而不是绝对的,要灵活应用,不能教条地去理解。

其次,有的时候,企业经过多方面的分析,认为某反馈信息真实可信,但是客人需要产品目录里没有的产品,甚至是目前市场上都没有的产品,你该怎么办? 千万不能忽略这样的邮件! 因为一方面客户发送这类邮件,往往意味着其他的供应商无法满足需求,对你而言这就是一个很好的机会;另一方面,即使最后没有发生贸易往来,在邮件往来的过程中你也可以了解到新产品的市场需求和各项技术指标,而这很可能是你踏破铁鞋无觅处的宝贵信息。

最后,有的客户与企业联系了很久,就产品和价格进行了深入的沟通,但最后没有成交。在这种情况下,不能完全认定客户来意不善。可能客户的确是采购商,但最终出于种种原因,购买了其他供应商的产品。我们也要关注这类客户,也许在将来还存在成交的可能。

三、警惕欺诈性行为,防止被骗

电子商务的确给出口商带来了很大的便利,但同时也给骗子提供了一个低成本、高效率的犯罪手段。尽管出口企业可以用各种手段来判别反馈信息的真伪,然而,判断结果很难达到百分之百的正确。错误地相信某些不怀好意的人发来的邮件也是在所难免的。一旦发生这种情况,企业就有遭受损失的可能。因此在利用电子商务扩大出口时,出口商一定要多留几个心眼,警惕欺诈行为的发生。

那么,如何提高防范意识,以尽可能地减少企业可能遭受的损失呢?

1. 保证与对方进行足够的交流

与对方进行深入细致的洽谈是一种很好的沟通和了解的方法。对一些具有丰富经验的出口商来说,可以在交流过程中,通过一些细节来判断对方是否有真的意向与自己进行更深

层次的洽谈。

2. 冷静分析对方所表达的信息

一些心怀不轨的人,往往企图以利诱使商家上当受骗,所以千万不要轻易相信对方所传达给你的信息,而要通过各种途径了解实际情况。当企业自己无法了解到相关信息,而又觉得很有必要时,可以选择专业调查公司来帮忙。

3. 利用合同保护自己,并妥善保存有关资料

合同是进行商业活动的重要工具,企业应当在合同中严格约定对方的权利、义务以及违约所要承担的责任。要妥善保管贸易过程中的资料,一旦发现问题,也好有个依据。

4. 完善企业内部制度,加强整个企业的风险防范意识

第三节　回复反馈信息

每时每刻,都有成千上万的买家在互联网上寻找卖家。网络上不同供应商发布的同类产品信息众多,而这些信息又具有透明性和可比性,这意味着大多数的买家都会关注很多的供应信息,并从中选择最终的供应商。因此,当企业收到买家的反馈信息时,必须意识到这样一个事实,那就是买家是有备而来的,他不会只对你情有独钟。企业要清楚地认识到,客户会同时向很多供应商发送询盘,而自己只是买家的众多选择之一。我们需要回复反馈信息,与买家进行沟通。只有不断地与客户沟通,向对方展示企业、产品的优势和自己的诚意,才会有成功的可能。可以说,如何回复反馈信息将直接影响到最终的成交率。

一、回复反馈信息的要点

1. 及时迅速

及时迅速是回复反馈信息时的首要原则,可谓重中之重。有客户发来反馈信息,这当然是好事情,但如果回复得不及时,就很可能会丧失原本触手可及的商机。出口企业有必要安排专人负责接收反馈信息,及时回复询盘。然而令人遗憾的是,并非每个公司都能做到这一点。可以想象,客户在发出询问邮件后,一定急切地盼望早点得到回音。如果等了几天还没有得到回复,客户就会失去继续等下去的耐心,甚至会使对方对你办事的能力和效率,对企业的专业水平产生怀疑,失去对企业的认同感、信任感。更糟的是,发展到最后,客户很可能成为竞争对手的贸易伙伴。如果实在不能立即回复客户在反馈信息中提出的问题,也要先

进行回复,告知买家已收到询盘,向其解释无法立即回复的原因,并承诺在某个确切的时间之前给予准确的答复。但是请注意,对于一些难以把握的问题,在与相关人士进行反复商议做出决定前,不能单纯为了留住客户盲目应承。

2. 尽量提供多种选择

在确保公司不失去应得利益的前提下,不妨在产品式样、付款方式等方面尽量满足对方的要求,为对方提供更多选择的余地,无形之中也能增加贸易机会。

3. 不要忽视小额订单

有些客户会在发来的反馈信息中提出,自己只打算购买较少量的产品。有些企业会因为考虑到比较成本、短期利益等问题而忽视此类订单,然而它们同时也忽视了这样一个问题,那就是,小额订单背后也许隐藏着巨大的商机。

为什么这样说呢?因为小额订单的背景是不同的。有些小额订单的确来自小公司,但另外一些则可能来自于大公司。一些国际采购巨头,往往有其固定的供应商,很少向陌生的企业表达购买意向。但是,现在的市场形势千变万化,难保有些原来的供应商因为种种原因而与这些采购巨头失去了合作关系。这时候,买家就会向若干供应商发去小额采购信息,为的是采集样品,以决定是否替换之前的供应商,以及选择哪个企业作为供应商。这样的机会难道不是企业梦寐以求的吗?像这样的机会,只要抓住一次,也许就足以使企业跨上新台阶。

4. 体现自己的专业水平

买家都希望与精通所需产品的供应商做生意,如果企业在回复反馈信息时出现专业性的错误,会让买家觉得你是外行,对产品并不熟悉,甚至会猜疑你是否是正规厂家,因此而一去不回。这对于企业形象的打击可谓是巨大的。

5. 陈述自己的优势

首先,对于新的客户,可以在回复中适当加入关于企业的信息,扼要介绍企业(如名称、创办年份、总资产、年销售额、奖项、联系人、电话和传真等),尤其是企业在技术水平、所获得的产品认证等方面存在的优势;其次,要重点向买家陈述自己产品的特点。现在市场上几乎不存在独一无二的产品,所有的产品都要与同类产品进行比拼。因此如果客户觉得你的产品拥有其他产品所不具备的特点,企业的产品就更有希望在与同类产品的角逐中获胜。但企业也要从客观实际出发,不能吹得天花乱坠,甚至为了烘托自己的产品而东扯葫芦西扯瓢,结果会适得其反。

6. 合理报价

前面已经说过,如果企业认为客户主动发来反馈信息就等于选定了你的产品,可以对其索要高价,那就大错特错了。客户会在他收到的众多回复信息中做出权衡,随意抬高价格是无法争取到客户的。相反,他们会在掌握了众多供应商回复的信息后,再从中精心挑选产品质量、价格、付款条件最合其心意的卖家。相对于面对面的洽谈报价,由于发出的邮件无法再进行修改,同时又无法探听到竞争者的报价情况,更不可能看顾客做出了怎样的反应,因而企业在回复信息中报价的灵活性受到很大制约,比较被动。所以,合理的价格是取得成功的一大法宝,只有报出合理价格的供应商才有可能最终获得订单。报价时需要注意。

（1）要贴近实际意愿价格

供应商在向某客户报价时要根据成本、市场价格、与该客户的关系等诸多因素进行仔细的斟酌,给出一个相对具体、准确的报价。有的企业会在沟通开始时报出偏高的价格,目的是留给买家较大的压价余地,认为这样可以显示自己的诚意,实则恰恰相反。企业不妨换位思考一下,如果你是买家,而某一供应商给你开出了比较高的、明显留有余地的价格,你会怎么想?买家会认为,企业可能是没有经过深思熟虑,也可能是为自己索要高价留出了余地,反而成了缺乏诚意的表现。

（2）细分客户

所谓出口商要细分客户,也就是说要根据客户所处的不同国家或地区以及客户的不同特点给出不同的报价。不同的客户对产品各方面的要求不同,对价格的敏感性也不尽相同。至于具体的不同之处,需要企业在贸易过程不断地感受、总结,在一定程度上也依赖于企业的客户管理关系水平。细分客户可以最大化企业的利益。

（3）要了解自己的同行

由于买家会向许多供应商发出询盘,正常情况下也会收到不少的回复。企业向客户报价,其实就是在与自己同行业的竞争对手进行博弈,因此通过各种途径了解同行的情况就显得非常重要。企业可以拿自己的产品、价格与竞争对手的产品、价格进行比对,在与买家沟通时就可以做到心中有数。

（4）选择合适的价格术语

价格术语是报价信息中的重要组成部分。采用不同的价格术语,出口企业的责任、权利也不同,直接影响到企业的利益。因此出口商在报价前,必须充分了解各种价格术语的真正内涵,然后认真、谨慎地选择。

7. 内容要简洁,用语要礼貌

首先,我们在本章第一节中提到,用电子邮件向目标客户发布供应信息时,要避免内容繁杂、格式混乱,并尽量不要添加附件。在这里,这两条原则同样适用。对处于现代社会中的生意人来说,时间就是金钱。而啰啰唆唆,混乱不堪的邮件就是在浪费别人的时间。其次,用语要礼貌、谦逊。不管邮件怎样简洁明了,也不能忘记最基本的礼貌。当然,礼貌不是堆砌一些客气话就可以,而是要在邮件中体现一种为买家考虑,体谅对方处境的态度。最后,发出邮件之前,要进行仔细的检查,保证信息的正确与完整。如果答复时丢三落四,很容易给对方留下不好的印象。

二、客户关系的管理、维护

收到新客户的询盘后要记得将客户信息加入客户关系数据库。即使最后无法提供买家所需要的产品,或者实在不能接受对方的某些条件,也不要轻易失去这个客户。企业同样要及时地回复对方,并耐心、详细地向客户解释其中的原因,留给客户一个比较真诚的印象,以保留今后合作的机会,这一点对出口企业来说是非常重要的。

本章小结

本章探讨了企业利用国际互联网进行网上信息发布的重要性;介绍了电子化信息发布的流程。掌握了有关企业如何对网上信息反馈进行判断、甄别,以及正确回复的方法。

重要概念

电子化供应信息的发表程序　　　　　信息反馈的方式

同步测练

1. 出口企业可以通过哪些途径发布电子化供应信息?这些途径各有什么特点?需要注意的事项有哪些?

2. 如何甄别、判断收到的反馈信息?

3. 如何回复反馈信息才能提高成交率?在回复中应如何以报价来吸引买家?

C 第六章

HAPTER SIX

利用搜索引擎增加国际贸易商机

学 习 目 标

　　搜索引擎是我们在互联网上找寻信息的主要工具。企业如何利用好搜索引擎的基本功能,在互联网上找寻信息,扩大商业机会成为企业关心的问题。本章要求读者掌握搜索引擎基本原理;了解搜索引擎分类;知道如何利用搜索引擎收集相关信息,以及学会利用搜索引擎推广企业或产品。

重 点 难 点 提 示

- ◎ 搜索引擎的基本原理
- ◎ 搜索引擎的分类
- ◎ 搜索引擎的发展趋势
- ◎ 搜索引擎优化方法

第一节　搜索引擎简介

一、搜索引擎的基本原理

了解搜索引擎的基本原理不仅对我们日常的信息查询有很大帮助,而且对于企业进行网站推广也大有裨益。

1. 搜索引擎的结构组成

一个搜索引擎由搜索器、索引器、检索器和用户接口4个部分组成。

（1）搜索器

搜索器的功能是在互联网中漫游,发现和搜集信息。它通常是一个计算机程序,日夜不停地运行。它要尽可能多、尽可能快地搜集各种类型的新信息。同时,由于互联网上的信息更新很快,因此它还要定期更新已经搜集过的旧信息,以避免死链接和无效链接。

（2）索引器

索引器的作用是理解搜索器所搜索的信息,从中抽取出索引项,用来表示文档以及生成文档库的索引表。索引算法对索引器的性能(如大规模峰值查询时的响应速度)有很大的影响。一个搜索引擎的有效性在很大程度上取决于索引的质量。

（3）检索器

检索器的作用是根据用户的查询从索引库中快速找出文档,评价文档与查询之间的相关度,然后对即将输出的结果进行排序,并形成某种用户相关性反馈机制。

（4）用户接口

用户接口的功能是输入用户查询、显示查询结果、提供用户相关性反馈机制。其主要目的是使用户能够很方便地利用搜索引擎,高效率、多途径地从搜索引擎中得到及时、有效的信息。

2. 搜索引擎的工作原理

搜索引擎由于信息组织方式有很大差异,不同的搜索引擎其工作原理也是有区别的。下面以全文搜索引擎和目录式搜索引擎(或叫目录索引)来说明搜索引擎的工作原理。

（1）全文搜索引擎

全文搜索引擎通过从互联网上提取的各个网站的信息(以网页文字为主)而建立的数据库中,检索与用户查询条件匹配的相关记录,然后按一定的排列顺序将结果返回给用户,因此它们是真正的搜索引擎。代表性的全文搜索引擎有 Google、AltaVista、Inktomi、Teoma、

WiseNut、Baidu 等。

全文搜索引擎的自动信息搜集功能分为两种。一种是定期搜索，即每隔一段时间，搜索引擎主动派出"蜘蛛"程序，对一定 IP 地址范围内的互联网站进行检索，只要发现新的网站，它就会自动将这些新网站的信息和网址提取出来加入其数据库。

另一种是提交网站搜索，即网站的拥有者主动向搜索引擎提交网址，然后搜索引擎在一定时间内对此网站派出"蜘蛛"程序，扫描该网站并将有关信息存入其数据库，以备用户查询。

当用户通过关键词来查找信息时，搜索引擎就会在数据库中进行搜寻，如果找到与用户所要求的内容相符或相关的网站，就采用一些特殊的算法——通常按照网页中关键词的匹配度、出现的位置/频率、链接的质量等——计算出各网页的相关度及排位的等级，然后根据关联度高低，按顺序将这些网页链接返回给用户。

（2）目录式搜索引擎

目录式搜索引擎又叫目录索引、分类目录。这种"搜索引擎"并不采集网站的任何信息，而是利用各网站向"搜索引擎"提交网站信息时填写的关键词和网站描述等资料，经过人工审核编辑后，如果符合网站登录的条件，则输入数据库以供查询。Yahoo、搜狐、新浪等搜索引擎都是目录索引。由于这种搜索引擎将网站分门别类地存放在相应的目录中，当用户查询信息时，除了可以按照关键词搜索，还可以按照分类目录逐层进行查找。按照后者进行查找时，用户可以根据目录有针对性地逐级查询自己需要的信息，而不是像全文搜索引擎一样同时反馈大量的信息，而这些信息之间的关联性并不一定符合用户的期望。其优点在于：由于加入了人的智能，使得其信息准确、导航质量高、使用方法简单、网民的负担小，但也有不足之处：需要人工介入、维护量大、信息量少、信息更新往往不及时。

同全文搜索引擎相比，目录索引有很多不一样的地方。

首先，全文搜索引擎属于自动网站检索，而目录索引则完全是靠手工操作。用户提交网站后，目录编辑人员会亲自浏览其网站，然后根据一套自定的评判标准，甚至编辑人员的主观印象来决定是否收录该网站。

其次，全文搜索引擎收录网站时，只要网站本身没有违反有关的规定，通常都能成功登录。而目录索引对网站的要求则高得多，有时即使登录多次也不一定成功。尤其像 Yahoo 这样的超级索引，登录则更是困难。

再次，在登录全文搜索引擎时，一般不用考虑网站的分类问题，而登录目录索引时则必须将网站放入一个最合适的目录（directory）里面。

最后，全文搜索引擎中各网站的有关信息都是从用户的网页中自动提取的，所以用户拥有更多的自主权；而目录索引则要求必须用手工另外填写网站信息，而且还有各种各样的限制。更有甚者，如果工作人员认为你提交的网站目录、网站信息不合适，他可以随时对其进行调整。

目前,搜索引擎与目录索引出现了相互融合、相互渗透的趋势。原来一些纯粹的全文搜索引擎现在也提供目录搜索,如 Google 就借用 open directory 目录提供分类查询。而像 Yahoo 这样的老牌目录索引还曾通过与 Google 等搜索引擎的合作来扩大其搜索范围。在默认搜索的模式下,一些目录类搜索引擎首先返回的是在自己的目录中匹配的网站,如国内的搜狐、新浪、网易等;而另外一些默认的则是网页搜索,如 Yahoo。

二、搜索引擎的主要类型

随着搜索引擎的数量的急剧增长,出现了多种不同类型的搜索引擎。我们可以根据不同的标准对其进行分类。

1. 根据内容的组织方式区分

搜索引擎根据内容的组织方式可以分为全文搜索引擎和目录式搜索引擎。

2. 根据搜索范围区分

搜索引擎根据搜索范围可以分为独立搜索引擎和多元搜索引擎。

(1) 独立搜索引擎

这类搜索引擎检索时只在自己的数据库内进行,由其反馈出相应的查询信息,或者是相连接的站点指向。

(2) 多元搜索引擎

这类搜索引擎并没有自己的索引数据库。它是将多个独立搜索引擎集合在一起,提供一个统一的检索界面,当用户提交搜索提问后,它会将其发给多个搜索引擎,同时检索多个数据库,并按照多元搜索引擎自己设定的规则对搜索结果进行取舍和排序,按结果显示给用户。对用户来说,由于可以在更大的范围内进行搜索,所以检索的综合性和全面性有所提高。不过由于多元搜索引擎在信息来源和技术方面都存在一定的限制,所以效果并不理想。比较好的多元搜索引擎包括 InfoSpace、Dogpile、Vivisimo 等,中文多元搜索引擎中具代表性的有搜星搜索引擎。

(3) 集合式搜索引擎

这种引擎有些类似于多元搜索引擎,但区别在于它不是同时调用几个引擎进行搜索,而是由用户从提供的几个引擎当中选择。此类搜索引擎的代表是 2002 年推出的 HotBot。

3. 按内容区分

搜索引擎按内容可以分为垂直搜索引擎和通用搜索引擎。

(1) 垂直搜索引擎

垂直搜索引擎是一种专题型的搜索引擎。它专门采集某一学科范围、某一主题领域或者某一种类型的信息资源,然后采用专业的方法对采集来的信息资源进行详细地标引描述,建立专题数据库。在检索机制的设计中要充分利用这种专业领域的方法技术,以便为用户提供本专业领域里深层次的信息服务。这种搜索引擎的服务方式是面对网页的直接检索服务。其优点是:对某一领域来说其信息的搜集更为全面、更新更为及时、针对性更强、检准率也更高。但也有不足:结构复杂、技术要求比较高、对于一般的网民来说认知的负担大。这种搜索引擎的国外代表有:查询电话号码的 Switchboard、查询个人电子邮件地址的 Whowhere、查询地图的 MapBlast、查询图像的 Webseek、查询文学的 Wisdom 等;国内的代表有:查询信息产业的赛迪 IT 罗盘、查询证券信息的和讯搜索、查询旅游信息的中华万游网、查询音乐信息的 MP3 搜索通、查询文学的文学艺术资源网等。

(2)通用搜索引擎

通用搜索引擎是指诸如 Google、百度之类的非专题型的搜索引擎。它们向用户提供的是横向的大量信息搜索。它们可以满足大量信息的横向搜索、提供,但很难兼顾搜索的准确度和相关度的质量。

三、搜索引擎的发展趋势

搜索引擎的发展趋势可以概括为以下几个方面:

1. 专业化

随着社会分工的进一步发展,网民从事的工作将更加专业化,不同的网民对信息的搜索也往往有自己的独特的专业要求。从赛迪调查结果看:一半网民认为目前搜索引擎的死链接太多,四成以上的网民认为目前搜索引擎搜索的不相关信息太多,而专业垂直引擎可解决以上问题,它只针对某领域,可保证此领域信息的收录齐全与更新非常及时,另外六成左右的网民认为面向某领域的搜索引擎非常或比较重要。

目前,已经有一些搜索引擎不再只是仅仅局限于搜索各网站页面,而是向专业方向发展。如百度推出了新闻、MP3、图片、文档、黄页等,Google 也推出了新闻、图片、论坛、大学、学术论文、图书等搜索引擎技术。搜索引擎进一步的细化,分类更加明确,从而使我们操作起来更加方便,搜索准确度也进一步地加强。而一种新型的、面向某个学科专业领域或某类专题信息检索的专业性搜索引擎或称垂直性门户网站也研制成功,开始成为搜索引擎发展的一个新趋势,并且越来越受到众多网民的推崇。专业化的搜索引擎在提供专业信息方面有着大型综合引擎无法比拟的优势。专业搜索引擎和专门信息搜索引擎所采用的基本技术同综合引擎一样,而且基本上都是已经成熟的技术,除了某些专门信息搜索引擎可能还需要一些特殊技术。这种搜索引擎的发展没有技术障碍,同时也正符合了互联网发展的一个趋势:即互联网将变得更加专业化、分工更细。

2. 智能化

以自然语言理解技术为基础的新一代搜索引擎,我们称之为智能搜索引擎。目前的信息检索还基于关键词层面,而智能搜索引擎的主要特征是基于知识或概念层面的检索。智能搜索引擎应对知识有一定的理解与处理能力,能够实现分词技术、同义词技术、概念搜索、短语识别,以及机器翻译技术等,具有信息服务的智能化、人性化特征,允许网民采用自然语言进行信息的检索,为他们提供更方便、更确切的搜索服务。与传统的目录查询、关键词查询模式相比,自然语言查询的优势体现在:一是使网络交流更加人性化;二是使信息查询变得更加方便、快速和准确。

3. 本土化

世界上许多著名的搜索引擎都在美国,它们的检索语言是以英语为基础的,完全按美国的观点和思维方式搜集和检索资料,这对于全球不同国家的用户来说显然是不适合的。各国的生活习惯、文化传统和思维方式都不尽相同,对网站内容的搜索要求上也就必然存在着差异。搜索结果要符合当地用户的检索习惯,搜索引擎就必须实现本土化。例如:Google的搜索是符合使用美国英语的人们的思维习惯的,而在中国 Baidu 便更能体现出汉语的思维方式和特殊用法。雅虎收购3721的一个目的就是希望能够借此把雅虎中国做成一个中国化的本土公司。

以上我们大致了解了一些搜索引擎的发展趋势,随着搜索技术的不断发展与完善,我们相信将来的搜索引擎一定会朝着更加专业化、智能化和本土化的方向发展。总之,随着信息技术和新一代互联网的发展,搜索引擎的研究和应用已进入一个新的阶段,我们期望着搜索引擎的发展为互联网中信息资源的检索开辟一片新的天地。

第二节　搜索引擎在国际贸易中的应用

企业利用搜索引擎可以进行两方面的工作,一是利用搜索引擎查找自己所需的信息;二是利用搜索引擎推广自己,让他人得到有关自己的信息。下面我们分别介绍有关的问题。

一、利用搜索引擎收集相关信息

企业的管理和决策必须基于有关信息。也就是说,企业必须首先收集有关信息,然后对其进行分析、评价和研究,为企业管理和决策提供咨询支持。所以,及时、全面地获得有关信息是企业进行正确决策的前提。比尔·盖茨说过"使您的公司领先于众多公司的最好方法,就是利用信息来干最好的工作。您怎样收集、管理和使用信息将决定您的输赢"。

随着中文数字化进程的加快和互联网的普及,网络载体已逐步成为竞争情报收集的主体。搜索引擎是进行网络检索的主要方式,只有充分利用搜索引擎才能及时有效地获得所需要的网络信息。

利用搜索引擎,我们可以从浩如烟海的网络中检索出与企业相关的情报信息,不同的检索要求,就需要使用不同的检索工具和检索技巧,对搜索引擎的掌握程度和使用技能,很大程度上决定着检索的效率和效果。

1. 用户利用搜索引擎获取信息的特点

总的来讲,不论是全文搜索引擎,还是分类目录式的搜索引擎,作为能引导搜索用户全面迅速地找到所需要的资源库或是信息源的工具,一般具有以下特点。

(1) 信息广泛

在网络搜索引擎中,不论是生活服务及娱乐性知识,还是学术研究性知识,也不论是自然科学知识,还是人文社会科学知识,换句话说,不论是零散的知识还是系统知识,一切知识的各个领域,都被包括在搜索引擎搜集的范围之内。Yahoo 由 14 个基本大类组成,包括 art&humanities(艺术与人文)、business&economy(商业与经济)、computers&internet(电脑与网络)、education(教育)、entertainment(娱乐)、government(政府)、health(健康)、news&media(新闻与媒体)、recreation&sports(休闲与运动)、reference(参考资料)、regional(国家与地区)、science(科学)、social science(社会科学)、society&culture(社会与文化)。Google 目录中收录了 80 多亿个网址,内容涉猎广泛。

(2) 使用简单

人们利用搜索引擎是为了方便、快捷地找到想要的信息,如果一个搜索引擎没有易用性,人们就不会使用该搜索引擎。所以,为了吸引用户,充分发挥搜索引擎的导航作用,各搜索引擎网站都以易用性作为自己的发展目标之一。

(3) 方法多样

有些性能完善的搜索引擎不仅能搜索出互联网上的文献,还能检索出公司或者个人的信息;不仅能够搜索网页,还能搜索 MP3、资讯、图片、社区和网址等;不仅提供输入单词、词组或句子的初级检索方式,还能提供指定多个词组之间的逻辑组配、截词以及相关位置关系等的高级检索方式;不仅能通过词语查询主页信息,还能通过域名、主机名、URL 等检索有关的信息;既能够支持分类检索,又能支持全文检索;既能满足一般用户的浏览检索(简单检索),又能满足专业用户的专指检索(高级检索);更进一步,它既具有布尔检索、截词检索、邻近度检索、自然语言检索、概念检索等功能,又能从字段、范围、时间、语言、信息类型、网站等方面设置限定条件;为了适应用户的传统习惯,搜索引擎一般都能保存检索式并能对其进行修改,如"天网"、"北极星"等搜索引擎,都尽可能地符合人们传统的检索习惯,其检索界面简单易操作,检索的功能也比较强,还可以在返回的结果中进行再次检索。

（4）输出形式多样

搜索引擎要满足不同用户的不同输出形式。用户在使用搜索引擎的时候,可以根据不同的需要选择不同的显示形式,以及详简程度,或结果排序的标准,如匹配的程度、URL、域名、搜索引擎、字母等,比如在找到与搜索要求相关的网站时,按照相关程度,即关键词在文档中出现的频率,来对搜索结果进行排序,最后将返回结果合并,删除重复的链接。

（5）技术不断更新

优秀的搜索引擎已经不能再仅仅依靠数据库的大小、更新和检索的速度、支持多个语言这些基本的特性了。除了要快速地查询以外,它还需要更好的维护手段和更新的机制,以及可靠稳定的系统、完整的容错备份、崩溃修复机制,这样即使偶尔出错,也能得到及时的恢复。

2.如何利用搜索引擎获取有关信息

简单说来,我们可以通过以下步骤来获得相关信息。

（1）选择搜索引擎

搜索引擎按内容可以分为通用搜索引擎和垂直搜索引擎。由于垂直搜索引擎所收集的信息更为专业化,所以,如果有相关的垂直搜索引擎存在,就应该利用该搜索引擎。如果选择通用搜索引擎,首先要确定使用全文搜索引擎还是分类目录。一般的规则是,如果我们是要寻找参考资料,由于目标非常具体,所以应该选择全文搜索引擎。按照全文搜索引擎的工作原理,它从网页中提取所有的文字信息,所以匹配搜索条件的范围就大得多。如果我们找的是某种产品或服务,那么目录索引就略占优势。因为网站在提交目录索引时都被要求提供站点标题和描述,且限制字数,所以网站所有者会用最精练的语言概括自己的业务范围,让人看了一目了然。而如果使用全文搜索引擎,搜索结果显示的信息往往过于杂乱,让人无法一眼就判断出该网站的性质。

如果我们确定使用某一个目录索引,还要根据该搜索引擎的分类,找到自己所属的类别。许多搜索引擎(如 Yahoo)都显示类别,如计算机和 Internet、商业和经济。如果您单击其中一个类别,然后再使用搜索引擎,您将可以选择搜索整个 Internet,还是搜索当前类别。显然,在一个特定类别下进行搜索所耗费的时间较少,而且能够避免大量无关的 Web 站点。

（2）选择关键词

在搜索引擎上搜索信息首先必须输入关键词,关键词的选择对搜索结果至关重要。我们所选择的关键词必须具体、准确。所提供的关键词越具体、准确,搜索引擎返回无关 Web 站点的可能性就越小。为达到此目的,我们可以使用以下方法:一是使用多个关键词。一般而言,提供的关键词越多,搜索引擎返回的结果越精确。二是使用布尔运算符。许多搜索引擎都允许在搜索中使用两个不同的布尔运算符:AND 和 OR。但由于布尔运算符在不同的搜索引擎中使用起来是略有不同的,所以,在使用前要弄清楚布尔运算符在某一个搜索引擎中是如何使用的。

(3) 查找、筛选结果

即使我们选择了正确的搜索引擎和关键词,我们所得到的结果仍然会很多,我们需要通过比较排序位置、网址链接、文字说明等来分析,决定哪些结果是对我们有用的。

二、利用搜索引擎推广企业或产品

企业推广自己网站的方式很多,主要有:电子邮件(E-mail)、搜索引擎、其他网站的链接、朋友同事介绍、网友宣传以及在其他网页的广告宣传。根据 CNNIC 第 13、14、15、16 次《中国互联网络发展状况统计报告》的数据,得表 6-1。

表 6-1　用户得知新网站的主要途径

	2004.1	2004.7	2005.1	2005.7
搜索引擎	83.4%	86.9%	86.6%	84.5%
其他网站上的链接	65.5%	63.9%	64.3%	61.6%

资料来源:CNNIC 第 13、14、15、16 次《中国互联网络发展状况统计报告》。

从表中可以看出,搜索引擎的宣传作用在不断地增加,已经成为企业推广产品和网站的一个最主要手段,其次才是其他网站的链接等。我们可以利用以下步骤来通过搜索引擎推广企业或产品。

1. 根据企业的自身情况选定合适的搜索引擎注册

(1) 直接到搜索引擎上注册

企业注册搜索引擎需要同时考虑引擎所属网站的知名度和网站内容,一般而言,企业应该选用几大门户网站和同企业产品密切相关的业内网站的搜索引擎。

① 全文搜索引擎

由于全文搜索引擎会主动派出"蜘蛛"程序,对一定 IP 地址范围内的互联网站进行检索,全文搜索引擎可以发现并收录我们的网站,通常不需要亲自注册。但是,由于全文搜索引擎是每隔一段时间才搜索,如 Google 通常是 28 天,所以,如果希望自己的网站尽快被搜索引擎收录,那就需要主动提交网站。技术型搜索引擎通常只需要提交网站的上层目录即可,其他各页由搜索引擎的"蜘蛛"自行查找。搜索引擎还会定时检索并更新所有网站,删除失效网页。当然,我们也可以把更新的页面手工递交到搜索引擎,以提醒"蜘蛛"回访,从而使更新的内容能尽快在这些搜索引擎中被找到。

在 Google 提交网站的地址是 http://www.google.com/addurl.html。在提交时,Google 要求输入完整的网址,包括前缀 http://。还可以加上网站简介,但这些说明供内部参考,并不影响 Google 对网页的编排。

近年来,由于搜索引擎索引规则发生了很大的变化,主动提交网址并不能保证该网站能够进入搜索引擎的数据库,因此目前比较有效的办法是多获取一些外部链接,使搜索引擎找到该网站并自动将其收录的机会增加。

② 分类目录型搜索引擎

如果我们想分类目录搜索引擎收录我们的网站,我们必须主动向这些搜索引擎提交我们的网站信息。如果分类目录搜索引擎认为符合收录标准,就会收录我们的网站。分类目录注册有一定的要求,需要事先准备好相关资料,如:网站名称、网站简介、关键词等,由于各个分类目录对网站的收录原则不同,需要实现对每个计划不同的分类目录进行详细的了解,并准备相应的资料。另外,有些分类目录是需要付费才能收录的,在提交网站注册资料后,还需要支付相应的费用才能实现分类目录型搜索引擎的注册。不同搜索引擎所提供的服务各不相同,我们需要根据自己的需要加以选择。

(2) 利用搜索引擎注册工具注册

利用该工具可以将你的注册请求同时提交到几个、几十个、几百个甚至上千个搜索引擎网站上,这样就可以大大减轻你的工作量,提高注册效率,如登录奇兵,我们可以从 http://www. worldfax. net/上下载该工具,它可以在一个小时内将网站同时自动登录到国内外知名的 1 300 多个搜索引擎上。而且可以无限次登录。这类工具还有 Gnet ses(http://gnet. dhs. org/)、Active webtraffic prof(http://www. myrasoft. com/activetraffic)等。

(3) 到注册网站注册

这类网站提供的功能和搜索引擎注册工具类似,你只需填入网站的相关资料,点击"提交",该网站就会自动将你的注册信息提交到几十个,甚至上百个搜索引擎上去。这类网站有:国际传真网络 http://www. worldfax. net;http://www. addme. com;http://www. 8090. net 等。

2. 搜索引擎优化

在注册完成后,当搜索引擎用户搜索时,我们的网站就会在搜索结果中出现。据统计,搜索者通常只对出现在前几页的搜索结果感兴趣,所以,对于自然搜索结果排名有一项最基本的工作,就是搜索引擎优化。

(1) 什么是搜索引擎优化

搜索引擎优化(search engine optimization,SEO),与搜索引擎定位(search engine positioning)和搜索引擎排名(search engine ranking)是同一种工作,指通过了解各类搜索引擎如何抓取互联网页面,如何进行索引,以及如何确定其对某一特定关键词的搜索结果排名等技术,来对网页进行相关的优化,使其提高搜索引擎排名,从而提高网站访问量,最终提升网站的销售能力或宣传能力的技术。

（2）搜索引擎优化的一些技巧

① 关键词的选择

用户是通过关键词来搜索的，所以关键词的选择是搜索引擎优化的核心。我们需要选择合适的关键词并确定合适的密度和分布。

首先我们要选择合适的关键词。这些关键词必须具体、明确，不要使用意义太广泛的词或短语，我们可以使用修饰词将普通词汇和短语变成更精确，或使用专业概念词，或将关键词扩展成一系列短语。

现在有一些网站提供搜索术语推荐工具，只要输入想调查的关键词，就可以知道这个关键词在上个月被人们使用的情况，这样商家就可以知道他所选择的关键词到底是不是一个被人们经常搜索的词汇了。Google 可以作为商家推荐和业务相关的关键词，并且可以显示出能够搜索到你站点的关键词。我们还可以利用第三方工具将搜索引擎搜索出来的关键词的数据进行对比和总结，这样的站点包括：Good Keywords(www. goodkeywords. com)和 Word Tracker(www. wordtracker. com)。

其次要确定关键词的密度。所谓关键词密度应该是指关键词与一个页面中除掉 html 代码的内容的百分比。据一些专业人士观察研究表明，在大多数的搜索引擎中关键词密度在 2%～8% 是一个较为适当的范围，有利于网站在搜索引擎中排名。除了在标题、META 标签中要出现关键词以外，正文内容必须适当出现关键词。关键词的重点分布位置应该是根据用户阅读习惯确定的优先位置，包括：页面靠顶部、左侧、标题、正文前 200 字以内。在这些地方出现关键词对排名更有帮助。

② 标题

标题是指各网页的名称，出现在浏览器的上方。当搜索者键入关键词时，搜索引擎首先判断我们的标题是否和这些关键词有联系，所以标题是搜索引擎找到我们的网页的路标。我们要为每一页设置一个相关的标题，并在标题中尽量使用关键词，网页标题中的关键词在搜索引擎排名时具有更高的权重。

③ 尽量以静态文字页面为主

目前的搜索引擎技术通常是基于网址中的文本信息来进行检索的，包括用户通过浏览器可以看到的内容和源代码中只能为搜索引擎所发现的内容。不少企业网站非常重视网页的视觉效果，大量使用图片和 Flash 动画，或者使用了动态生成技术。但 Google，Baidu 等自动收录网站的搜索引擎经常不能正确有效地识别图片和 Flash，以及动态地址。所以企业在建设自己网站的过程中就需要注意，图片或 Flash 动画可以要，但不要太泛滥，过犹不及。使用动态技术生成网页的，也要参考为其配备易于被搜索的地址格式。

④ 重视外部链接的数量和质量

外部链接又叫导入链接和后链（也叫逆向链接），指链至你网站的站点。搜索引擎认为，如果你的网站有价值，别的网站就会和你建立链接；链接越多说明价值越大。所以，链接广度,即网站被其他网站链接的数量,被作为网站排名的重要指标。在其他条件相当时,链接广度高的网站排名靠前。后来链接质量分析这一环节被引入了链接分析系统,并且把链接的质量和关联度都提到了首位。因为搜索引擎认为:一个低劣的网站几乎没可能获得高质量的外部链接。对于链接的质量,不同搜索引擎有其不同衡量方法,但要点是相通的——只有那些与你的目标关键词关联的高质量站点的外部链接才是最理想的链接目标。即使获得上百个质量低劣的或内容毫不相干的站点的链接也抵不上一个高质量且内容高度相关或互补的站点的链接。获得高质量链接的方法很多,包括:向高质量站点提交网站;建立友情链接/互惠链接;争取生意链中的对象,包括合作伙伴、分销商、代理商、供应商等的站点链接。

⑤ 做好网站地图

网站地图除了可以让访问者很快找到他所需要看的内容,还可以让搜索引擎"顺藤摸瓜",把网站上所有页面都进行抓取,有利于企业网站被搜索引擎收录,并获得理想的搜索排名。

（3）被禁止的优化技术

由于搜索引擎优化技术的采用可以让网站在搜索引擎中有好的排名,有的网站便采用一些不正确的优化策略,企图误导搜索引擎。我们将利用不道德的技巧去提高自己搜索引擎上的排名的技术称为搜索引擎垃圾技术。虽然这样的做法会让你的网站在短期内排名得到提高,但很有可能导致搜索引擎把你的网站从它的数据库里永久删除。因此,在讨论搜索引擎优化时,需要对搜索引擎垃圾（SPAM）做一些说明。不同的搜索引擎对"垃圾"的定义不同,我们列出被 Google 明令禁止的属 SPAM 性质的优化技术供大家借鉴。隐藏文本内容/隐藏链接;网页与 Google 描述不符;误导性或重复性关键词;隐形页面（cloaked page）;欺骗性重定向（deceptive redirects）;专门针对搜索引擎的入门网页;作弊链接技术/恶意链接（link spamming）;日志欺骗行为。

3. 利用搜索引擎排名服务,提高网站在搜索引擎中的排名

我们利用搜索引擎优化,可以使我们的网站适应搜索引擎的检索规则,从而使自己的网站可以在搜索结果中处于显著位置。但我们无法保证我们的网站一定会处于显著位置,结果完全取决于搜索引擎。但如果我们使用搜索引擎排名服务,则可以保证我们的网站会在显著位置,如第一页出现。现在,很多网站都推出了搜索引擎排名服务,用户可以根据自己的情况选择不同的产品。下面介绍几种搜索引擎排名服务。

（1）搜狐搜索排名服务

搜狐提供 3 种搜索引擎排名服务。一是固定排序登录,网站将在所付费的关键词搜索页面第 1～10 位出现,位置固定,并且可以随时查询网站所在类目和搜索页面的访问量,以及网站点击数。二是推广型登录,选择一个或多个收费关键词,网站在其关键词搜索结果页面的第一页显示;可以随时查询网站所在类目和搜索页面的访问量以及网站点击数。三是

普通型登录,网站加入到搜狐网站分类目录,不保证在关键词搜索结果中排序位置,搜索结果很多时候可能查找不到。具体情况可以浏览搜狐网站 http://add.sohu.com/#。

(2) 网易搜索排名服务

网易提供3种搜索引擎排名服务。一种是标准型网站推广,用户自由定义或选择一个关键词,用户搜索该词时,网站将在搜索结果页面第一页出现。一种是超值型网站推广,用户自由定义或选择3个关键词,用户搜索其中任意一个词时,网站将在搜索结果页面第一页出现。还有一种是扩展型网站推广,用户自由定义或选择6个关键词,用户搜索其中任意一个词时,网站将在搜索结果页面第一页出现。

对企业来说,利用搜索引擎排名服务的好处有两个,一是排名结果确定,只要按某种排名服务付费,你的网站就会在确定的位置出现;二是费用确定,一旦企业选择了某种排名服务,为此而支付的费用就确定了,而不管点击数。所以管理和操作起来比较简单。

4. 利用竞价排名,提高网站在搜索引擎中的排名

竞价排名的特点是:企业为每个点击设定的单价越高,网站在搜索结果页面就越会排在前列,越引人注目。所以,当人们用关键词进行搜索时,搜索结果的排名顺序不是由搜索引擎服务商决定的,而是由商家和他的竞争者决定的。这里的竞争者实质是用同样关键词的商家。在使用竞价排名时,只有当链接被点击时,商家才需要付费,没有点击仅仅展示是免费的。目前,雅虎、新浪、百度等公司都提供竞价排名服务。使用竞价排名的好处是轻松获得大量的访问者,针对性强,成本低廉。商家在获得广告效益的时候所需要付出的成本也不高。这样,即使是规模较小的公司,也可以很容易地在关键词的搜索结果列表中找到一席之地,用搜索引擎为它们的站点增加访问流量,带去更多的浏览者。费用控制灵活,任何参加竞价排名的用户都可以灵活地控制自己的成本预算,随时按照自己的需要来调整竞价产品关键词的数量和价格。

对于使用竞价排名的企业来说,搜索引擎的选择很重要。这中间至少有两个因素要考虑,一个是网站的用户数量;一个是竞争者的数量。在其他条件相同的情况下,用户越多,网站被浏览的可能性越大,对企业越有利。如果其他条件相同,同一关键词的竞争者越多,竞争越激烈,同样的报价,排名可能会靠后,对企业不利。由于各个搜索引擎的特点不同,企业的情况不同,所以企业要根据实际情况决定选择哪个或哪几个搜索引擎。

5. 利用关键词广告来推广企业网站

关键词广告是付费搜索引擎营销的主要方式之一。关键词广告通常显示在搜索结果页上,搜索结果的侧面或上方,和一般的搜索结果分离。这样,用户可以清楚地知道哪些是一般的搜索结果,哪些是广告内容。如果我们在一个网站上购买关键词广告,我们的广告还会出现在其他一些搜索引擎或网站上。如,如果我们购买了 Google 的关键词广告,我们的广

告还会显示在 Google 联网的搜索网站、内容网站和其他产品上。在 Google 联网的搜索网站上，广告可能出现在搜索结果的侧面或上方，还可能作为用户通过网站的目录转到的结果页的一部分。关键词广告的形式一般比较简单，主要包括广告标题、简介、网址等要素。和竞价排名一样，关键词广告也是按照点击付费的，企业还可以设定最高每次点击费用，以及每日预算。

6. 分析站点流量，采取相应措施，提高网站在搜索引擎中的排名

我们设计网站，利用包括搜索引擎在内的各种方式推广网站的目的，是为了吸引人们参观我们的网站。到底效果如何呢？我们需要知道我们所采取的行动是否达到预期的效果，并据此采取行动。为此，我们可以利用网站流量统计分析软件或第三方的统计服务获得网站的访问量。网络分析软件包括 Web Trend、HitBox、Urchin、Click Tracks 等。美国网站 Alexa.com 也提供全球网站访问量排名系统。

下面我们介绍通过 Alexa 排名系统可以得到的信息。

（1）相关网站链接

列出了最多为 10 个相关网站，点击网站链接下面的" See More Related Links…"可以出现更多的相关链接（如果有超过 10 个网站的话）。将鼠标移至某一个链接的最右端，还可以得到该网站的简单的统计信息。

（2）网站统计信息

包括网站排名；网站速度——相对速度和平均下载时间；被其他网站链接的数量；网站上线日期。如果我们点击"See Traffic Details"可以查看网站排名更为详细的信息，包括：3 个月（或 6 个月、1 年、2 年）每百万人中平均访问人数走势图，并且可以和别的网站进行比较；当天、1 星期、3 个月访问量排名，以及 3 个月排名的变化数量；访问者访问的主要页面；当天、1 星期、3 个月的每百万人中访问人数，以及 3 个月的变化情况；当天、1 星期、3 个月的每个访问者浏览的页面数，以及 3 个月的变化情况。

（3）网站联系信息

包括电话和 E-mail。是根据注册域名的联系人信息而来的。

（4）用户对网站的评价

通过以上介绍，我们可以发现，利用 Alexa，我们不仅可以知道自己网站的统计信息，还可以和我们的竞争对手进行比较，发现差距。我们还可以通过分析访问者访问的主要页面、每个访问者浏览的页面数和用户对网站的评价来分析用户行为，进而采取相应的措施。

本章小结

本章介绍了国际上通用的搜索引擎的基本原理，知道了如何对搜索引擎进行分类，以及

搜索引擎未来的发展趋势。特别是掌握了有关搜索引擎在国际贸易领域的应用方法。搜索引擎的应用方法决定我们能否从适合的搜索引擎中找到适合企业需要的信息。

重要概念

搜索引擎   全文搜索引擎

目录搜索引擎   独力搜索引擎

多元搜索引擎   集合式搜索引擎

垂直搜索引擎   通用搜索引擎

搜索引擎优化

同步测练

1. 企业利用搜索引擎获取的信息有何特点?

2. 企业如何在搜索引擎上注册?

3. 企业可以用哪些方法提高网站在搜索引擎中的排名?

C 第七章

HAPTER SEVEN

B2B 第三方服务商及其选择方法

学 习 目 标

　　网络市场的形成也需要第三方的中介服务。电子商务的开展与传统商务活动一样,也需要第三方中介的参与。本章要求读者了解企业对企业(B2B)第三方服务商及其运作模式,掌握 B2B 第三方服务商选择方法。

重 点 难 点 提 示

- B2B 电子商务的 3 种模式
- B2B 第三方服务商的类型
- B2B 第三方服务商网站选择方法

第一节　B2B 第三方服务商简介

一、B2B 电子商务的 3 种模式

B2B 是今后电子商务的主要发展形式。根据主导权的不同,B2B 有 3 种模式:卖方主导的 B2B 电子商务、买方主导的 B2B 电子商务和中介型 B2B 电子商务。

卖方主导的 B2B 电子商务,即企业通过建立自己的网站发布产品信息,等待买方前来洽谈、交易;买方主导的 B2B 电子商务,即企业通过自己建立的网站进行网上采购;中介型 B2B 电子商务,即企业利用第三方服务商提供的电子商务平台实现与客户或供应商之间的交易,也就是对卖方或买方而言,B2B 公司是作为独立第三方存在的,中立的 B2B 公司是真正的市场建设者,它们对买主和卖主有着同样的吸引力。这种模式改变了原来企业间点对点的商业模式,使得企业间的商业架构变成了辐射状,并创造众多买卖商家聚集的在线交易空间。买卖双方不仅可以寻找到更多的贸易伙伴,增加更多的商业机会,还能够享受更多的方便和标准化的商务服务,获得一个良好的商务环境。

二、B2B 第三方服务商的类型

根据提供服务的层次不同,可以将 B2B 第三方服务商分为简单信息服务提供型和全方位服务提供型。前者基本只提供一个信息交换的平台,买方和卖方把大量的采购信息和供应信息放置在这一平台上,通过平台选择交易对象,而谈判过程、交易的达成和合同的履行并不通过这一平台,而是在线下进行的。这种模式下中介并不深入参与交易过程,只是提供简单的信息服务,免费或者只收取较少的会员费或中介费,如阿里巴巴网站,其收益主要来自于其会员所支付的年费,而非交易撮合所对应的佣金。后者不仅在网上提供信息服务,而且还提供全面配合交易的增值服务,如网上结算和配送服务等,买卖双方可以利用第三方提供的平台,如商务电子邮件等进行商务谈判、签订合同,甚至履行合同。如专门针对中国商品出口的网站美商网(也有人称其为相约中国)。美商网专门致力于为中小企业向海外市场,特别是美国市场推介其企业和产品提供服务,从向中国的中小企业介绍网络商务着手,花费大量精力建立电子商务展示中心,举办培训班,帮助中小企业了解因特网,参与电子商务,同时又为这些企业的产品出口提供质量认证、信用调查、沟通渠道等具体帮助。

根据服务领域的不同,又可以将 B2B 第三方服务商网站分为以下两种模式:垂直型电子商务网站和水平型电子商务网站。垂直型电子商务网站,也即专业性电子商务网站,专门致力于某个特定行业的商务服务,针对一个行业做深、做透,如全球五金网、全球纺织网等。水

平型电子商务网站,即综合性电子商务网站,是针对几乎所有的行业设置分频道,在广度上下工夫,比如阿里巴巴、慧聪等。垂直型网站优点在于在专业上更具权威,在商品和客户群上更加精确,具有产品互补性和购物便捷性的特点,顾客可以实现一步到位的采购,因而停留时间较长;缺点则是受众过窄,难以达到大规模开发新客户的目的。而水平类网站则在品牌知名度、用户数、跨行业、技术研发等方面具有垂直型网站难以企及的优势,不足之处在于用户虽多,但不一定是客户想要的用户,在用户精确度、行业服务深度、盈利模式上略有不足。

三、B2B 第三方服务商的功能

1. 交易信息服务

这是 B2B 第三方服务商的最基本的功能。用户经过注册即可获得在其网站上发布信息的权利,这些信息既可以是产品信息,也可以是企业信息;既可以是产品出售信息,也可以是商品采购信息。信息可以采用图片形式,也可以采用文字形式,抑或图文并茂。随着带宽增加,用户发布的信息无论从形式上,还是数量上都将越来越丰富。以阿里巴巴中国站为例,注册用户既可以发布供应信息,也可以发布求购信息。阿里巴巴在自己的网站上为用户开辟了专门的主页,并且将其分成商铺首页、最新供应、产品展厅、采购清单、公司介绍、诚信通档案、荣誉证书、客户评价、资信参考人、公司动态、招聘中心、在线问答、联系方式等许多板块,供用户发布供应信息之用。用户也可以将公司简介、详细的求购信息,以及联系方式发布在阿里巴巴的网站上,以此吸引供货商。

同时用户也可以根据已发布的信息来选择潜在的客户或者供应商。一般情况下用户无须注册也可以浏览供货商发布的供应信息,但只有注册后才可以察看求购信息,以及留言询价报价。阿里巴巴中国站的信息服务横向有供应信息、求购信息、产品目录、公司库和拍卖信息 5 大类,下设批发进货频道、新奇特产品频道、在线拍卖、最热供求商机、月度企业英雄榜、中国区特色产品 6 个子目,用户既可以直接通过搜索引擎搜索自己想要的商品,也可以通过其提供的类目一步一步寻找目标商品。纵向上阿里巴巴按供应信息和求购信息分别设置了相应的行业浏览,分列出 40 个行业,并通过超级链接逐级细化,直到列出具体产品为止。

2. 附加信息服务

除了提供基本的交易信息之外,一些 B2B 第三方服务商网站还提供企业需要的其他信息,如行业信息、市场动态等。这些信息虽然不是直接与生意有关,却能够帮助用户及时了解本行业,或者其他感兴趣的行业的情况,开启思路、发现潜在商机,甚至于借鉴别人的成功经验。如阿里巴巴中国站设有专门的商业资讯栏目,内容不仅包括具体的行业资讯,而且还有创业资讯、管理资讯、诚信资讯等更广层次上对企业具有借鉴意义的资讯信息。慧聪网有行业资讯和行业研究两大频道,行业资讯直通 64 个行业,包括产经要闻、业界聚焦、企业管理、商务指南等,行业研究包括行业研究报告、专家点评、统计数据、成功案例等。

3. 与交易配套的服务

B2B 第三方服务商可以为买卖双方提供网上交易沟通渠道,如网上谈判室、商务电子邮件等,方便客户沟通,还可以提供网上签订合同服务、网上支付服务等实现网上交易的服务。如阿里巴巴的贸易通为用户提供了一个随时联系、在线洽谈的网上平台,用户不仅可以通过它进行网上聊天,而且可以发送大量图文信息,发送手机短信,实现多人同时洽谈,获得在线翻译服务等。阿里巴巴为"诚信通"会员针对网上交易提供安全付款服务——支付宝账户服务,在交易过程中,以支付宝公司为信用中介,在买家确认收到货品前,替买卖双方暂时保管货款,以降低交易中的支付风险。美商网推出的在线交易平台可以为会员供应商提供在线询盘、回盘、谈判、比价、客户商业函电分类管理等服务。另外,美商网还可根据客户需要,帮助客户申请报关和联系认证等贸易服务。

4. 客户管理服务

即为企业提供网上交易管理,包括企业的合同、交易记录、企业客户资料等信息的托管服务,数据存放在 B2B 第三方服务商的服务器上,不必企业自己单独整理存放,便于企业随时随地查看,及与客户进行贸易洽谈,实现移动办公,提高工作效率。阿里巴巴的"我的阿里助手"就是一个提供此种服务的工具。诚然这些信息属于企业的保密资料,但对于中小型企业来说,考虑到成本和效率因素,有这样一个安全保密的托管服务机构是非常有必要的,而且也是可以接受的。

B2B 第三方服务商通过提供以上服务,能够为企业带来以下几个方面的价值。

(1) 降低成本,增加交易机会。节约了网站开发和维护费用,降低了发布广告的费用,扩大了利用传统媒体难以覆盖的市场面,有助于直接促成新的订单,增加新的客户,拓宽了企业的贸易渠道。

(2) 比较供货渠道。由于参与者较多,信息量大,买方可以方便地了解多家供货商的基本情况,通过多方比较,可以从中发现满足自己需要,同时价格又比较适中的产品。

(3) 促成项目合作。为企业间的项目合作带来了机会。

(4) 企业品牌宣传。对于大部分中小企业来说,很少甚至几乎没有专门的品牌推广预算,充分利用 B2B 第三方服务商网站的信息发布功能不仅可以推销某种具体的产品,而且可以宣传自己的企业品牌。

第二节　B2B 第三方服务商网站选择方法

一、选择 B2B 第三方服务商网站的必要性

面对众多的 B2B 贸易平台,企业要通过 B2B 第三方服务商开展电子商务,必须学会对 B2B 第三方服务商进行选择,找出最适合自己的网站。工欲善其事,必先利其器,如果不慎重选择,草率行事,浪费的将不单是加入网站的投资费用,还有宝贵时间、精力和无穷商机。企业在对 B2B 第三方服务商进行选择时,需要根据行业特点和产品特点,以及电子商务网站的定位和战略目标进行合理选择,要选择那些提供的服务与自己的行业比较相近的,并且具有一定的品牌形象和知名度的网站,而且选择的第三方服务商网站不能过多,否则可能影响到收集的商业信息的质量,反而给企业带来负面的影响。

同时,每个贸易平台都有自己的特色,不同地区的使用习惯也不都是一样,也许国内企业喜欢 B2B 贸易平台,而有些国家的企业喜欢利用黄页类的网站来搜索供应商信息。所以,选择贸易平台不但要从平台本身出发,还需要考虑你的产品所期望的销售目的地的企业的网络使用习惯。

二、选择 B2B 第三方服务商网站的方法

对于只是想借助 B2B 第三方服务商网站开展电子商务的企业来说,可以从 B2B 服务商网站的定位与经营目标、提供的产品和服务方面来对一家网站进行分析,找出适合自己的第三方服务商。

1. 网站的定位与经营目标

并不是每个电子商务网站都是适合企业的,不管什么电子商务网站再大,行业再多,划分得再细,它们同样有自己的重点行业和目标市场,所以企业必须充分了解电子商务网站的重点和目标市场,以及宣传推广重点在什么地方。网站的精力有限,主要精力肯定放在自己重点推广的行业和目标市场,这些行业的产品和企业往往容易出现在其首页上,而且服务商还可以对企业进行专业指导和扶持,帮助企业更好地应用其提供的服务宣传自己,吸引客户。

例如,美商网的定位就是"协助国际买家安全高效地自中国采购,同时为中国企业提供快速而便捷的国际贸易服务,以低成本、高效益帮助中国企业快速实现出口交易"。换言之,美商网的业务重心是为中国企业的出口贸易服务,因此,希望借助 B2B 第三方网站实现网上采购的企业就不太适合采用此交易平台,而那些产品面向海外市场、有志于成为全球知名采

购商在中国的供应商的企业则有必要深入了解该平台的产品和服务。

例如,在百度上以"阿里巴巴"为关键字进行搜索,可以搜到七百多条与之有关的信息。浏览这些网页,就可以大体上了解到阿里巴巴的主要业务和在业界已经取得的成绩。如果还想进一步了解这家网站的来龙去脉,还可以直接到该网站 http://china. alibaba.com/上,点击首页左下角的"关于阿里巴巴"进入"阿里之家"页面,就可以看到"公司介绍"、"公司动态"、"线下活动"、"五大网站"、"联系方式"5 大板块,此外还有最新新闻发布、最新媒体动态等内容,进一步点击进入即可获得比较详细的有关该网站的信息,如公司成立时间和地点、主营业务范围、企业规模、企业文化、管理团队、媒体评价、会员评价等,还有与用户关系比较密切的法律声明、服务条款、隐私声明和联系方式等。掌握了几家网站的这些基本信息之后,企业大体上可以做一比较,看哪些网站的风格和理念自己比较认同,哪些网站历史较久、经验丰富、知名度较高,或者是创新和赶超能力很强的后起之秀等。

2. 网站提供的产品和服务

这里的产品指的不是网站作为贸易平台能为用户展示的用于交易的商品,而是网站自身开发的提供给其用户产品。网站作为虚拟空间,其产品也就是它能为用户提供的服务。网站能够提供的产品和服务是一家网站的核心资源,是这家网站竞争力大小的决定因素,也是形成客户价值的基础。用户必须依赖网站提供的产品或服务才能实现其应用该网站的初衷,获得价值。

因此,对网站提供的产品和服务进行评价和比较是选择一家网站的基本工作,既要了解网站提供了哪些服务,也要搞清楚这些服务对企业而言是否有价值,有哪些价值,以及是否有企业必需而某些网站根本无法提供的服务。

从内容角度可以把网站提供的产品和服务分为信息服务、综合解决方案和技术支持 3个方面。当然并非每家第三方服务商都会同时提供这 3 种服务,这要视其定位和经营目标而定。

信息服务是 B2B 第三方服务商所能提供的最基本的服务。对于那些没有自己独立的网站,从而对第三方网站提供的信息服务比较依赖的中小企业来说,尤其应该注重对这一指标进行分析。如果说信息覆盖范围是从量上来衡量一家网站,那么信息匹配率、信息刷新率和信息真实性则是从质上来评价一家网站的指标。企业既可以横向对比不同 B2B 服务商网站的信息流价值潜能,以期选择;也可以纵向对比某个 B2B 服务商网站的信息流价值潜能变化,以期跟踪与评价。

(1) 信息覆盖范围

对相同类型的贸易平台来说,信息覆盖范围越大越好。对于同一家网站来说,信息覆盖范围的扩大反映了该网站业务和规模的扩张,是网站成长的表现。企业可以从 5 个角度来衡量一个网站贸易平台的信息覆盖范围。

① 国家总数

指一家网站提供的信息涉及的国家总数（total of country，TOC）。一般来讲，网站能够覆盖的国家数量越多，参与该网站交易平台的企业所来自的国家越多，供应商开拓新市场的机会就越多，采购商充分比较获得物美价廉商品的机会也越多，并且可能突破原有的业务内容和范围。

一家企业用户无论是生产型，还是贸易型，它所涉及的行业和产品的数目总是有限的，因此相对于 B2B 网站总体上所能覆盖的国家总数而言，企业用户更应该关心与自己的相关行业里 B2B 网站所能覆盖的国家的数量。

② 企业总数

指网站提供的信息涉及的企业总数（total of company，TOCom），也就是参与网站贸易平台的企业总数。参与的企业数目越多，表明该网站越活跃，获得商业机会的可能性也就越大。因此，企业应该选择参与的企业用户数目较多的商业平台。有些网站为了扩大知名度，不仅允许企业自己将自己的信息登录在网站平台上，而且自己的工作人员也会主动搜索一些企业的信息加入到网站的公司库中，然而事实上这些企业并没有参与该网站的交易平台，因而对网站用户来说并没有什么意义，这种情况下企业总数应该指那些实际参与网站贸易平台获取或者发布信息的企业总数。不过，出于营销宣传和竞争的需要自己主动录入企业信息的网站应该不在少数，企业在考察这个项目时只要有个大体的相对结果即可，无须计较绝对数量的多少。

③ 贸易机会信息总数

贸易机会信息总数（total of leads，TOL）是指网站贸易平台提供的供应信息和采购信息的总和，有些网站还提供网上拍卖信息和项目合作信息。无论是国家总数还是企业总数，其实到最后两个指标都要落实在贸易机会信息总数这个指标上。因为只有有了供应信息和采购信息发布，卖方才能找到自己的客户，买方才能找到自己的供应商，最终才会有交易达成。这是 B2B 第三方网站最基本，也是最核心的业务功能。

贸易机会信息总数关系到网站平台的活跃程度，从长期来看影响到网站的繁荣与否，甚至生死存亡，而具体行业或者产品的贸易机会信息总数直接关系到企业用户所能获得的商机，因而两个方面是相辅相成的关系。除了贸易机会信息总数这个指标以外，网站每日提供新增贸易机会信息数目的能力也是衡量网站吸引力和活跃程度的重要指标。这个指标是动态的，有两个途径可以获得相关的数据。有些网站会有诸如"今日最新"之类的板块，特别交待当日最新的供应信息数、求购信息数，以及涉及的产品和厂商数目。用户还可以选定一天中的某个固定时点连续观测，然后用贸易机会信息总数的变动量除以间隔天数即可得出观测期内平均每天提供的贸易机会信息数。

网站提供的贸易信息来源包括网站主动收集和用户自己发布两个渠道。无论其来源如何，这些信息只有满足时效性和准确性才是真正有价值的，否则就是滥竽充数，不仅损害了用户的效率，而且可能造成欺诈的后果，这点还会在后面提及。

④ 产品总数

无论是综合性网站还是专业性网站，它所收纳的产品总数（total of product，TOP）反映了网站的广度。产品总数越多，网站涉及的市场范围就越广，参与网站平台的潜在用户就越广，贸易机会信息也就越多。

毋庸置疑，这将是一个不小的工作量，尤其是那些包罗万象的综合性网站。实际上企业没有必要知道一家网站平台涵盖的产品的准确数目，了解的目的也是在于将不同的网站进行比较，因此只要针对一个或几个与自己企业相关的行业分别查看一下各个网站所能涵盖的产品数目即可帮助自己做出判断。而且对具体的某个企业而言，特定行业的数据相关性更大一些。

⑤ 产品细类总数

产品细类总数（total of catalog，TOCa）是介于产品大类和具体产品之间的产品分类层次。举例来讲，在纸行业中，按照大类可以分为纸浆废纸、造纸设备、化学助剂、印包设备、纸制品和纸张等，纸张按照细类又可以分为牛皮纸、报刊纸、书写纸、滤纸、湿巾等，湿巾下面才是各种具体的产品。一家网站所包含的产品细类总数的多少可以反映出这家网站的市场细分度。与上面国家总数、企业总数、贸易机会信息总数，以及产品总数的获取方法不同的是，无法在网站的简介，或者首页上直接找到具体的数据，虽然可以根据网站上列出的产品细类名称一一加总，但是由于网站并不提供每一大类下的产品细类数目，这项工作比计算产品总数要复杂和困难得多。因此，企业不必计算所有的产品细类数目，只需选择与自己相关的行业来计算，比较不同网站涵盖的产品细类数目即可。

（2）信息匹配率

供求信息有效匹配既可以节省用户时间，又可以提高成交机会，是衡量网站服务质量和客户增值能力的重要标志。用户可以通过多种渠道来检验一家网站贸易平台的信息匹配能力。其中，一个重要渠道是网站搜索引擎。影响信息匹配率（information about match，IAM）的因素有 3 个：参与匹配的信息总量，信息展示的途径的多少，以及搜索引擎的精确程度。信息总量的不断增加是一个不可改变的事实，也是网站应该努力达到的局面，重点在于网站对这些信息的消化吸收能力。信息展示的途径的多少也影响到匹配率，途径越多就越容易被人看到，越容易匹配成功。网站要做的工作是为客户提供尽可能的信息展示途径，并且对客户进行指导，以充分发挥这些途径的潜力。搜索引擎对于信息匹配起到关键性的作用，高精度的搜索引擎在搜到所需信息的同时可以过滤掉大量非目标信息。因此，搜索引擎的检索能力，以及允许用户设置搜索条件的多寡对信息匹配率有重要影响。

（3）信息刷新率

信息刷新率（information about update，IAU）指的是网站信息更新的频率。市场行情是瞬息万变的，贸易信息也只有经常更新才能适应市场的变化，对信息使用者来说才是有效率和有价值的。我们经常会看到和听到某某贸易平台会员数量和信息发布数量到了什么什么数量级别，或百万或千万，然而稍加分析就会发现一些贸易平台存在大量的死数据，而这些死数据只能造成表面上的繁荣和热闹，并不能给加盟这个平台的会员带来什么好处。因此信息刷新率这个反映活跃度的指标非常重要，这也是从质的层次来考察一个贸易平台。

下面以实际观测到的阿里巴巴网站中国站的数据为例简要说明一下，见表7-1。

表 7-1　"行业浏览"→"家用电器"（时间跨度为 30 天内）

	供应信息（Tos）	求购信息（Tob）	供求信息总量（Tol）
2006-2-13	60 800	2 190	62 990
2006-2-14	62 482	2 274	64 756

家电行业供应信息的天刷新率为（62 482－60 800）/1＝1 682

家电行业求购信息的天刷新率为（2 274－2 190）/1＝84

家电行业供求信息的天刷新率为（64 756－62 990）/1＝1 766

通过这几个数据可以看出，阿里巴巴的供求信息刷新率较高，但是无论是总量还是刷新率，供应信息的指标都优于求购信息，这也说明此平台上供应商较采购商活跃。当然这些数据无法反映采购商根据供应信息线下联系供应商的情况，这是目前电子商务层次较低阶段无法避免的。

以上是家电行业天信息刷新率的计算，用类似的方法可以得到企业信息、产品信息以及其他行业以小时、天、周、月、季和年为时间单位的信息刷新率数据。

信息刷新率是一个动态指标。受上网时段及其他随机因素的影响，一般而言，考察的时间单位越短，信息刷新率的数据越不稳定，这种情况下如果只拿一个数字来下结论，结果难免会有偏颇。因而，在采用信息刷新率指标对网站进行比较分析时，如果采用小时或天为时间单位，应该多计算几个不同时间段的数据，在此基础上取其平均值作为衡量的依据，这样一定程度上可以减少随机因素的干扰，更接近真实的情况。而时间跨度太长又会影响到信息的效率，违背了考察这个指标的初衷，因此，也应该尽可能避免以季度或者年为时间单位。比较理想的指标是周信息刷新率和月信息刷新率。

（4）信息的真实性

信息总量再大，更新速度再快，如果不能保证真实性，也是没有价值的。因为虚假信息不仅贻误商机，而且可能造成欺诈，给用户带来损失。由于网络的开放性和虚拟性，网站无法保证对在其上发布的每一条信息都经过查证，因而必须建立一套机制来保证信息的真实性。然而由于环境和技术等方面的种种原因，到目前为止，尚没有哪家网站能够建立起这样一套完善的机制确保信息的绝对真实，但多数网站已经采取了某些措施来提高网上信息的真实性。用户在进行会员注册时网站会对其进行资格审查，要求企业提供详细的公司信息和联系方式,网站跟专门的企业资信调查机构合作来对企业基本注册信息进行核实。一些网站将会员区分为不同的级别,对于级别高的会员提供信用体系维护服务。如阿里巴巴主要是通过推行"诚信通"会员服务来保证网站成员交易信用的。"诚信通"的原理是为每个使用该项服务的企业建立网上信用数据或评价体系。阿里巴巴先由专门的资信调查机构对申请会员进行资格审查,比如该会员所在公司合法注册记录、业务真实身份等。审查通过后,为"诚信通"会员建立诚信通档案,档案由企业身份认证、诚信经验值、荣誉证书、客户评价、阿里巴巴活动记录组成。这种方式既给了企业证明自己的信用等级的机会,也赋予其客户对该企业评价的权力,既注重企业网上活动的记录,也依赖其他线下信息。"诚信通"侧重于从多角度,连续性地记录和展现企业信用,把网下认证(与资深信用服务公司邓百氏、华夏信用等合作)同网上信用评价两种手段结合了起来。这样比较全面真实地反映电子商务中企业的信用,从而保证企业用户所发布信息的真实性。此外,阿里巴巴还允许用户对有问题的企业进行举报,并且将举报信息予以集中公示,这也在一定程度上对企业发布虚假信息起到一定的警示作用。其他网站也有类似"诚信通"的会员服务产品,帮助用户来判断企业的诚信度。

保证了作为信息发布者的用户的诚信度,才能保证信息的真实性。因此,企业可以从考察一家网站提供用户信用体系维护服务能力的角度来考察其提供的信息的真实性。当然企业自身的体验以及其他用户的口碑也是帮助企业做出判断的重要依据。而一旦出现被欺诈事件,企业应该立即向电子商务网站方面举报,并通过其联络公安机关进行查处,或者登录http://www.ec315.org(中国电子商务诚信联盟)进行举报。

客户服务的水平也是区分网站的一个不可忽视的指标。网站可以为顾客提供各种在线服务和帮助信息,比如常见问题解答(FAQ)、电子邮件咨询、在线表单、通过即时信息实时回答顾客的咨询等。一个设计水平较高的常见问题解答,应该可以回答80%以上顾客关心的问题,不仅为顾客提供了方便,也提高了为顾客服务的效率,节省了顾客的时间。通常网站的主页上都会有"关于我们"、"客户服务中心"、"帮助中心"等,点击进入界面就可以看到客户服务的内容。如美商网的客户服务中心提供的服务项目包括新用户注册、服务内容解释、常见问题与解答、会员客户俱乐部、成功经验分享、客服热线、网上问卷、联系我们八项,内容涵盖了从用户注册到使用过程的各个方面可能遇到的问题并提供反映和解决问题的途径。企业通过客户服务内容的丰富与实用程度就能判断出一家网站的客服水平。

在刚接触一家网站时,企业可以先了解一下它已经取得的业绩和成功的案例,作为评价网站的一个参考。这方面的内容通常在网站上就能够找得到。一般在网站的简介里会有有关网站会员数目、涵盖的国家、行业和产品数目、提供的贸易信息数目等内容的介绍。有些网站首页上会有"成功案例"或者"成功故事"之类,专门收集整理成功的案例,有的是网站工作人员自己介绍情况,有的采取用户感谢信的形式。

本章小结

本章从介绍 B2B 电子商务的基本模式入手,介绍了 B2B 第三方服务商的基本类型、服务功能等。探讨了选择 B2B 电子商务第三方服务商的基本方法。用许多案例介绍的方式让我们了解了 B2B 电子商务第三方服务商。企业应该根据自己的企业经营目标和经营需要来有效选择合适的第三方服务,从而有效避免盲目选择,增加企业成本负担。

重要概念

买方主导的电子商务　　　　　　卖方主导的电子商务

中介型电子商务　　　　　　　　垂直型电子商务

水平型电子商务　　　　　　　　信息匹配率

信息刷新率

同步测练

1. B2B 第三方服务商的类型有哪些?

2. B2B 第三方服务商有哪些功能?

3. 对 B2B 第三方服务商网站进行选择时要考虑哪些因素?

C 第八章

展会电子商务

学 习 目 标

　　展会电子商务是展览会向国际互联网发展的结果。越来越多的展览会将传统展会的专业化与网上电子商务结合,成为企业走向国际市场,进入专业化行业渠道的一种非常重要的形式。本章要求读者理解展会电子商务的概念与内涵;熟悉展会电子商务的功能、作用及其特点;了解展会电子商务的模式和要素体系;把握展会电子商务的发展现状和趋势;熟悉展会电子商务活动实务,能利用这种商业模式为企业目标服务。

重 点 难 点 提 示

- ◉ 电子展会的概念
- ◉ 电子展会的模式

第一节　展会电子商务概述

一、电子商务与传统展会结合的背景

展览会是在固定的或一系列的地点、特定的日期和期限里，通过展示达到产品、服务、信息交流的社会形势。展览会通常简称为展览、展会。与展览活动直接相关的展会中心、组展公司、展览服务公司等形成的行业即为展览业，它属于第三产业，在国际服务贸易的十二个部门分类中属于职业服务范畴。

展览业的各个经济要素如组委会、参展商、展馆等，利用各种信息化手段可以提高工作效率，提高整个行业的运作水平。随着电子商务日益成为一种重要的经济运行形式，电信运营商提供了种类繁多、日益便利的上网手段，展会行业本身作为各种行业的交叉点和集合体，必须适应这种新的形势，才能更好地为实体经济服务。正是在这种背景下，"电子商务展会"或称为"网上展会"应运而生了。充分利用电子商务的优势带动展会业的发展是必然的趋势，网上展会以其低投入、高效益的特点作为传统展会有效补充和延伸，正在受到越来越多的关注和认可，并得以大力发展。

二、展会电子商务的概念

展会为人们进行信息交流、商业洽谈和市场营销的场所，对贸易活动起到媒介和桥梁的作用，同时很多展会本身也是一种商业经营活动。电子商务技术，能够为传统商务活动提供更为高效低成本的解决方式。电子商务技术与传统展会商务活动相结合，应用于展会组织、厂商参展、观众参展的各项活动，就形成了展会电子商务。上述三者的关系如图8-1所示。

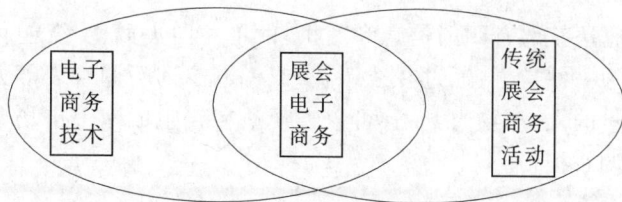

图8-1　展会电子商务集合

展会电子商务主要包括网上展览、网上会议和电子信息服务等。

网上展览是对实物展览的虚拟，展览的组织、展出及展览活动的各个环节都实现了电子化，组展者、参展商和观众之间的交流通过计算机和互联网络进行。网上展览突破了时间、空间的局限性,被誉为"永不落幕的展会"。网上展览是企业对自身产品、品牌、理念等宣传的平台,也是企业收集、交流市场信息的有效途径。

网上会议是基于网络实时交互式多媒体通信平台技术的支持,提供语音、视频、数据共享等全面高效的实时通信服务,任何地方的单位和客户只需有普通上网浏览器,就可足不出户、安全快捷地通过互联网共享远在千里之外的文件、程序、网页、话音、图像、视频,甚至操作远端的计算机,可以将声音和视频传递给对方,实现实时、交互的在线会议,不需在用户端添置设备,也不需要昂贵的启动费用,用户只需拥有电信服务账号,上网访问网上会议站点,即可获得网上会议服务。其中最为便捷的视讯会议是以宽带为主,兼容窄带接入的交互型视讯多媒体业务,能实现点对点、点对多点的视讯传输,将不同地点的图像信息和语音信息安全可靠地、实时地相互传递。用户只需购置视讯终端设备放于办公场所,通过通信线路接入,即可获得远程视讯服务,随时召开跨国跨区会议。这种技术可支持多组会议并行召开,彼此互不干扰;还支持多种速率适配:支持多种协议速率的终端可同时接入召开一个会议,如 ISDN(384K、512K)、E1、ADSL 等。网上会议可以为展会期间企业与主办方之间、企业与企业之间、企业与消费者之间进行交流、洽谈提供便利。

电子信息服务是展会主办方或企业自身利用电子信息管理技术,为展商或客户提供的信息收集、整理、搜索和订阅等功能。电子信息服务极大地提高了展会各相关经济个体对展会信息的处理和接受能力,在展会中发挥着不可忽视的作用。

综上所述,展会电子商务就是为满足展会企业、展馆、参展商,以及消费者的需要,利用现代信息技术开展的新型展会商业活动。

三、展会电子商务的功能和作用

1. 展会电子商务的功能

（1）信息搜索功能

利用多种搜索方法获取有用的信息和商机,由单一向集群化、智能化的发展,使得寻找网上营销目标将成为一件易事;通过在线调查,或者电子询问调查表等方式开展市场调查,则不仅可以省去大量的人力、物力,而且可以方便地在线生成网上市场调研的分析报告、趋势分析图表和综合调查报告。

（2）信息发布功能

网络信息的扩散范围、停留时间、表现形式、延伸效果、公关能力、穿透能力都是最佳的。而且网上信息发布以后,可以能动地跟踪,并进行回复后的再交流和再沟通。

（3）市场营销功能

传统经济时代的经济壁垒,地区封锁、人为屏障、交通阻隔、资金限制、语言障碍、信息封闭等,都阻挡不住网络信息的传播和扩散;文图并茂、声像俱现的昭示力,网上语言的亲和力,地毯式发布和爆炸式增长的覆盖力,整合为一种综合的信息进击能力。

(4) 特色服务功能

FAQ(常见问题解答)、BBS、聊天室等各种即时信息服务,在线收听、收视、订购、付款等选择性服务,无假日信息跟踪、信息定制及智能化的信息转移,网上选购,送货到家的上门服务等,将极大提高顾客满意度。

由于上述功能,展会电子商务的开展不仅能在短期内为电信创造可观的经济效益,更重要的是能够建立并培育以网络交易平台为核心的生态价值链,包括电信运营商、业务代理商、参观客商、参展商、网页制作公司、展会组委会、各地政府、行业主管部门。它们根据自身的职能和地位不同,处于价值链的不同环节,构成了价值链阶梯。通过展会电子商务的开展,充分利用、整合并激活价值链上的资源,使得处于价值链上的生态实体获得收益,促进展会行业乃至国民经济的可持续发展。

2. 展会电子商务对参展企业的作用

(1) 可以事先了解目标观众和目标市场,提高参展目的性和针对性

很多观众在参观展会以前,会预先参观虚拟展会,并在进入虚拟展会时注册用户信息。企业可以根据浏览者的提问、要求了解市场需求,并适当调整参展的计划。

(2) 筛选高质量客户

大多数传统展会只要买票即可参观,有部分展会甚至是免费的。这样带来的一个缺陷是大大减小了来自目标市场的与会者比例。而网上有了虚拟展会以后,仅仅出于好奇、并不想进行交易的参观者可以从网上得到满足。那些参观了虚拟展会后仍然来到现场的,往往是企业预期的目标消费者,企业可以更有针对性地进行宣传,提高参展投入的效率。

(3) 扩大企业影响,延长展会效果

毕竟,一次展会有它时空地域上的局限,能够真正来到现场参展的观众其实往往只是一小部分。而因特网则跨越了时空限制,将全世界的眼球集中到一点。企业利用网上虚拟展会的机会,树立良好的企业形象,扩大知名度,延长展会效果,可谓一举多得。

(4) 便于会后补充了解和跟踪联系

由于场地和时间的限制,有很多交易事实上无法在展会举办期间完成。有了网上虚拟展厅后,客户可以随时回顾展会上得到的信息,补充和加深对企业和产品的了解,对于企业来说,是留住客户的一种途径。企业也可以方便地进行跟踪联系,随时完成展后交易。

(5) 充分利用企业自身的网络资源

当前许多企业都在因特网上有自己的主页,而且出于形象的考虑,这些网页的设计都是很优秀的。利用虚拟展馆,可以让自己的网络资源和展览会的资源结合起来,使得展台上没有能表现出来的东西也有更多机会获得观众的关注。相比之下,实物展会就只能展示一个展台内的东西,与企业在其他媒体上的宣传的联系就不够紧密了。

3. 展会电子商务对展会观众的作用

（1）消除各种限制因素，满足观众强烈的好奇心

一次大型博览会，可能有几十项不同的展览，强烈的吸引着人们的好奇心。可是由于天气恶劣、交通不便、时间紧迫、费用昂贵等诸多可能的限制，观众们往往只能望展兴叹，无法一一参观。而网上展会却没有这些不便，参观者可以自由地选择合适的时间，甚至可以一边逛展览一边做其他的事情，只要愿意，想去多少个展览就去多少个展览，想看几遍就看几遍，甚至用分身术同时参加不同的展会也成为可能。

（2）可以更清楚地了解展会、参展企业及其产品

通过多角度的欣赏和透视展厅，与会者可以事先了解展览的布局，避免实地参观时的盲目性。在虚拟展示厅里，观众可以听虚拟解说员单独地为他讲解丰富的企业及产品信息，选听哪一段、重复哪一段、跳过哪一段都随心所欲；如果对某一产品有特殊的兴趣，观众可以方便地搜索相关产品的资讯，马上下载有关的资料，可以从不同角度和距离审视产品，甚至"试用"。在这里，观众的视线通行无阻，作为一个观众的真正权利可以获得最大限度的实现。

（3）舒适的参观环境、有序的参观路线，带来最佳的参观效果

以往展会上过分喧哗、拥挤、环境脏乱的情况绝不会在网上的虚拟世界中出现，观众再不用担心除了人挤人什么也看不清楚的尴尬场面。每个观众都可以选择自己专有的导游，随时提供感兴趣的信息资料。如果观众不愿重复以往那种"迷宫式"的参观体验，虚拟展会更会为观众提供向导服务，选择最优的参观路线。

（4）智能化的服务使客户可以实时参与电子交流、交易

便捷的搜索引擎几秒钟之内就可找到所需的产品；网络打印机还可以为你打印出图文资料；如果想与其他参观者进行在线交流，也可以随时互送信息；如果决定进行交易，也可以轻点鼠标立刻执行，还有多种安全可靠的电子付款方式可以选择。而且，这些服务都可以随时进行切换，在使用完毕后，可以立刻恢复到参观模式。

4. 展会电子商务对组展单位的作用

（1）提高工作效率

电子商务使得信息能够以最快的速度接收，处理和传输，这不仅简化了信息处理的一些程序，而且提高了信息处理的准确性。网络应用提高展览活动工作效率。组织、参加展览的各个环节上信息收集、传递、处理的电子化和自动化都使展览业务处理效率空前提高。

（2）降低成本，提高竞争力

电子商务应用于展会经营，可以降低展会活动的业务费用，提高展会企业的市场竞争力和经济效益，这主要体现在两方面：一方面，电子商务直接在网上进行交易，从而降低了传统展会交易过程中的单据费用，提高了效率；另一方面，电子商务深入到展会活动的组织、交易

和广告宣传等中间环节中,从而减少了展会企业在这方面的费用,带来了经济效益。

（3）提供更有成效的展会服务

利用因特网进行展会服务,这样做不仅可以省钱,还可节省大量的劳动力支出。网上展会可以解决传统展会的时空限制问题,组展者、参展商、观众之间的联络手段从传统的高收费的电话、传真、信件中解放出来,使得业务费用降低;网络应用使得展览项目宣传更为广泛,组展者、参展商和观众可获得比以往更为丰富、深入的信息资料,从而避免选择项目时的盲目性及由此带来的经济损失。可见,电子商务服务于展会活动,可以为组展者、参展商、观众提供更加有效和周到的服务。

（4）优化展会行业的管理,有效树立展会企业形象

网络展会可将展会信息及时向外界发布,使得展会的组织和事务处理过程更加标准化和有效化,有利于展会活动的组织和管理。同时,网络组织的展会活动可对各种反馈回来的信息及时处理,以调整展会活动各项组织的策略,能及时对业务变化作出反应,从而为展会企业的有效管理提供了一个科学化发展的平台,有利于企业树立良好的市场形象。

（5）促进展览业的全球化、国际化发展

网络使得展览项目、组织机构的对外宣传面向全世界进行,展览信息从定向发布走向非定向发布,对展览会的宣传挣脱了地理位置的束缚。网上展会使得展览业的国际范围内竞争成为活生生的现实。

四、展会电子商务的特点

1. 作为展会的特点

本质意义上说,展会的首要作用是传播信息,网络技术对信息和数据的传递、交换和处理等会提供极大方便。展会属于商务活动,网上展会则是将展会商务活动的电子化。结合电子商务技术的展会,继承了传统展会信息高度集中,联系面广、全方位展示、创新性强的特点。信息的高度集中,指会将不同参展企业的各种展品在相对集中的时间内聚集到同一地点向大量的观众展示,提供广泛交流信息的平台。展会运用的展示方法,是感官的、立体的、全方位的,观众可以通过各种感官接触,对展品进行深入了解。创新性强,不仅指单独一次展会中参展商可能遇到新的潜在买家,观众会遇到新的提供商、产品和服务,也指不同展会或同一展会的不同届次,都追求特点鲜明,与时俱进。

2. 作为新的商务模式的特点

展览活动大多是以盈利为目的,展览组织者在运作过程中采用网络技术,具有节约、高效、快捷、方便等优点,有助于实现利润最大化。如今的电子商务展会已经具备了一些传统展会所不具备的功能和手段,不再仅仅是传统展会的宣传手段,而是日益成为一个新的展会

形式。网上展会作为传统展会的发展和延伸，将传统的商务流程电子化、数字化，它与传统的实物展会相比，又具有表 8-1 所示的新特点。

表 8-1　网上展会与传统展会

	网上展会	传统展会
组展手段	网上发布信息为主，辅以在其他媒介上进行广泛宣传	以文件、传真、电话电子邮件和互联网络
信息发布	非定向，范围广	定向发布，范围有限
展出场所	网络虚拟空间	现实展馆
展出手段	展示文字、图片、声音、动画等，通过逻辑说理宣传企业形象和产品形象	展示实实在在的产品，以直观形象对外宣传
参展费用	网上参展费。费用相对很低	展位费、展品运输费、场馆租金、施工费用、人员费用。费用较高，且有逐年上升的趋势
展期	可以固定展期，也可无限期	固定展期
观众范围	世界各地网民	一定区域、专业人士
观众搜寻目标展商的方式	网络检索	现场观摩
交流方式	电子邮件、网上聊天室磋商	提供面对面交流机会
契约方式	依电子文件、电子签章订约	凭书证材料订契

（1）社会效益

由于资金、管理、场馆建设、参展企业数量等因素的影响，大量展会的社会效益并未完全实现。我们仍然看到一些不够"专业"的展览，一些不上档次的展览，一些不够规模的展览，和一些人满为患、垃圾遍地的展览。在这样的情况下，展览所应产生的社会效益大打折扣。人们花费了大量的精力、时间和金钱，本以为可以在物质之外获得一次精神享受，结果却只是坐井观天，既开阔不了眼界，又无法对展会的内容形成清晰的概念。而网上的虚拟展会则可以充分调动各种展品资源，从数量上和质量上都可以给予保证，有些暂时无法到会的展品也可以先行展出，以开阔人们的眼界，并与参展品形成比较，为下一次同类展会的举办提供资源和借鉴。

（2）经济效益

展会可以为城市的经济发展提供动力，而很多城市目前的展馆数量和规模仍然无法满足现实的需要。比如浙江省拥有专业展馆 25 所，没有一座超过 10 万平方米，其中 2/3 以上的场馆设施陈旧，必须的计算机网络系统以及现代技术手段应用不足，许多先进优质的场馆超负荷运转，一些可望发展成为品牌的展览因此而不得不降低办展规格，极大地制约了区域性展会业的发展。同时，如果为了在短期迎合展会业发展的需要，匆忙建设一批超大型展馆，导致前期论证不足，后期应用不当，则是一种严重的资源浪费。相比之下，网上展会则可以大大减少资源投入上的限制,开源节流,实现资源优化配置,为现实展馆建设赢取充分论证的时间,更大地提高经济效益。另外,对于那些目前无法预料展会效果、或者已有意向,但缺乏实施条件的展会,可以考虑先由网络虚拟展馆接办,不仅可以满足浏览者一睹为快的心理,还可以为市场激发潜在需求,主办方也可借此机会吸取经验、积蓄力量,为以后正式开办做足准备。

第二节 展会电子商务的模式和要素体系

一、展会电子商务的模式

一般意义的电子商务,按照交易所涉及的对象可以分为3种模式:企业对企业(B2B)、企业对消费者(B2C)、企业对政府(B2G)。具体到展会活动,它涉及组展机构、参展商和观展者三方。其中组展机构可能是政府,也可能是专业展会公司,因此展会电子商务主要表现为以下4种模式。

1. 展会企业对展会企业的电子商务(B2B)

这里的展会企业包括专业展览公司及展会场馆。展会企业间通过网络信息手段实现相互之间一对一或一对多的合作交流,开展商务合作。它的功能在于促进展会企业之间的信息交流,开展网络合作,共同搭建网上展会平台,为广大参展商和观展者提供更加广泛、全面、权威的展会咨询,并在此基础上结合相应的展会在线商务往来、交易管理等需求,设计并构架相应的、符合目的的运营模式。

2. 展会企业对参展客户的电子商务(B2E)

这里B2E(business to enterprise)中的B指组展的展会企业的活动,E指参展的各类企业客户。展会企业对参展客户的电子商务是展会企业通过网络发布展会信息,提供专业服务,宣传吸引目标企业客户上网参展的在线营销活动。它的功能在于通过网络向各类产品运营商提供一个便捷的网上展览和促销环境,创造突破时空限制、形象化的展示产品的途径,提供专业权威的展会咨询,从而促进产品销售;同时利用网络开展一对一营销,尽可能多地吸引和招徕参展企业,为观展者提供广泛的选择。

3. 参展企业对交易商的电子商务(E2C)

这里E2C(enterprise to consumer)中的C指上网的观展者,即展会产品交易商。参展企业对交易商的电子商务就是通常所指的互联网销售和互联网购物,是一种利用互联网推销参展企业产品和提供服务的销售模式。它的功能在于通过 Internet 向产品交易商中的网络用户提供一个便捷的网上购物环境——丰富全面的展品信息、专业权威的使用咨询、个性定制的产品设计等,通过交流促进交易上作出购买决策,同时具有电子支付功能,可以实现网上购买。

4. 展会企业对政府的电子商务(B2G)

这里的展会企业主要指承办展会的专业展会公司。展会企业对政府的电子商务是指当展会由政府主办、企业承办时,展会企业与政府之间进行的电子商务活动。例如,政府将拟举办的展会活动在互联网上公布,通过网上竞标方式选择展会承办企业。它的功能在于通过网络的公开信息发布与反馈,一方面增强政府办展的公开性和透明度;另一方面政府随时随地了解承办企业的办展状况,加强对展会电子商务活动的有效监管。

二、展会电子商务的要素体系

组成展会电子商务的要素是复杂的,它们相互联系,共同构成了展会电子商务的体系。按不同层次,展会电子商务要素体系分为环境支撑体系、主体服务体系和基础设施体系,其关系如图 8-2 所示。

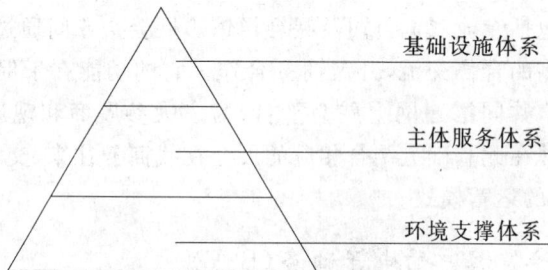

图 8-2　展会电子商务要素体系

1. 展会电子商务的环境支撑体系

环境支撑体系,主要包括展会电子商务涉及的社会环境、技术环境、经济环境、法律环境等。社会环境指社会对开展展会电子商务的认知程度、社会教育水平及展会电子商务活动的适应程度等。技术环境指开展展会电子商务相关的所有计算机软硬件技术、网络技术、布展和艺术设计技术等的发展程度。经济环境指宏观经济的发展趋势、国家的经济政策导向、工商企业的参与情况等对展会电子商务开展具有重要影响的经济因素的集合。法律环境指展会电子商务活动涉及的各种法律法规。所有这些因素,共同构成了展会电子商务最基本的环境支撑体系。

2. 展会电子商务的主体服务体系

该体系包括会展机构、产品消费者、物流配送、金融服务机构等。

会展机构主要指展会的主办方或承办方，一般可以为专业展会公司或政府相关部门，例如 Cebit 展会由汉诺威展览公司主办，每次展会因时间地点等的不同选择一个或多个承办方；而中国的广交会由我国商务部和广东省人民政府共同主办，由中国对外贸易中心承办。值得一提的是，专业网站运营商在网上展会中的角色日益重要，它们也成为了网上展会的重要机构。

物流配送和金融机构提供的服务对网上展会的开展具有重要的作用。企业参加网上展会，想要达成实际交易，对于绝大部分的产品，都需要物流配送服务的支持，这类服务在企业参展乃至达成交易的过程中都是必须考虑的因素。而金融机构能否提供安全便捷的金融服务，也对网上参展的最终结果，具有决定作用。

产品消费者顾名思义，是企业参加展会，尤其是消费展的最终目标。网上展会的产品消费者，除了具有传统意义上的追求低价优质产品和服务的特点，还具有其独特性。比如这类消费者大多熟悉网络工作和消费环境、有较高的教育背景、消费水平相对较高、平均年龄较低等，这在主办和参加网上展会时，都是需要考虑的因素。

3. 展会电子商务的基础设施体系

展会电子商务的基础设施体系主要指展会电子商务的网络服务平台。比较完备的网络服务平台，由网络系统、管理信息系统和电子商务站点组成。会展机构应用的网络系统可以分为内部网、外部网和互联网，它们共同构成展会内外信息传输的媒介。管理信息系统是信息加工、处理、存储的工具，通常包括营销管理系统、内部流程管理系统、财务和人力资源管理系统等子系统，展会机构可以通过它来实现内部管理的信息化。电子商务站点指在 Intranet 上建设的具有信息服务或营销功能的，能链接到 Internet 上的站点，它是展会信息的窗口。

第三节　企业网上展会参展实务

随着网上展会的迅速发展，它在商贸活动中发挥的作用越来越重要，影响越来越广泛。顺应这种趋势，企业应该尽快了解这一新的贸易交流形势，有选择的参与网上展会，为企业的发展和商业目标的实现开辟更广阔的空间。如前所述，网上展会目前常作为传统展会的延伸和补充而出现，又具有不同于传统展会的特点，因此企业在参与网上展会时，也应结合传统展会的参展经验，把握网上展会的新特性和新要求，以求取得最佳效果。本节就将结合企业参与网上展会的流程,从新老结合的角度对企业参与网上展会的实务作一般性介绍。

一、参展前对相关展会信息的获取

随着展会行业的发展,各种展会层出不穷,而企业获取展会信息的来源也多种多样。这些来源,总体上可分为两类:第一手信息和第二手信息。

第一手信息指企业通过亲身考察或体验获得的展会信息。可以是企业自身参展后对某一展会的感受,也可以是仅作为观众参与展会而近距离取得的对展会的真实了解。具体到网上展会,则可以是企业通过参展或参观,得出对该网上展会定位、宣传、信息服务、技术支持、实际效果等各方面的主观判断。充分利用计算机网络技术的网上展会,也尽可能地为企业收集第一手信息提供便利。有的展会网站提供游客参观功能,对展出的操作、效果提供示范,可以使企业免去相对烦琐的注册过程,在最短的时间内获取参展的必要信息。也有的网站提供免费注册服务项目,开放部分功能,满足参展基本需要,而封闭向收费用户提供的更有价值的服务功能,这种做法实际是提供更多展示,吸引企业进一步采用全套服务项目参展。亲自参加展会获得的信息,能为企业以后是否参加该展会提供重要的参考。第一手信息具有可靠性高,针对性强,但成本相对较高的特点,企业应权衡自身需要和能力,做合理力度的收集。

第二手信息是通过媒体宣传、企业间交流、研究调查资料等途径获得的信息。企业可以从国际组织(如国际展览联盟 UFI)、商会、国家相关机构处获取展会信息,从中了解展会的政策导向、权威评价及其他公司的参展情况等。企业也可以关注展会或媒体发出的宣传资料和调查报告,从多角度了解展会的自身定位、社会评价等信息。还可以寻找曾经参加过上届展览的企业或个人,访问他们对展会的看法。除了上述较为传统的方式,网上展会更便于采取结合网络技术的信息传递手段。比如展会通过网络媒体作出宣传,首先运用网上展示技术展现展会本身,提供能够直接到达网上展会某一部分的链接;也有的网上展会开展前通过发送邮件的方式向客户宣传,同样提供展示或链接;更值得一提的是随着展会业的发展,网上逐渐出现了专业提供展会信息服务的第三方服务商,企业可以通过浏览这种服务商的网页或者订阅自身所需的展会信息。这些方法都使得第二手信息范围广、成本较低的特点得到加强。当然,企业也应对这些第二手信息的质量作出判断,慎重选用。

二、企业参加网上展会的选择

在展会经济日益繁荣的今天,企业经常会面对各种形式传达的展会信息,尤其在互联网上,能够搜索到的各种展会更是多如牛毛。可是,企业关注或者参与所有看似相关的展会,是不可能也不必要的。对于结合电子商务技术的网上展会,企业应该如何做出选择呢?

首先,企业要对自身参展的目标做出明确设定。企业的参展目标,可以做如表 8-2 的分类。结合这些目标,企业选择展会参展的目标可以分为两类:具体要求和普遍规律。具体要求指参展企业所处的环境和条件,制定展出目标前的要求(包括发展战略、市场条件和展会情况)以及以往的展出情况;普遍规律,主要指企业要遵循的市场规律和经营原则。

表 8-2　参展目标分类

基本目标	A. 了解新市场　B. 寻找贸易机会　C. 交流经验　D. 了解发展趋势　E. 了解竞争状况　F. 检验自身竞争力　G. 公司所处行业的状况　H. 寻求合作机会　I. 相信市场介绍本公司和产品
宣传目标	A. 建立个人关系　B. 提升公司形象　C. 了解客户需要　D. 收集市场信息　E. 加强与新闻媒介的关系　F. 接触新客户　G. 了解客户情况　H. 挖掘现有客户的潜力　I. 训练职员调研及推想技术
价格目标	A. 试探定价余地　B. 将产品和服务推向市场
销售目标	A. 扩大销售网络　B. 寻找新代理　C. 测试减少贸易层次的效果
产品目标	A. 推出新产品　B. 介绍新发明　C. 了解新产品推销的成果　D. 了解市场对产品系列的接受程度　E. 扩大产品系列

　　明确了参展目标,企业需对内外部各种因素充分考虑,进行客观分析,确定在这些因素作用下参展的利弊。需要考虑的因素主要有:

1. 产品因素

　　一方面要考虑产品生命周期,一般来说,越是处于产品生命周期前段的产品,参展效用越大。另一方面要考虑产品特性,网上展会与传统展会在这点上区别较大,对于难以用平面乃至立体多媒体技术充分描述展示的产品,即使参与网上展会,还是离不开传统展示方式的支持,而对于通过网上展示便可以提供比较充分信息的产品,参与纯粹的网上展会便可以取得较好效果。

2. 企业状况

　　企业状况涉及的因素比较复杂,主要包括经营状况、营销策略、内部资源等。考虑企业经营状况,如果企业发展潜力巨大,急需争取市场份额,频繁参展将是好的选择,而维持型企业和衰退型企业的参展力度依次降低。企业营销策略方面,应通盘考虑整个营销策略,包括定价、渠道、促销、广告等各种营销方式与参展的有效组合,互补互促,以展开全方位立体营销。企业内部资源也是必须考虑的因素。财力方面,由于通常情况下为达到相同效果,如果更多开展展会电子商务,能够节约开支,而节约出的开支是用于参与更多的网上展会,还是用于其他营销形式,或者用于其他如研发等方面的投入,则需要企业做出合理判断。人力方面,由于展会电子商务的开展对人才的要求更高,要具备营销、计算机等多方面的知识和经验,企业必须考虑是否派出足够的人力进行此项活动,如果人员素质和数量达不到要求,参展效果会大打折扣。而如果人才储备充足,员工积极性高,则可选择开展更多展会电子商务活动。

3. 目标市场状况

不同的企业,不同的产品,不同的展会,面向的目标市场都有区别,因此企业在选择网上展会之前,需充分考虑企业目标、产品特点、具体展会特点与目标市场的契合程度。首先要了解目标市场的进入限制,包括人为限制的国家贸易、技术相关政策,非人为的自然条件限制等,以免即使突破地域限制,交流信息取得意向一致也不能达成实质交易。还要了解市场竞争情况,合理开展展会电子商务会对企业竞争力产生提升,对于竞争对手也是如此,因此如果目标市场的主要有力竞争对手也已充分利用展会电子商务手段,意味着这一市场竞争激烈程度进一步加大和利润率的进一步降低,企业就需将精力注重在其他方面竞争力的提升上,或者可以考虑放弃这一市场。

4. 具体展会的情况

(1) 要了解展会的性质

按照性质不同展会可以分为贸易展、消费展、综合展,网上展会也按种种标准来划分。企业如需交流贸易信息,洽谈商业合作,则贸易展更为适合;如需直接面向消费者展示,则消费展更为适合;如愿兼顾上述二者,则参加综合展或许可以达到目的。

(2) 要了解展会的内容

随着网上展会的发展,其专业化程度也会不断提高,展出的内容则会更为具体细分。比如同样有关计算机的展会,有的侧重于大型系统,有的侧重个人电脑,甚至可能具体到某一类软件,企业必须事先了解清楚,否则参展可能会失去意义。

(3) 考虑展会提供的服务

对于网上展会,应更注重其结合电子商务技术为参展商和观众提供的服务质量,这既是决定网上展会吸引力的重要因素,也是决定企业参展效果的重要因素。企业最好预先亲自体验展会的各项服务,包括网络通畅程度、个性化全方位虚拟展示的技术支持、网上洽谈和交易的技术支持、周边服务的质量等,有经验的企业可以据此判断出展览的效果。

(4) 关注展会知名度和主办方的实力

这虽然不是决定性因素,但绝对是重要的参考。展会的知名度,证明了其被认可的程度,也就证明了某方面的优势程度,参加知名度高的展会,或许成本相对较高,但也会取得更好的回报。网上展会处于起步阶段,企业可以注意其依附的传统展会的情况。比如国外知名的汉诺威工业展览会(Cebit),国内著名的中国出口商品交易会(广交会),这些传统的大展会,目前也提供了相对成熟的电子商务服务,甚至开辟了网上展会,是企业的较佳选择。

展会主办方对展会的宣传,也是对参展企业的间接宣传。因此宣传力度大、效果好的展会,将获得企业的青睐。同时,对展会主办方的实力也要做出了解,尤其在各种网上展会名目繁多的情况下,不要被展会名称等表面现象迷惑,很大程度上主办方的实力和以往办展效果决定了展会目标的实现。

（5）展会的时间和地点

这一点虽然是网上展会力求突破的重点,但在目前,网上展会多依附于传统展会,因此依然存在展出时间和参展商及观众集中的高峰期和平淡期,企业还是需要对此情况做充分了解,结合产品特性,做出合适参加某次展会的决定。

（6）参展费用

对于网上展会,应详细了解注册费用、各项技术支持的费用、信息服务费用等各项相关费用,结合与其参展效果,做出所谓性能价格比的评估,以便根据企业财务状况做出是否参展,参展后做多大投入的决定。

三、电子化展示与实体展示的结合

参加网上展会进行的电子化展示,在技术基础和表现形式上与网上第三方市场等的展示基本是相同的。网上展会电子化展示的特点在于,当前的网上展会更多的是采取与实物展会相结合的方式,这就对企业的展示设计,提出了新的要求。实体展示的优点在于更为直观、立体和全面,但缺点在于容量有限,展出时间有限;而电子化展示的优点在于不受时间和空间限制,观众可以分别独享全部展示内容。因此,当电子化展示与实体展示结合进行时,要将实体展示的重点放在加强直观感受的刺激,尽可能提供全面而真实的信息,优化观展环境等这些方面;而电子化展示可以更侧重浏览的便利性和展示中模拟现实的真实程度等方面的加强。这样做,一方面可以把大量的观众吸引到网上展会,扩大展示的受众范围,同时也对参加实物展的观众进行了筛选,提高了更可能达成交易的实物展会的客户质量。

四、参展期间的贸易沟通与交流

参展期间的贸易沟通与交流,把企业的参展活动推向高潮,这个阶段是最为重要的信息交流、商业洽谈乃至交易达成的阶段,也自然是企业一贯最为重视的阶段。企业网上参展,是传统参展的衍生和发展,电子商务技术为参展期间的贸易沟通和交流提供了新的途径。

说起网上交流,大多数人首先会想到电子邮件、点对点信息发送平台等形式,这些信息技术提供的新功能已经被广泛接受和使用,与传统商务活动紧密结合起来,当然,也成为网上展会上企业信息交流的重要途径。

目前,还有的网上展会主办方提供网上洽谈平台,这等于是把现实的商务交流过程投映到虚拟环境,是网上展会新的交流途径的典型代表。以国内这方面比较优秀的在线广交会为例,它提供的在线洽谈服务,包括创建新的洽谈主题,选择会议的开始与结束的时间,确认会议主题,洽谈邀请,讲演文档上传,确定洽谈人员,一对一视音频洽谈,多方视音频洽谈(多方网络视频音频会议),实时文字交流,在线文档编写,共享白板(在白板上所编辑的信息内容,可同时传送并显示在所有参加洽谈者客户端),共享讲稿,洽谈记录保存等丰富的功能。类似这些服务,达到了尽可能接近传统面对面形式洽谈的效果。企业参加网上展会,本身就带有突破地域限制的目的,如果能充分利用这类服务,将能进一步节约商务人员差旅、宴请等费用,提高商谈效率。当然,企业围绕其商业目标开展公关、洽谈的手段和形式是多种多样的,单纯的网上洽谈等活动,并不能满足企业的全部需要。企业综合考虑对交流目的的把握,对交流对象的熟悉和信任程度等各项因素,在合适的条件下利用网上洽谈这类的展会电子商务功能,才能达到最佳效果。

五、参展的后续工作

参展后续工作包括参展总结、客户关系管理等,这些工作是企业参展活动的延续,也对参展的最后结果具有至关重要的作用。据美国的两项调查表明,如果在展览会闭幕后继续与新建立关系的客户联系,企业的销售额可以增加2/3。美国著名展览专家艾伦·可诺派奇博士建议,参展商应考虑将预算的15%~20%用于后续工作,并在备展时就计划后续工作,而不是在展览会闭幕后才考虑这项工作。参展的后续工作主要有:

1. 对参展效果的评估

对于参加网上展会,企业的目的更多的是持续展示和交流,那么就需要企业坚持进行阶段性的总结,才能准确把握参展效果,总结经验,发现问题,做出如何开展之后的展会电子商务活动的判断。

对参展效果的评估,应建立相应的评估指标体系。具体评估指标包括展品选择、展示设计、人员配备、宣传效果、参展成本、观众情况等单项工作指标,也包括销售额、单位投入产出比、利润额和利润率等综合指标。在实际评估工作中,企业应根据自身需要和条件,选取最能说明情况的指标合理搭配,以求准确有效的展现参展效果。

对参展做出合理评估后,企业须对自身参展策略做出相应调整。参展效果好于预计,且有较大提升空间,则可适当加大投入;参展效果达不到预计水平,则需分析问题所在:若是企业自身参展工作不到位,应采取相应措施改进,比如重新定位、加强管理、更换人员等;若是展会本身的不足造成目标难以实现,则应考虑退出该项展会。

2. 对市场情况的分析

市场情况,主要指供求情况、竞争情况、市场前景等。企业获取此类信息是参加展会的重要目的。参展期间,企业应注意通过与客户及同行企业的广泛交流,通过留心各种相关展出，收集信息，从上述方面作出对市场情况的判断，以便准确定位，确定合理的经营战略，必要时调整战略和目标，以适应市场要求。

由于网上展会在时间和地域上的突破，企业更应主动安排市场分析工作。成熟的企业应熟练应用展会电子商务技术，利用网上展会提供的便利，在虚拟环境中准确把握现实市场。比如开展网上问卷调查、分类搜索、订阅信息服务等，都是企业获取市场信息的绝佳途径。企业通过各种方法从网上展会参展获取的市场信息，应及时回馈，用于企业制定营销各个环节策略时的重要参考。

3. 客户关系管理

会展产业和客户关系管理都是新经济时代的产物，二者的结合也正反映了经济发展的趋势。作为一种新兴产业的要素，会展企业有其自身的特点，这些特点决定了它必须选择与之相适应的管理思想和管理方法。

企业参加网上展会，也会产生不同于以往的客户关系管理工作。首先，对参展期间做出的承诺作出处理，这是比较硬性的工作。随着会展企业向集团化、品牌化、国际化、信息化的方向发展，会展客户（参展商和专业观众）与会展企业的关系也将更为复杂，客户的个性化要求也将越来越多。许多客户会提出索取资料、样品、报价等要求不能当即实现，或者客户的问题没有当即作出满意答复，都要细心记录，展后尽力兑现。其次，展后联系客户，是弹性较大却对与企业经营好坏密切相关的工作。向客户发出感谢信是借助展会提升企业形象的良好手段，是在展后工作中不可忽略的环节。除此之外，企业可以考虑定期向现有或潜在客户发送资料，使其了解企业及产品近况，加深印象。也可以通过电话、电子邮件、传真乃至登门访问等方式与客户保持联系，但要注意频率和时机的选择。还可以开展广告、客户活动等公关活动，通过持续的投入换取客户的青睐。所有这些，都来自于对参展获得的客户资源的持续管理。

展后客户关系管理，既是参展工作的延续和收尾，也是为之后参展做的铺垫和准备。通过参展收集客户信息，制定客户方案，实现互动反馈，评估客户关系绩效，为以后参展制定新的客户目标，企业应把这一系列工作紧密结合，形成参展客户关系管理的良性循环流程，才能实现参展效用的最大化。

本章小结

本章介绍了电子商务展会的基本概念。让学员了解了电子展会的功能、作用和特点；探讨了有关电子展会的运行模式和基本要素体系。对于企业的经营，最重要的是如何把握电子展会的发展和趋势，有效地利用电子展会所提供的机会进入专业化的行业市场，为企业的经营目标服务。

重要概念

电子展会   展会电子商务的模式
展会电子商务的要素体系

同步测练

1. 结合本章的学习,思考什么是展会电子商务,它的前提是什么,它的主要内容有哪些?

2. 展会电子商务的功能和作用体现在哪些方面? 展会电子商务的特点是什么?

3. 展会电子商务有哪些模式? 它的要素体系构成是怎样的?

4. 在条件允许的情况下,尝试参与网上展会,结合本章介绍的知识,熟悉网上展会的参展流程,尽可能多地了解展会电子商务的各项活动。

C 第九章

无 纸 贸 易

学 习 目 标

电子商务对国际贸易产生的影响主要反映在国际贸易的流程发生变化。无纸贸易是国际贸易过程与电子商务、电子政务相结合的产物。它是充分利用技术进步的手段和方法,尤其是 IT 技术,完成纸面单证体系向电子单证体系变革,实现提高贸易效率、降低贸易成本。本章将介绍有关无纸贸易的基本概念及运行模式。本章要求读者了解无纸贸易的流程,理解无纸贸易的发展前景。

重 点 难 点 提 示

- 无纸贸易的基本概念
- EDI 系统
- 无纸贸易的流程
- 无纸贸易的发展前景

第一节　无纸贸易的基本概念及运行模式

一、无纸贸易的基本概念

无纸贸易至今尚无统一公认的定义,但通常"无纸贸易"(paperless trading)可以被理解为是以电子形式进行贸易数据交换的活动。它指在贸易链各个参与方间(供应商、采购商、海关、行政机构、银行、物流公司等)利用信息技术手段,实现参与方应用系统间标准化的业务数据传输和处理,以完成贸易活动中的交易全过程。

在实践中,无纸贸易也有狭义与广义之分。狭义的无纸贸易指的就是电子数据交换,这主要是从技术实现手段的角度来看的。其主要的含义就是贸易双方运用网络技术手段来传输商业单证和各种商业数据,以便在交易伙伴间完成交易的全部过程。其核心的内容是技术和商业数据的标准化问题。

广义理解的无纸贸易不仅指的是商业数据交换本身,而是要包括与商业数据交换相关的主体和环境因素。它还包括企业,中间增值服务机构,政府机构等围绕企业的进出口行为所进行商业数据的从计算机到计算机的传输的行为。

无纸贸易应该属于电子商务的一部分。无纸贸易反映的是电子商务在国际贸易领域的具体应用,而且强调在进出口商成交后,为了完成履约程序在进出口商之间,以及与国内外贸易服务机构、政府机构等进行的商业数据,特别是商业单证的传输过程。

二、无纸贸易的运行模式

1. 点对点模式

点对点模式(point to point)指的是贸易双方,或者进出口一方与相关的贸易服务方之间进行的一对一的电子数据交换。这种方式的电子数据交换只是在双方之间进行数据共享。通常也没有经过第三方认证机构对数据传输进行认证。传递商业数据的双方最主要的目的就是进行数据的共享。这是最早的电子数据交换模式。一般在市场增值网络服务不发达的情况下传递电子商业数据的方式。此种模式,由于没有第三方的参与,一旦出现数据交换的纠纷,不太容易确定双方的责任归属。

2. 外联网模式

外联网模式(extranet)指的是企业基于其与外界各方当事人之间(包括贸易伙伴和贸易服务商等)的商业往来所实施的一对多的电子商业数据交换。通常都是大的企业才有实力建立自己的外联网模式,让与之配套的供应商、下游的经销商、物流服务商、银行等进行数据交换。通常如果大企业的供应链比较长,此种模式可以让大企业取得整合资源的优势。此模式是以大企业和供应链为核心的无纸贸易运行模式。许多发达国家的大跨国公司基本上都是走这种模式。

3. 增值网络模式

增值网络模式(value added network)是在社会网络增值服务体系比较健全的情况下,全社会的商业数字交换有效整合的结果。此种模式通常是在政府的推动下,建立一家或者若干家统一标准的增值网络服务机构。无论是大企业还是小企业都可以利用增值网络服务机构进行有效的电子商业数据交换。这一运行模式强调的是无纸贸易的社会效益,特别是为中小企业参与国际贸易,进行电子数据交换提供了非常重要的手段。许多新兴的发展中国家和地区,如新加坡、韩国、中国台湾和中国香港等都是走这个模式。

4. 单一窗口模式

单一窗口模式(single window system)指的是企业在与不同的贸易伙伴和不同的贸易相关方进行数据交换,不需分别一对一进行数据交换,而是通过单一的数据交换渠道就可以完成所有的数据传输的无纸贸易运行模式。该模式是将企业外联网模式的优势与增值网络模式的优势结合起来,效益最高的无纸贸易模式。单一窗口模式是跨国界无纸贸易流程整合的最终目标,也是目前 APEC 所提倡的无纸贸易发展目标。这个目标的实现需要国内各相关部门和国际间的有效协调。

第二节　无纸贸易的流程

电子商务仅是无纸贸易活动的外在表现形式,而贸易链全过程的无纸化才是其本质和核心。

贸易链从订货开始,然后是运输,最后是货款支付。详细说来,国际贸易链包括购买(购货/备货),主要参与方为进口商、出口商、保险公司、商务管理机构、进口/出口代理、许可代理、其他中介;运输,主要参与方为货运代理、输运人、承运人、其他中介;通关,主要参与方为海关、健康检验机构、港口管理机构、其他中介;以及结算,主要参与方为银行、外汇管理机构、其他中介。整个贸易环节不仅涉及物流、资金流、信息流,同时关系多个参与方和作业环节。针对不同商品和交货方式,每一个环节下都有很多具体的、不同的程序和处理的单证,使得贸易过程变得非常复杂。

在所有上述环节里,有些是市场环节,有些属于非市场环节,如海关,政府等就属于非市场环节,但其作用却非常突出,政府的角色、效率和立法司法水平直接关系着这些非市场环节的运作效率。对于市场环节,如运输没有涉及政府,这些环节的无纸贸易实施通常不是政府的任务,即使这样,政府有些时候也要对一些规则和程序进行协调和标准化管理。因此,对于那些非市场环节下的无纸化来说,如果没有政府部门的参与和支持,为其营造良好的公共服务环境,必将制约无纸贸易的发展。可以讲,无纸贸易是上述国际贸易过程与电子商务、电子政务相结合的产物。它是充分利用技术进步的手段和方法,尤其是 IT 技术,完成纸面单证体系向电子单证体系变革,实现提高贸易效率、降低贸易成本的目标。

从无纸贸易的机理和运作过程而言,贸易活动涵盖物流、资金流、信息流,以及通过信息技术手段实现流通过程中各个环节相互配合的业务协同。

一、无纸贸易在购买环节的应用

20 世纪 60 年代末,西欧和北美的一些大企业用电子方式进行数据、表格等信息的交换,两个贸易伙伴之间依靠计算机直接通信传递具有特定内容的商业文件,这就是所谓的电子数据交换。后来,一些工业集团开发出用于采购、运输和财务应用的标准,但这些标准仅限于工业界内的贸易,如生产企业的 EDI 系统,收到订单后,会自动进行处理,检查订单是否符合要求,向订货方发出确认报文,通知企业内部管理系统安排生产,向零配件供应商订购零配件,向交通运输部门预定货运集装箱,到海关、商检部门办理出口手续,通知银行结算并开 EDI 发票,从而使整个订货、生产、销售过程贯穿起来,从而形成生产者内部网络市场的雏形。

20 世纪 70 年代以来,美国认可标准委员会陆续制定了许多有关 EDI 的美国国家标准。80 年代,计算机辅助设计、辅助工程技术和辅助制造系统的广泛应用,使工程师、设计师和技术员得以通过公司内部通信网传送设计图纸、技术说明和文件。当时,由于 Internet 还没有普及,大多数企业,甚至使用 EDI 的企业也没有意识到该网络的威力,仍然主要依赖传真和电话方式与其他企业进行联络和沟通。由于 EDI 在传送过程中不需要再输入,因而出错率几乎为零,大大节约了时间和经费(可节约企业采购成本的 5%~10%)。例如,福特公司有效降低采购成本,将 3 万多家供应商资料放在网上,福特公司每年 800 亿美金的交易通过网上进行,可降低成本 20%,网上全部交易总额已达 3 000 亿美金;通用汽车主要用于降低采购成本,降幅 20%,跟踪全球供应商,挑选性能价格比最佳的产品,保持对交易全过程的监控。

1996 年 2 月,我国外经部成立了国际贸易 EDI 中心,即现在的中国国际电子商务中心。借助于中国电信公用网,中国国际电子商务中心实现了与联合国全球贸易网等国际商务网络的连接,并在全国 33 个城市开通了节点(连网点)。这种先进、高效的贸易方式很快吸引了国内外众多外贸与进出口企业的加入。目前已有 86 000 多家企业加入电子商用网这一最新交易场,包括一些名牌企业如青岛双星、广东华宝、科龙、上海华高、杉杉集团、国成塑料、雅戈尔集团,还有中国包装进出口公司、中国五矿进出口公司、中国工艺品进出口公司等 50 多家企业加入,其运营情况良好。

二、无纸贸易在运输环节的应用

EDI 是无纸贸易的初期应用技术,在航运公司的运用相当普遍,许多大型航运公司都有了各自的 EDI 数据传输系统,主要功能是把舱单 EDI 数据从始发港开始,送到各港口代理以及总部的 EDI 接收系统中去,一般 EDI 接收地在几分钟后就能够收到详细的舱单数据资料,这样就能使得各港代理能够尽快了解情况,做好卸船和交货准备,及时缮制各类单证,为收货人提供最快捷的服务。EDI 技术在此的最大作用就是提高资料传送的速度,并保证了资料的准确送达,而避免了如邮递投递错误等事故,EDI 在这方面的运用已经趋于成熟。随着 Internet 的广泛普及和应用,以及快速产生和发展起来的 XML 技术,为电子商务的发展注入了新的活力,如一直以来需通过费率本、电话或传真来查询的运费,变成了通过 Internet 直接查询和通过电子文件的传送来得到详细的资料。还有在线制作提单、托运单、海关申报单,以及电子支付的手段等。现今国际上一些大的航运公司已经采用了 XML 格式进行电子提单的制作,按照 EDIFACT 规则进行流转和传送。在航运业激烈的竞争环境下,各公司为了生存与发展,都纷纷加入无纸贸易这一领域的竞争圈中。从 EDI 订单的应用到电子提单的推广,从介绍性质网站到具备多种交易功能的强有力网站功能(如 APL、MEARSK、EVERGREEN 等公司),无纸贸易在与航运企业的结合中,提高了企业的运作效率,带来了交易的便利,增强了与客户的沟通,体现了极大的价值。随着大部分发达经济体在海运领域广泛使用无纸贸易技术,纸面运输单证逐步消亡,管理方式发生结构性变革。由国际 EDI 组织制定的各种标准正在成为各贸易伙伴之间共同遵守的依据,甚至在一些国家和行业使用 EDI 进行交易已是贸易伙伴间的唯一交易手段,有些经济体政府机构对不使用 EDI 的行业和企业采取了一定的限制和制裁措施。例如,美国、澳大利亚、新加坡等经济体,相继规定必须使用 EDI 方式报关、靠港装卸等,否则推迟受理和收取高额手续费,船舶延误责任由船东自负。

应该说中国近几年在电子口岸建设方面取得了较大的进步,但仍旧存在很多需要解决的问题。如各主要港口都有自己相对独立的 EDI 中心。尽管各中心都支持 UN/EDIFACT 报文格式,但受地方管制影响,各 EDI 中心还是存在的孤立作业的危险。这就需要一个专门的机构来对各 EDI 中心的发展做出统一的协调。另外,考虑到网络安全问题,海运领域通过互联网的电子资金转账还未得到更广泛的使用。因此,要在国际运输领域构建一个无纸贸易环境,还需要增强国民对电子资金交易的信心。

三、无纸贸易在通关环节的应用

国际贸易链的无纸化应用通常是以通关效率化为主线,以"贸易监管文件传输"为切入点,来发挥政府在推动无纸贸易发展中的主导作用。从世界范围来看,政府通常采取把电子化申报原则化、禁止纸面申报或者对纸面申报收取高额手续费等各项措施来推动电子单证的普及。

海关无纸报关，又称电子通关是指海关与通关对象之间运用 EDI 等电子技术自动交换和处理通关文件，并利用海关计算机应用系统实现网上报关、网上支付、许可证网上核查、联网查验放行以及联网监控，及时、自动地完成整个通关过程。电子通关系统涉及进出口货物报关、审单、征税、放行等通关环节，以及报关行、金融机构、仓储、运输企业和国际贸易行政管理等部门。从世界范围来看，与其他政府部门相比较，海关的电子化进程一直处于领先地位。截至 2004 年，美国海关在其货物报关单中，已有 96％是采用 EDI 方式处理的，其中又有 45％实现了无纸通关，而电子征税（通过 ACH 系统向贸易商征收关税）已占总数的 91.11％。为了有效限制美国以外国家的纺织品冲击国内市场，美国海关与新加坡、中国等有关部门联网，以 EDI 方式交换纺织品配额许可证信息。加拿大海关也开发了与其报关自动化处理系统（CCS）相衔接的 EDI 报关系统，业务范围包括申报、检验、通关、放行、承运、货物数据分类、信息统计、资金转账、关税和国内税的电子支付等。在此基础上加拿大还提出了"海关2000"计划，该计划将贸易磋商过程、海关通关、出入境检验、运输、支付等过程都通过电子手段来完成。目前，加拿大的 EDI 报关量已达 83％。澳大利亚海关采用 EDI 方式处理进出口货物，发展至今已基本上实现了"无纸通关"。2003—2004 年度，澳大利亚 99％以上的进出口货物的海关通关以及货物报告是以电子方式进行的，99％以上的进口货物在 15分钟内完成了其电子通关过程。

四、无纸贸易在结算环节的应用

在金融行业实现无纸化不仅为银行间，银行与企业间，银行与政府部门间带来便利，提高工作效率，还大大减少交易成本。据 OECE 调查，通过网上银行进行交易，其每笔交易的成本从 1.08 美元减少到 0.13 美元。在国际贸易交易中，金融机构发挥了巨大作用，它们担负起贸易过程中与财务相关的方方面面的工作，这在国际结算中尤为明显。贸易结算最常用的方式有信用证结算方式、汇付（TT）和托收结算方式。

以下用三个案例来说明使用电子信用证的应用美国的（TradeCard）、银行与企业 EDI（中国台北 FEDI 系统）、银行与海关 EDI（Krung 泰国银行与海关之间 EDI）的情况，具体分析经济体在金融领域无纸化的应用。

1. 电子信用证的应用

TradeCard 公司是一家位于美国纽约市的电子商务公司。其运作流程包括交易撮合、货物运输、货款支付几个阶段。TradeCard 除提供电子市场撮合契约外，其付款审核单据机制整合 Coface 付款保证机制与 Thomas Cook 汇兑转账机制，建置创新的财务供应链管理（financial supply chain management），整合寻商、订约、付款及运送的信息管理作业，大幅降低贸易文件使用成本。同时，TradeCard 系统将贸易中使用电子文件作为买卖双方履约运送及付款的查核参考,避免了实体交易上贸易文件的使用及其电子化所面临的可能困扰。TradeCard 的业务模式最早是在 1994 年,由世界贸易中心组织(World Trade Centers Association,WTCA)构思出 TradeCard 的概念。2001 年,TradeCard 推出 TradeCard Platform(TradeCard 金融供应链平台),TradeCard 通过与物流、金融机构、保险公司、国际检验机构等合作,构建了一个功能齐全、服务完善的无纸贸易交易平台。贸易双方通过安全的 TradeCard 平台,可以完成从买方下订单、单据核对,到付款给卖方所有与资金流动有关的交易活动。通过安全的网络交易平台,贸易伙伴之间可以实现无纸化交易。同时能够以安全透明的方式管理从订购至结算的购买和财务交易活动流程,从而优化现金流转及信贷限额管理。同时 TradeCard 平台可以提供出口和卖方融资、付款担保、货币流动检查的多种贸易服务。TradeCard 平台的应用,贸易伙伴之间可以实现无纸化贸易,提高效率,降低运营成本。比如,美国加利福尼亚州的旅游鞋生产商 Hi-TecSports 公司,以 OEM 方式委托中国山东的制鞋厂鲁泰公司生产加工。过去,Hi-Tec 每次向供应商鲁泰公司发出采购订单时,都必须到银行开立信用证,开证需要大量的贸易文件。银行再把信用证送到中国供应商所在的银行,这通常需要一周时间。中国当地银行再对这些文件进行审查,并通知供应商发货时就可收到货款。整个交易费时两周,期间 Hi-Tec 的资金已经从账户中划出,但并未同时收到货物。Hi-Tec 采用 TradeCard 平台系统后,采购订单和信用证功能都包含在同一个电子文件中,既节省了受理书面文件的时间,又能让 Hi-Tec 公司掌握货物和货款的动态。TradeCard 用一家信用保险公司 Coface 取代了买卖双方的银行,以确保交易的顺利进行。保险公司向买家收取保费,预先承担了买家的信贷风险,供应商一般只需支付平台的使用费,降低了交易双方的费用。由于信息和资金周转的加快,公司的订货周期缩短,同时融资成本也降低了,定购一双鞋的成本费用节省了 20 美分。

电子信用证的一般程序应包括以下几个基本环节。

(1)买卖双方通过网络互通信息商讨进出口业务,达成协议后,将订单输入 EDI 系统,EDI 系统自动检查订单是否符合要求,自动制作合同并经网络发给进口商,进口商数字签名后再经通信网络传回合同,双方在合同中规定使用信用证方式支付。

(2)进口商通过网络将电子开证申请书递交给开证银行,请银行(开证行)开证。

(3)开证行根据给客户核定的授信额度情况,按申请书的内容,向出口商(受益人)开出信用证,并通过内部作业系统与外部网络系统的接口,将信用证发送给出口人所在地分行或代理行(通知行)。

(4)通知行核对印鉴无误后,将电子信用证转发到出口商的电子邮箱。

(5)出口商收到电子信用证后,EDI 系统自动审核信用证与合同,相符后,再由 EDI 系统自动生成全套单据并通过通信网络传送至各有关部门:运输公司、保险公司、海关及商检机构等,并要求这些机构根据信用证的内容和实际货物的情况出具电子单据。如,提单、保险单、海关发票、质检单等。出口商按照信用证的规定装运货物以后,以上这些机构再通过通信网络把提单交给出口商。出口商将各类电子单据备齐以后,开出电子汇票,通过通信网络送给议付行请求付款。议付行 EDI 系统按照信用证条款审核单据,无误后将货款垫付给出口商。

(6) 议付行将电子汇票货运单据通过电子邮件转发给开证行(或其指定的付款行)索偿。

(7) 开证行核对单据无误后,付款给议付行。

(8) 开证行通知进口人付款赎单。进口商付款后,开证行将各类电子单据转发给进口商,进口商再将电子单据通过网络转发给承运人,换取货物。

2. 银行与企业间的 EDI

许多成员体的银行与企业间的支付活动都能实现无纸化,它们之间进行电子数据交换常用的系统是金融 EDI 系统(FEDI)。在中国台北金融领域中,FEDI 联合中心成立后,金融信息系统中心(FISC)及主要的银行都能够提供增强的、集成的 FEDI 银行服务,如海关支付、企业支付、多家银行间的资金传输及文件。FEDI 联合中心通过工业 EDI VANs(如商业 EDI VAN 及 TRADE-VAN)将买方、卖方、零售商、海关、海关经纪人及他们的贸易合作伙伴连接在一起。在安全控制方面,安装了两套认证系统。一套由 TRADE-VAN 操作,为海关 EDI 系统的用户提供认证服务。另一套由金融信息服务中心(FISC)操作,为商业 EDI 系统及金融 EDI 系统的用户提供认证服务。这两套系统都具有在线认证管理功能,Trade-VAN 采用 KEYMAN 标准而 FISC 采用因特网标准。这套系统正在被广泛应用着。台北金融电子资料交换的业务有以下 5 种:金融 EDI 税费支付系、金融 EDI 税费支付增值系、商业 EDI 电子转账系统、金融 EDI 跨行付款系、金融 EDI 信用证作业系。中国台北 FEDI 系统可带来如下效益:提供银行依市场行销策略,针对不同客户群推广 FEDI 及 EDI 服务;企业用户使用简易且易于推广;易于建置并节省用户端建置成本;符合企业用户稽核管理机制;确定交易内容的完整性、不可否认性、传输隐秘性及身份识别性。

另外,大通曼哈顿银行与阿尔特拉马戴蒙德沙姆罗克公司合作开发网上 FEDI 系统。全部的 FEDI 支付过程,从请求支付到支付确认需要 6～12 分钟,并且是全自动化的。使用 FEDI 系统处理支付过程,UDS 免除了一些票据的处理过程,据 UDS 估计,网上 FEDI 减少了 75％的支付成本。UDS 的供应商急切地要加入到电子支付队伍中来。在一年内,UDS 就为 600 家贸易伙伴实现了网上 FEDI。每个月都有 50～100 家贸易伙伴签约。支付过程由过去的 2～6 个星期缩短到 10 分钟。

3. 银行与海关 EDI

Krung 泰国银行与海关于 2000 年 1 月建立了连接,它们之间进行电子数据交换的系统是:出纳支付系统(teller payment system),还有电子资金转账系统(electronic fund transfer,EFT)。在 EFT 这套自动化系统下,进出口商、经纪人银行(进出口商开户的银行)、海关银行及海关部门间可进行电子支付,实现了支付的无纸化形式。

EFT 工作的基本环节:

(1) 进出口商以电子方式通知他的开户行将资金传输到海关开户行;

(2) 被授权后,进出口商的开户行为他们分配一个传输号码用于将来参照进出口商的开户行将现金传到海关银行;

(3) 当海关银行通过 EFT 收到全部现金时,它以电子方式传给海关部门一条支付信息,这条信息涉及进出口商银行为进出口商分配的那个传输号码;

(4) 与此同时,进出口商也以电子方式传给海关一条支付信息,这条信息中也涉及进出口商银行为他分配的传输号码;

(5) 海关 EDI 系统将来自进出口商的支付信息与来自海关银行的支付信息作对比,并将它们与申报作对比。

(6) 如果所用的信息都是正确的,海关将通知进出口商领取收据,以便货物检查及发货。

另外,企业完成无纸贸易活动,还需要其他一些实体参与方提供相关服务:网络服务:主要指电信运营机构提供的信息基础设施;IT 服务:主要指解决方案提供商(硬件、软件、咨询等)提供的企业信息化服务;应用环境支撑服务:政府机构提供的公共服务,如涉及国际贸易流通领域的许可、商检、通关等服务;银行、保险等机构提供的金融服务;应用服务商提供的有关服务,如 CA 中心的证书签发、身份验证等,第三方平台(如传统的 EDI 中心)提供的电子数据交换服务等。物流服务:为完成商品空间和时间的转移而提供的运输、储存、搬运、包装、流通加工、配送、信息处理等服务。

第三节　无纸贸易的发展前景

今后的国际贸易,将逐步实现无纸化,即"无纸贸易"。无纸贸易突破了传统贸易以单向物流为主的动作格局,实现了"四流一体",即以物流为依托,资金流为形式,信息流为核心,商流为主体的全新战略,使生产者与用户及消费者通过网络实现及时供货制度和生产的"零库存",商品的流动更加顺畅,促进了资源和生产要素的最优配置,使市场机制在全球范围内更有效地发挥作用。世界贸易的 1/3 由无纸贸易完成,无纸贸易和电子商务的应用促进了我国物流业的较快发展,无纸贸易借助电子手段,能够迅速地完成复杂的贸易流程,从而大大提高了国际贸易活动的效率。无纸贸易可以大量减少,甚至消除在传统贸易过程中的各种纸面文件和单据,避免数据的重复输入,简化工作程序,它不仅能够加快信息的反馈速度、减少差错、降低成本、提高效益,还可以及时得到更多的商业信息,获得更多的贸易机会和条件。其中,最重要的目的是提高贸易效率。总而言之,无纸贸易由于其本身的优点,其发展趋势是不可逆转的。

在中国,虽说重视 EDI 技术比较早,只比发达国家晚 10 年的时间,但由于种种原因,我们的发展速度太慢了。早在 1990 年推广使用 EDI 技术即被提到了议事日程上来,1992 年 2 月,国家计委便将 EDI 列为"八五"计划重点项目。1996 年成立了"国际贸易 EDI 中心",1997 年 5 月改为"中国国际电子商务中心"。1998 年外经贸部成功地在国际互联网上建立了外经贸部政府站点,向全球介绍我国的外经贸政策法规、市场环境,并建立了网上"中国商品交易市场"、"中国技术商品交易市场"、"中国招商"。1998 年 7 月 8 日,被称为永不闭幕的"交易会"在外经贸部互联网官方网站组建的网上中国商品交易市场正式运营。这是我国第一个由政府组建的网上交易市场。目前能够做到"在网上建立市场,进行商品布展,向外商传递具体详细的商品信息"等。据统计,1998 年 7 月 9 日一天的访问量超过 47 万人次,这标志着我国在网上贸易方面迈出了重要的一步。

目前,我国无纸贸易尚处初级阶段,无论是发展环境还是应用领域,比起发达国家和地区,还有很大的差距。在今后一个时期内需要努力转变观念,迎接网络时代的挑战;加快信息基础设施投资和建设;制定和完善相应的政策、标准、法律和法规,保证和规范无纸贸易在我国物流业的应用和健康发展,无纸贸易是一种全新的商业领域,具有广阔的发展前景,但同时也带来了不少新的问题,如交易的安全性、网络贸易的征免税、知识产权的保护、电子合同的有效性及纠纷的处理等。因此,必须以政府为主导,加强相关的研究,加快制定和完善相应的政策、标准、法律和法规,科学地规范引导企业。

▨ 本章小结

本章介绍了无纸贸易的基本概念及运行模式。探讨了有关无纸贸易的流程和发展前景。本章列举了有关无纸贸易在国际贸易各个环节中的应用。企业应该了解有关无纸贸易的发展,以便有效利用无纸贸易手段来达到企业的经营目标。

▨ 重要概念

无纸贸易   点对点模式
外联网模式   增值网络模式

✎ 同步测练

1. 什么是无纸贸易?
2. 无纸贸易主要有哪几种运行模式?
3. 简要说明无纸贸易在中国的发展现状。

第二部分

国际贸易理论与实务

PART TWO

C

HAPTER TEN

第十章

国际贸易理论与实务

学 习 目 标

从事电子贸易的人员必须了解有关国际贸易的基本运行与规则。本章介绍有关国际贸易理论与实务的相关内容,要求读者了解有关国际贸易运作中涉及的基本概念,如关税与非关税措施、国际贸易术语及其解释、国际货物运输方式、国际货物运输保险条款,以及国际货款支付方式等。这些内容是企业从事国际化经营必备的基本概念和专业知识。

重 点 难 点 提 示

● 国际贸易的基本理论
● 关税与非关税的相关概念
● 国际贸易术语及其基本含义
● 国际运输的基本方式
● 国际货物运输保险条款
● 国际支付方式

第一节　国际贸易概念以及基础理论

国际贸易是指世界各国之间商品和劳务交换的活动,是各国之间分工的表现形式,反映了世界各国在经济上的相互依赖。国际贸易的发展可以从有关的统计指标中反映出来。

一、国际贸易的统计指标

国际贸易的统计指标是分析国际贸易的主要指标。对于国际贸易的结构分析,一般从以下几个方面入手。

1. 贸易规模

通过贸易值与贸易量的统计,可以了解一国按现行货币计算和物量计算的贸易规模及其进出口贸易值比较和变化状况;通过对总贸易与专门贸易等指标的综合分析,可以了解一个国家在国际贸易中的地位以及对外贸易在其国民经济所占的地位和作用;通过进出口商品价格指数的比较,可以了解一国贸易条件的变化状况。

2. 商品结构

对外贸易商品结构是指一国进出口商品的组成情况。国际贸易商品可分为有形商品与无形商品两大类,无形商品除了那些与进出口有直接联系的银行、运输、保险等外,还包括旅游、信息和咨询服务等。有形商品是指看得见摸得着的传统商品,国际上贸易额的统计就是以有形商品计算的。《联合国国际贸易标准分类》(SITC)把商品分为 10 类,0～4 类为初级产品,5～8 类为工业制成品。通过对进出口商品结构的分析,可以了解一国的技术水平、生产能力和它在国际贸易中的实力地位和贸易效益。

3. 地理分布

一国对外贸易的地理分布是指该国出口的商品销往哪些国家,进口商品是从哪些国家购入的。它表明这一国家的市场分布情况,以及它同世界各国、各地区经济贸易联系程度。

商品结构和地理分布的状况要受到经济基础、生产水平和贸易地位等因素的制约,同时也受到贸易政策的影响。商品结构的转变会带来地理方向的转变,地理方向的改变也会引起商品结构的改变。20 世纪 50 年代初,日本是美国主要销售市场、原料供应地和投资场所。但到了 60 年代以后,日本则向美国市场倾销商品、获取原料,并把它作为主要的投资场所。我国实行改革开放政策以来,日本、西欧和美国成了我们的主要贸易伙伴,进出口的商品结构也随之发生了巨大的变化。

二、国际贸易的基本理论

1. 自由贸易政策的理论基础

(1) 绝对成本理论

英国经济学家亚当·斯密从生产成本的绝对差异出发,认为一国生产某商品的成本比别的国家绝对地低,该商品就可以出口;反之就要进口。各国按成本优势分工生产,可提高劳动生产率,实现国民财富增值,相互交换都可以获得利益。因此,他主张自由贸易。

(2) 比较成本理论

大卫·李嘉图从生产成本的相对差别出发,认为两个国家生产力不同,一国即使生产不出成本绝对低的商品,即两种商品都处于劣势,而另一国都处于优势。如果在优势中取最优者,在劣势中取较轻者分工进行专业化生产,同样可使国民财富增值,通过交换双方也都可以得到好处。

(3) 生产要素禀赋理论

这一理论是瑞典经济学家俄林提出的,其主要论点是:各国商品价格的绝对差是国际贸易的直接基础,商品价格的绝对差来源于生产成本的绝对差,而生产成本的高低则是由生产要素价格和生产要素结合比例决定的。所以,俄林认为,一国出口的应是它丰富要素密集的产品,进口的应是它稀缺要素密集的产品。在自由贸易的条件下,国际间的商品交换,等于生产要素的转移。这样,生产要素在世界范围内可以得到合理地配置,生产要素价格也将逐步趋于均等。

2. 保护贸易政策的理论基础

(1) 重商主义理论

重商主义者认为货币是财富的唯一形式,但财富并不来源于生产领域,而是来源于对外贸易。只有对外贸易才能增加一国的货币量,从而增加财富,因此,主张国家干预经济生活,奖励出口,限制进口,保持对外贸易顺差,使金银财富流入国内,重商主义所奉行的实际上是一种保护贸易政策。

(2) 保护幼稚工业理论

德国经济学家李斯特认为,财富的生产力比之通过比较利益所获得的财富要重要得多。因此,他主张国家干预对外贸易,通过关税措施保护本国工业,发展生产力。保护应该是有阶段的、有条件的,农业阶段应实行自由贸易,以推动本国农业发展,农工阶段工业还很幼稚,需要进行保护。农工商阶段工业已具有国际竞争能力,应实行自由贸易,以刺激本国工业进一步发展。保护幼稚工业应有时限,过期则撤销保护以鼓励其自立与竞争。

（3）凯恩斯的超保护贸易理论

凯恩斯主义者认为,出口和国内投资一样,有增加国民收入的作用,一国的商品和劳务出口,会使出口产业部门的收入增加,消费也增加。这样,必然引起其他产业部门生产增加,就业扩大,收入和消费增加。如此循环往返,国民收入量的增加将为出口增加量的若干倍。进口则相反,成为国民收入中的漏洞。因此,他们重复了重商主义的结论,政府必须干预对外贸易,执行奖出限入政策,以争取贸易顺差。所以,凯恩斯主义的保护贸易政策又被称为新的重商主义。

以上有关自由贸易政策与保护贸易政策的各种理论,对国际贸易现象的分析,都有一定的道理,可以从不同的侧面来解释国际贸易发生的原因和结果。它们已成为许多国家制定对外贸易政策的主要依据,并且对对外贸易政策产生重要影响。自由贸易政策与保护贸易政策往往同时存在,在不同时期各有主次。二者虽然截然不同,但并不绝对排斥,既可以相容并存,也可以相互转化。

三、关税方面的限制措施

1. 关税概述

关税是一种传统的和有效的管理对外贸易措施,今天仍然是世界各国用以限制进口的重要手段。要掌握关税方面的知识,必须弄清以下几个问题。

（1）关税的概念

关税是进出口货物通过一国关境时,由政府所设置的海关向其进出口商所征收的一种税。关税具有强制性、无偿性和固定性。关税属于间接税,纳税人不直接承担税负,而是转嫁到商品成本上去,由消费者负担,因此,可以起到限制进出口的作用。

（2）征收关税的原因

一些国家征收关税的目的是为了增加财政收入,这叫做财政关税。有的国家征收关税的目的是为了保护本国产业和市场,这叫做保护关税。有的可能是兼而有之。另外,通过调整关税结构（税率高低对比）还可以调节进出口商品结构。

（3）征收关税的依据

海关征收关税的法定依据是海关税则,它是一国关税政策的具体体现。海关税则是海关对于应税物品、免税物品及禁止进出口物品的系统分类表。它主要由税则目录分类和税率表组成。

由于各国海关在商品名称、定义、分类标准及税则号列的编排上存在差异,因而给各国的贸易活动和经济分析带来困难。1952 年成立了海关合作理事会这一国际组织,并在布鲁塞尔制定出了《海关合作理事会税则目录》（CCCN）,使世界各国海关在税则分类方面有了共同的语言和标准。这个目录把全部贸易商品共分为 21 类、99 章、1015 税目。采用此目录分类的各国海关结合本国的商品特征,可以在税目下增设分目和子目,但对类、章、目三级的排列和编制不得改动,以保持其统一性。

(4)关税的种类

正常关税有进口税、出口税和过境税。进口税是进口海关在外国商品输入时,对本国进口商所征收的关税,是关税中最主要的一种。由于保护的缘故,一国对某些产品征收高额进口税,以削弱其竞争能力,达到保护本国产业和市场的目的。这种高额的进口税,即国际贸易中的所谓关税壁垒。出口税是商品在输出时,由本国出口商缴纳的一种关税。目前国际贸易中很少征收出口税,只有少数国家为了财政收入,或为保护国内生产及保障市场供应,才征收低额的出口税。过境税是对转口运输商品在过境时所征收的一种关税。目前航运竞争激烈,一般国家都取消了过境税。

(5)关税的征收方法

关税征收的方法主要有:按照商品计量单位计征的从量税和按照商品价格计算征收的从价税。在此基础上,又有从量税加从价税的混合税和在从量税、从价税或混合税之中选择税额较高者而征收的选择税。

关税税额大小取决于完税价格的大小和税率高低。在税率不变的条件下,高估完税价格可以提高关税。因此,在计征从价税时,如何确定完税价格是比较复杂和有争议的问题。"东京回合"所制定的《海关估价协议》,对解决这一争端起了很重要的作用。

2.特别关税

(1)反倾销税

征收反倾销税的目的在于抵制商品倾销,维护公平竞争,因此,反倾销税征收的数额不得超过倾销差额。"正常价格"和"造成危害"含义笼统,关贸总协定还做了较为具体的说明。故意拖延"反倾销"调查时间,可以起到限制进口的作用,成为一种非关税壁垒措施。

(2)反补贴税

为了抵消外国商品在生产、买卖、运输过程中直接或间接接受的任何奖金或补贴,而在进口后对国内某些工业造成阻碍时所征收的一种特别关税。反补贴税所征收的税额一般不得超过"补贴数额"。由于有些出口商品未在生产国国内消费,或因这些商品在进口国国内可能被征收同种或类似的国内税。

(3)差价税

差价税是欧共体对农产品进口征收的一种特别关税,它是按商品的国内价格与进口价格的差额征收的,所以是一种滑动关税。差价税的计算很特别,它是以指标价格扣除从中心市场运往口岸的一切费用,而构成的入门价格,差价税额就是入门价格与进口价格的差额。

3.优惠关税

普遍优惠制(普惠制)是发达国家对来自发展中国家的商品,特别是工业制成品或半制成品给予普遍的关税减免优惠待遇。这种优惠待遇的特点是普遍的、非互惠的、非歧视的。

由于这种优惠关税是在最惠国税率基础上的再减免,最惠国税率越高,普惠制税率越低,减税差幅就越大。目前欧共体、美国及北欧一些国家对工业品实行全部免税,这就大大提高了发展中国家的商品在世界市场上的竞争能力,增加外汇收入,从而促进这些国家的工业化和国民经济增长。同时还有助于发展中国家与发达国家之间的经济贸易往来。

原产地规则是实施普惠制的重要内容。它包括受惠国产品的原产地标准、直接运输规则及书面证明要求。

(1) 原产地标准是各给惠国对原产品概念所下的定义,是能否享受普惠制优惠待遇的重要标准。

原产地标准规定,受惠商品必须完全由受惠国生产或制造,没有使用任何进口原料或零部件;部分或全部使用进口(包括来源不明)的原料或零部件制成的产品,必须经过深度加工,发生实质性的改变才能享受。

(2) 直接运输规则规定,受惠商品必须由受惠国直接运往给惠国,但由于地理原因和运输需要,允许在海关监督之下转口运输。

(3) 书面要求。凡受惠国要求享受普惠制待遇的商品,均必须向给惠国提供原产地证书表格 A。

《洛美协定》特惠税:这是欧洲共同体向参加协定的非洲、加勒比和太平洋地区发展中国家单方面提供的特别优惠关税。这一优惠安排在原产地规则中,实行"充分累积"制度。这项规定使协定中的发展中国家,从参加协定中的任何国家进口原料或零部件进行加工或制造的产品,都可享受特惠税的待遇。

四、非关税壁垒与鼓励出口措施

1. 非关税壁垒

非关税壁垒是指除关税手段以外的各种限制进口措施,它可分为直接限制与间接限制两种,直接限制是对进口商品的数量或金额直接加以限制,即人们常说的"数量限制"。如进口配额制、"自限"配额、进口许可证和外汇管制等,对进口商品的数量或金额都有确切规定,超过限额不准进口。这种数量限制严格有效,现已成为西方发达国家限制进口的主要手段。间接限制措施对进口商品的数量或金额并不作具体限制,而是通过制定种种严格的规章、条例,间接地影响和限制商品的进口。如进口押金制、歧视性国内税、海关估价、最低限价、国家垄断制和复杂苛刻的技术安全、卫生检疫和商品包装、标签规定等。

2. 鼓励出口措施

鼓励出口措施主要是国家运用宏观经济手段和政策工具来鼓励本国商品出口,这些鼓励措施涉及财政、金融和外汇等一系列问题。

（1）生产补贴与出口补贴

生产补贴是指产品无论出口与否，给予生产该产品的工业部门以补贴。生产补贴可以降低商品价格，鼓励出口。另一方面生产补贴还可以起到与关税相同的保护作用，这是因为生产补贴可使本国企业所生产的产品价格低于进口商品，从而使其在竞争中，有效地抵制外国商品的进口。出口补贴是国家为了降低商品的出口价格，加强其在国外市场上的竞争能力，在出口时给予出口商以现金补贴或财政上的优惠待遇。出口补贴的方式有两种，一种是以现金直接贴补，另一种是给予财政上的优惠或津贴等间接补贴。

（2）商品倾销与外汇倾销

商品倾销是指以低于本国国内市场价格，在国外市场进行销售的贸易行为。外汇倾销是通过本国货币对外国货币贬值的手段，来扩大本国商品出口，以夺取国外市场的措施。但外汇倾销必须具备一定的条件，即本国货币贬值程度要大于国内物价上涨程度；进口国不实行同等程度的货币贬值；进口国不同时采取另外的报复性措施，以抵消外汇贬值的作用。商品倾销与外汇倾销都表现为出口产品的价格竞争，只是所采取的方法不同，前者是以低于本国市场价格对外销售来进行，后者是以通过本国货币对外贬值的方式来进行。两者对鼓励出口的作用是相同的，但对进口的影响却是不同的。

（3）出口信贷与出口信贷保险

出口信贷是出口国银行对本国出口商、外国进口商或进口国银行所提供的信贷资助。从银行来讲，这就是出口信贷业务。出口信贷是一种限制性贷款；即这种贷款只能用于购买贷款国的出口商品，因此，它能起到促进和扩大出口的作用。出口信贷有卖方信贷、买方信贷和银行对银行信贷等形式。出口信贷保险是指国家为了推动出口，设立专门机构，对本国商业银行所提供的出口信贷进行担保，以保证其贷款不受损失的措施。出口信贷保险与商业上对商品的数量质量等损失所提供的海上保险不同，它所保险的对象是钱不是物，承保的险别是一般商业保险所不承保的经济险、政治险，承保的期限是到贷款全部回收为止。

其他鼓励出口措施。如成立专门出口销售组织、建立商业情报服务系统，组织贸易中心和展览会、组织贸易团体互访和组织出口厂商评奖、制定外汇分成制等。

3. 经济特区

经济特区是一个国家或地区在其关境以外，划出一定的区域，在此区域内实行特殊的经济政策，以促进对外经济贸易的发展。在当代国际贸易中，经济特区占有重要地位，各国政府都想通过兴办各种类型的经济特区来扩大出口。经济特区有自由港、自由贸易区、出口加工区、保税区等形式，它们的目标和内容不尽相同，或以经营贸易为主，或以加工出口为主，但它们的共同特点是"自由"与"免税"。20世纪80年代初以来，世界经济特区出现了一些新的趋向，一是向多行业多功能的综合型方向发展；一是向知识密集、技术密集型过渡。

4. 出口管制

出口管制是指国家通过法令和行政措施，对本国出口贸易所实行的管理和控制。尽管目前世界各国都在采取各种措施鼓励商品出口，但为了保护本国最高利益，或达到一定的政治、军事和经济目的，往往对某些商品，尤其是战略物资、先进技术和文物、艺术品、贵重金属等特殊商品，实行管理、限制或禁止出口。

出口管制主要有单边或多边管制等形式，单边管制是一国根据本国出口管制法规独立自主决定的，不对其他国家承担义务与责任。多边管制是几个国家的政府，通过一定方式建立起来的国际性多边出口管制机构，商讨和编制多边出口管制清单，规定出口管制办法，协调管制政策与措施，以达到共同的政治与经济目的。

五、影响对外贸易政策的国际环境

1. 国际分工与世界市场

国际分工、国际贸易与世界市场是联系在一起的。国际分工是国际贸易的基础，国际贸易是国际分工的表现形式。国际市场则是各国商品交换的领域，它包括由国际分工联系起来的各国商品流通的总和。国际分工是人类社会生产力发展的必然结果，它又为生产力的发展创造必要的前提。生产力越发展，国际分工就越广泛、越深化，各国在发展经济中的相互需要、相互依赖的程度也就越高，国际分工是世界各国经济联系的基础。

在世界市场上，商品由各国生产领域进入他国消费领域所采取的购销形式，构成世界市场上的商品流通渠道。世界商品市场的购销形式有。

（1）有固定组织形式市场。主要有商品交易所、国际拍卖中心、国际博览会和展览会、国际贸易中心等。

（2）无固定组织形式市场。主要有单纯的商品购销形式、补偿贸易、加工贸易和租赁贸易等。

2. 世界贸易组织

世界贸易组织（WTO），成立于 1995 年 1 月 1 日，总部设在日内瓦。截至 2008 年 7 月底，该组织共有成员国 153 个。2001 年 11 月 10 日，中国正式加入世界贸易组织，成为世贸组织第 143 个成员国，这标志着我国对外开放进入一个新阶段。

世界贸易组织是一个独立于联合国的永久性国际组织。该组织的基本原则和宗旨是通过实施市场开放、非歧视和公平贸易等原则，来达到推动实现世界贸易自由化的目标。世界贸易组织 9 大基本原则为。

（1）无歧视待遇原则

也称无差别待遇原则。指一缔约方在实施某种限制或禁止措施时，不得对其他缔约方实施歧视性待遇。

（2）最惠国待遇原则

指 WTO 成员方给予任何第三方的优惠和豁免，将自动地给予各成员方。

（3）国民待遇原则

指缔约方之间相互保证给予另一方的自然人、法人和商船在本国境内享有与本国自然人、法人和商船同等的待遇。

（4）透明度原则

指缔约方有效实施的关于影响进出口货物的销售、分配、运输、保险、仓储、检验、展览、加工、混合或使用的法令、条例，与一般援引的司法判决及行政决定，以及一缔约方政府或政府机构与另一缔约方政府或政府机构之间缔结的影响国际贸易政策的现行规定，必须迅速公布。

（5）贸易自由化原则

指通过限制和取消一切妨碍和阻止国际贸易开展与进行的所有障碍，包括法律、法规、政策和措施等。

（6）市场准入原则

指一国允许外国的货物、劳务与资本参与国内市场的程度。

（7）互惠原则

指两国互相给予对方以贸易上的优惠待遇。

（8）对发展中国家和最不发达国家优惠待遇原则

指如果发展中国家在实施 WTO 协议时需要一定的时间和物质准备，可享受一定期限的过渡期优惠待遇。

（9）公正、平等处理贸易争端原则

指在调解争端时，要以成员方之间在地位对等基础上的协议为前提。调解人通常由 WTO 总干事来担任。

该组织作为正式的国际贸易组织在法律上与联合国等国际组织处于平等地位。它的职责范围除了关贸总协定原有的组织实施多边贸易协议，以及提供多边贸易谈判场所和作为一个论坛外，还负责定期审议其成员的贸易政策和统一处理成员之间产生的贸易争端，并负责加强同国际货币基金组织和世界银行的合作，以实现全球经济决策的一致性。

3. 国际经济一体化与国际贸易

国际经济一体化是在经济生活国际化高度发展的基础上，由国家出面缔结协定，通过国际协调，实现共同政策、共同措施与共同目标，最终把各成员国结成为一个单一的经济实体。经济一体化根据实施的目标与发展进程可分为以下 5 种形式。

（1）工业自由贸易区。成员国之间取消工业品贸易的关税和贸易限制。

（2）完全自由贸易区。区内所有商品，包括农产品，实行自由贸易。

（3）关税同盟。同盟内部实行自由贸易，对外实行共同的贸易政策和统一的海关税则。

（4）共同市场。在商品贸易不受限制的基础上，实现劳动力、劳务和资本的自由流动。

（5）经济联盟。它是在实现关税、贸易和市场一体化的基础上，进一步协调成员国的财政政策和社会政策，建立统一的货币制度和货币基金组织，实现关税、贸易、市场和货币的全面一体化。

目前世界上已建立起为数众多的不同类型一体化组织，同时还在进一步发展。这些组织的出现，使世界贸易向集团化、集团贸易内部化发展。1992年欧洲大市场的形成，美加自由贸易区的建立，以及一些国家和地区正在酝酿建立不同类型的一体化组织，将形成世界经济鼎立的格局，这必将对国际贸易的方向和政策产生重大影响。

第二节　进出口业务概述

进出口业务是以买卖合同为中心进行的。而国际货物买卖合同和其他经济合同一样，体现了当事人之间的经济关系。为保证有效订立的合同得以顺利履行，必须借助法律作为调整经济关系的手段，使经济贸易纳入法律规范。因而，只有符合法律规范的合同方能得到法律的承认，当事人的权利和义务才能受到法律的保护、监督和约束。所以，对外达成和履行货物买卖合同，不仅是一种经济活动，而且是与国外客户双方的法律行为。

在进出口实践中，实际上，买卖双方最重要的就是明确各自的权利与义务。对于卖方，最重要的就是交付货物的义务；而对于买方就是付款的义务。因此，在下面几节中，我们专门就进出口中比较重要买卖双方的主要责任和义务，例如国际贸易术语、运输、保险和支付问题进行详细的介绍。

第三节　国际贸易术语

一、国际贸易术语的含义

在国际贸易中，用来表示交易双方责任、费用与风险划分的专门用语，称为贸易术语，它来源于国际贸易惯例，是在国际贸易长期实践的基础上逐渐产生的。

贸易术语具有两重性，即一方面表示交货条件；另一方面表示价格构成因素，特别是货价中所包含的从属费用。每种贸易术语都有其特定的含义。各种不同的贸易术语，表示其具有不同的交货条件和不同的价格构成因素，因而买卖双方各自承担的责任、费用与风险，也互不相同。

国际上有些国际组织和商业团体便先后制定了一些统一解释贸易术语的规则,因而形成为一般的国际贸易惯例。

二、贸易术语的分类

国际商会在《2000 年国际贸易术语解释通则》中对 13 种贸易术语分别作了解释,其排列顺序是:从卖方承担责任、费用、风险最小的工厂交货开始,一直排到卖方承担责任、费用、风险最大的目的地完税后交货。为了便于人们理解和记忆,按不同类型将这 13 种贸易术语划分为下列 4 个组别。

1. E 组

属于这个组的贸易术语为 EXW,即指卖方在自己的地点将货物交给买方。

2. F 组

属于这个组的贸易术语有 FCA、FAS 和 FOB。按这类贸易术语成交,卖方必须将货物交至买方指定的承运人。

3. C 组

属于这个组的贸易术语有 CFR、CIF、CPT 和 CIP。按这类贸易术语成交,卖方必须签订运输契约,但货物中途灭失或损坏的风险和发运后产生的额外费用,卖方不承担责任。

4. D 组

属于这个组的贸易术语有 DAF、DES、DEQ、DDU 和 DDP。按这类贸易术语成交,卖方必须承担货物交至目的地国家所需的一切费用和风险。

为了便于一目了然,现将上述 4 组贸易术语,分别列表如下。

1. E 组

EXW(ex works),工厂交货

2. F 组

(1) FCA(free carrier),货交承运人

(2) FAS(free alongside ship),船边交货

(3) FOB(free on board),船上交货

3. C 组

(1) CFR(cost and freight),成本加运费

(2) CIF(cost,insurance and freight),成本加保险费加运费

(3) CPT(carriage paid to),运费付至

(4) CIP(carriage and insurance paid to),运费、保险费付至

4. D 组

(1) DAF(delivered at frontier),边境交货

(2) DES(delivered ex ship),目的港船上交货

(3) DEQ(delivered ex quay),目的港码头交货

(4) DDU(delivered duty unpaid),未完税交货

(5) DDP(delivered duty paid),完税后交货

三、对几种主要贸易术语的解释

1. 船上交货 FOB

FOB 是指装运港船上交货。按此术语成交,卖方应在约定的装运港将货物装到买方指定的船上,当货物越过船舷后,卖方即履行了他的交货义务。这一术语,不仅适用于海运,也适用于内河航运。但是,在海运和内河航运中,如要求卖方在船舶到达前即将货物交到货站,则不宜采用传统的 FOB 术语,这是因为,自货物交到货站直至货物越过船舷前的费用和风险,仍由卖方承担,而实际上卖方却无法控制货物或发出有关保管货物的任何指示。在此情况下,当然使用 FCA 术语更为适宜。

2. 成本加运费 CFR

CFR 术语是指卖方必须负担货物运至目的港所需的成本和运费,这里所指的成本相当于 FOB 价,故 CFR 的基本含义是 FOB 加装运港至目的港的运费。CFR 这个术语如同 FOB 一样,也只适用于海运和内河航运。如要求卖方在船舶到达前将货物交到货站,或在滚装和集装箱运输情况下,船舷已无实际意义,故使用 CPT 术语更为适宜。

3. 成本加保险费加运费 CIF

CIF 术语是指卖方除具有与 CFR 术语相同的义务外,还应为买方办理货运保险。按《1990 年通则》规定,CIF 术语只适用于海运和内河航运。如卖方先将货物交到货站或使用滚装与集装箱运输时,由于船舷已无实际意义,故使用 CIP 术语更为适宜。

按 CIF 条件成交,虽然货物在运输途中的灭失和损坏的风险由买方负担,但由于货价构成因素中包括保险费,故卖方必须负责签订保险合同,按约定的险别投保货物运输险,并支付保险费和提交保险单。卖方负责保险,具有代办性质,如果事后发生承保范围内的损失,由买方凭保险单直接向保险公司索赔,能否索赔到手,卖方不负责任。按一般国际贸易惯例,卖方投保的保险金额,应为 CIF 货价加成 10%。如买卖双方没有约定具体险别,则卖方只需取得最低限度的保险险别。如买方要求加保战争险,在保险费由买方负担的前提下,卖方应予投保战争险。卖方投保时,如能办到,应以合同货币投保。

在 CIF 条件下,只要卖方在约定的装运港按期把货物装到运往指定目的港的船上,同时办理了保险,并将约定的单证及时交给买方,就算完成了交货义务,即使卖方装船以后至交单这段时间内,货物发生损坏或灭失,只要卖方提交的单据符合要求,买方就不得拒收单据和拒付货款。按有些国家的法律和判例,只要单据符合要求,买方就必须付款;反之,即使货物安全到达并符合要求,若单据不符合要求,买方仍有权拒付货款。由此可见,装运单据在 CIF 交易中具有特别重要的意义。按 CIF 条件成交,单据虽然十分重要,但不能因此而忽视卖方交货的责任。CIF 的卖方,除提交约定的单证外,还应保证交付约定的货物。

4. 货交承运人 FCA

FCA 术语是指卖方在指定地点将货物交给买方指定的承运人而言。当卖方将货物交给承运人照管,并办理了出口清关手续,卖方即履行了他的交货义务。如果买方未指定确切地点,则卖方可在规定的地区或范围内选择交货地点,将货物交由承运人照管。应当指出,这里所指的承运人,既包括实际履行运输合同的承运人,也包括签订运输合同的运输代理人。按此术语成交,即使运输代理人拒绝接受承运人的责任,卖方也必须按买方指示把货物交给运输代理人。

5. 运费付至 CPT

CPT 术语是指卖方应支付货物运至指定目的地的运费而言。这种术语也适用于各种运输方式,其中包括多式联运。

按此术语成交,卖方应订立运输合同和支付正常的运费,承担货交第一承运人接管前的一切费用和风险,办理出口清关手续,并提供约定的各项单证;买方则应承担货物在运输途中的灭失或损坏的风险以及货物交由第一承运人接管时起所产生的一切额外费用,在目的地接卸货物,并按合同规定受领单证和支付货款。这一术语同 CFR 有相似之处,但在交货地点、费用与风险的划分界限、适用的运输方式和运用的单据等方面,都存在着差异。

6. 运费、保险费付至 CIP

SIP 术语是指卖方除具有与 CPT 术语相同的义务外,还应为买方办理货运保险。按

CIP 术语成交,卖方签订运输合同,把货物送交承运人,办理货运保险,并提供约定的单证后,即履行了合同的义务。这一术语也可适用于各种运输方式,其中包括多式联运。

按 CIP 术语成交,虽然货物在运输途中灭失和损坏的风险由买方负担,但由于货价构成因素中包括保险费,故卖方必须签订保险合同,支付保险费,并提交保险单。根据这一术语,卖方应按约定的险别投保,如未约定险别,则卖方只要取得最低限度的保险险别即可。保险金额应为合同规定的价格外加 10%。如买方要求加保战争险,卖方应予以办理,但费用由买方负担。卖方办理保险时,如能办到,应按合同货币投保。

以上表明,CIP 术语同 CIF 术语有许多相似之处,不过,它们也存在一些差异。

第四节　国际货物运输

在国际贸易中,买卖双方商订合同时,必然要涉及运输方式的选择、装运条款的规定和装运单据的运用。现分别加以介绍和说明。

一、运输方式

国际货物运输方式很多,其中包括海运、陆运、空运、邮运和联合运输等多种。在实际业务中,我们应根据货物特性、运量大小、距离远近、运费高低、风险程度、任务缓急、自然条件和气候变化等因素,审慎选用合理的运输方式。

1. 海上运输

海上运输是国际贸易中最主要的运输方式,我国绝大部分进出口货物都是通过海运完成的。海上运输可分为班轮运输和租船运输两种方式。

（1）班轮运输

班轮运输最基本的特点是:有固定的航线、固定的停靠港、固定的船期和相对固定的费率;在班轮运费中包括装卸费,故装卸费由船方负担;班轮承运货物比较灵活,不论数量多少,只要有舱位,都接受装运。因此,国际贸易中的件杂货,通常都采用班轮运输。

（2）租船运输

租船通常是指包租整船而言,大宗货物一般都采用租船运输。租船方式主要包括定程租船和定期租船两种。前者,系指按航程租船;后者,系指按一定期限租船。船方出租船舶的租金,由船、租双方在租船合同中约定。

2. 铁路运输

铁路运输担负着进出口货物的集散和运进、运出的繁重任务。我国参加了国际铁路货物联运,使欧、亚一些国家连成一片,为发展我国对外贸易提供了极为有利的条件。西伯利亚大陆桥的贯通实现了集装箱国际铁路联运业务,进一步加快了货运速度,节省了运杂费用,从而更有效地促进了我国对外贸易的发展。我们内地供应港、澳地区的货物,由产地经铁路运往深圳北站再转港段铁路运交买方,或运至广州南站再转船运至澳门,这是一种特定的运输方式,它既不同于一般的国内运输,也不同于国际联运。采用这种特定的运输方式时,由于国内铁路运单不能作为对外结汇的凭证,故由各地外贸运输公司以承运人的身份签发承运货物收据(cargo receipt),作为向银行办理收汇的凭证。

3. 航空运输和邮包运输

航空运输方式多,其中包括班机、包机、集中托运和航空急件传送等。由于航空运输速度快,故适于运送易腐商品、鲜货商品和各种急需物资。航空运费通常是按重量或体积计算,以其中收费较高者为准。尽管航空运费一般较高,但由于空运比海运计算运费的起点低,同时空运能节省包装、保险费用,并便于抢行应市和卖上好价,所以有些小件、急需品和贵重货物,利用航空运输反而更为有利。

邮包运输是一种较简便的运输方式,它包括普通邮包和航空邮包两种。国际邮包运输具有国际多式联运和"门到门"运输的性质。由于邮包运输对每件邮包的重量和体积都有一定的限制,故其只适用于运输量轻、体积小的商品。

4. 联合运输

联合运输是指两种或两种以上运输方式共同完成某项货运任务的连贯运输,它包括陆空联运、海空联运、陆空陆联运、陆海联运、大陆桥运输和国际多式联运等。采用各种形式的联合运输,特别是开展以集装箱运输为主的国际多式联运,有利于简化货运手续,加快货运速度,降低运输成本和节省运杂费用。

二、装运条款

在装运条款中,以海上装运条款较为复杂,故以下专就海上装运条款中的装运期、装卸港、装卸时间、装卸率、滞期费、速遣费、分批装运和转运等问题,分别作些介绍和说明。

1. 装运期

装运期是指装运货物的期限,它同交货期是两个不同的概念。在规定装运期时,应充分考虑货源、船源等实际情况。期限的长短要适度,避免出现当月成交和当月装运的情况发生。同时,装运期限应明确具体,不宜使用"立即"、"尽快"之类的词语。如使用这类词语,银行将按惯例解释为规定自开证行开证之日起 30 天内装运。

2. 装卸港

在海运进出口合同中,都必须订明装卸港。一般地说,装运港通常由卖方提出,经买方同意后确定。卸货港通常由买方提出,经卖方同意后确定。

3. 装卸时间、装卸率和滞期费、速遣费

大宗货物采用程租船运输时,在租船合同中都订有装卸时间、装卸率和滞期费、速遣费条款。若租船人未按约定时间和装卸率完成装卸任务,延误了船期,应向船方交纳滞期费,以弥补船方的损失;反之,若提前完成装卸任务,船方则付给租船人速遣费,以示奖励。按惯例,速遣费一般为滞期费的一半。因此,在大宗交易中,负责租船的买方或卖方为了约束对方按时完成装卸任务,在买卖合同中,也应按租船合同要求相应订明装卸时间,装卸率和滞期费、速遣费条款。值得特别注意的是,买卖合同中有关这方面的规定,必须与租船合同中的相应条款一致,以免蒙受不应有的损失。

4. 分批装运和转运

(1) 分批装运

凡一笔交易的货物分若干批次装运,叫分批装运,但在不同时间将不同港口的货物装在同一航次,同一条船上,不能算作分批装运。国际上对分批装运的解释和运用不同。按《跟单信用证统一惯例》规定:"除非信用证另有规定,允许分批装运。"但有些国家的法律却又规定:如合同未规定允许分批装运,则不得分批装运。为了避免争议,买卖双方应在合同中订明是否允许分批装运。若双方同意分批装运,应将每批装运的具体时间和数量订明。但每批装运的时间要有适当的间隔,一笔货物不宜规定在很短期间内分若干批装运,以免因安排装运困难而影响全局。因为,对分批装运的货物,若其中任何一批未按约定时间和数量装运,则该批和以后各批均告失效。

(2) 转运

货物中途转运,既延误时间和增加费用,也容易产生货损货差,故买方一般不愿转运,往往要求在合同中加订"限制转船"的条款。凡目的港没有直达船挂靠,或有直达船而船期不固定或航次间隔时间太长,以及成交量大而港口条件差或拥挤严重的,均应在出口合同中加订"允许转船"条款,以利装运。在FOB进口合同中,则不宜加订"不准转船"的条款,以免约束自己。

三、装运单据

装运单据很多,现仅就其中几种主要的略作介绍和说明。

1. 海运提单

海运提单包括班轮提单和租船合同项下的提单。前者，既有正面内容，也有背面条款；后者，一般仅有正面内容，而无背面条款。为了统一提单背面条款，国际上曾先后签署了《海牙规则》、《维斯比规则》和《汉堡规则》三项国际公约。提单的性质和作用表现在：

（1）是承运人签发的货物收据；

（2）是承托双方所订运输契约的证明；

（3）是代表货物所有权的凭证。

提单可从不同角度分类。例如，按货物是否装船，可分为已装船提单和备运提单；按提单有无不良批注，可分为清洁提单和不清洁提单；按运输方式分，有直达提单、转船提单和联运提单；按提单抬头分，有记名提单、不记名提单和指示提单。指示提单可通过背书转让，背书的方法有两种：一种是"空白背书"，即指提单转让人仅在提单背面签章，而不注明被背书人的名称，另一种是"记名背书"，即指提单转让人除在提单背面签章外，还写明被背书人的名称。在实际业务中，一般都使用"空白抬头、空白背书提单"。

2. 铁路运单

铁路运单是铁路与货主间缔结的运输契约。国际联运使用的运单，从始发站随同货物附送至终点站交给收货人，它既是铁路承运货物的凭证，也是铁路向收货人交付货物和核收运费的依据。国际联运的运单副本可作为发货人凭以结算货款的凭证。

3. 航空运单

航空运单是航空公司承运货物的收据，是发货人与承运人之间的运输契约，但它不是代表货物所有权的凭证，也不能作为议付货款的单据。

4. 邮包收据

邮包收据是邮包运输的主要单据，它既是邮局收到寄件人的邮包后所签发的凭证，也是收件人凭以提取邮包的凭证。当邮包发生灭失或损坏时，它还可作为处理索赔和理赔的依据。

第五节 货物的运输保险

进出口货物在运输、交接过程中，由于自然灾害、意外事故和其他外来风险，可能使货物遭受损失。为了转嫁风险和保障货物遭到损失后能从经济上得到补偿，买方或卖方就需要按成交条件办理货运保险。由于运输方式不同,货物运输保险可分海运保险、陆运保险、空运保险和邮包运输保险。

一、海运货物保险

海运风险大,海运事故也比较频繁,进出口商一般都约定办理货物运输保险。中国人民保险公司制定的《海洋运输货物保险条款》对各种险别的责任范围、责任起讫、索赔期限和除外责任等都作了具体规定。按该条款规定,海运货物保险的基本险别有平安险、水渍险和一切险 3 种。平安险的责任范围主要包括自然灾害造成的全部损失和意外事故造成的全部损失或部分损失,以及共同海损的牺牲、分摊及救助费用和对受损保险货物进行施救的费用等。水渍险除包括平安险的责任范围外,还包括自然灾害造成的部分损失。一切险的责任范围最广,它除包括平安险和水渍险的责任范围外,还包括一般外来风险所造成的全部损失或部分损失。这些基本险责任的起讫,按"仓至仓"责任条款办理。各基本险的除外责任包括:被保险人的故意行为或过失、发货人的责任(如包装不良等)、被保险货物的内在缺陷、自然损耗和被保险货物在保险责任开始前就存在品质不良或数量短差所引起的损失;运输迟延和市价下降引起的损失;战争、罢工等特殊风险引起的损失。

此外,上述保险条款还规定了一些附加险别,以作为各种基本险的补充和扩大。由于附加险所承保的是外来风险所致的损失,而外来风险有一般外来风险和特殊外来风险之分,故附加险可分为一般附加险(如短量险、串味险和碰损、破碎险等)和特殊附加险(如战争险、罢工险等)。这些附加险都不能单独投保,投保人可根据被保险货物的特点和风险程度,在投保一种基本险的基础上加保一种或若干种附加险。由于一切险中已包括所有的一般附加险,故投保一切险时,就无须再加保一般附加险。在特殊附加险中,使用较多的是战争险,其责任范围包括被保险货物因战争或类似战争行为所造成的损失,但使用原子、核武器以及根据执政当局或其他武装集团的命令所扣押、拘留而引起的损失除外。海运战争险承保责任的起讫不是"仓至仓",而是只限水面上的危险。

二、陆运、空运货物和邮包运输保险

按中国人民保险公司规定,航空运输货物保险的基本险别有航空运输险和航空运输一切险,邮包保险的基本险别有邮包险和邮包一切险。在投保航空运输险和邮包险的基础上,都可分别加保一般附加险和战争险,在投保航空运输一切险和邮包一切险的基础上,都可加保战争险。关于上述保险的责任范围、责任起讫和除外责任,在有关保险条款中都分别作了具体规定。

我国进出口货运保险有两种办法:按 CIF 条件出口时,采取逐笔投保,一般是按发票金额的 110% 投保约定的险别,按 FOB 和 CFR 条件进口时,采取预约保险,保险金额一般按 CIF 价计算。当被保险人办完投保手续后,保险人应分别情况签发各种不同形式的保险单据(如保险单、保险凭证和联合发票等),以作为承保的证明和处理索赔与理赔的依据。

第六节　货款的收付

一、支付工具

按合同规定支付货款是买方最基本的义务。国际货物买卖合同中的支付条款主要包括支付的时间,方式和货币等内容。在国际贸易结算中,不同的支付方式涉及不同的信用,直接影响着买卖双方的资金周转、费用成本和风险的负担。为此,合同当事人都要从各自的利益和经营意图出发,争取在合同中规定对自己有利的支付条件。

现代国际贸易以现金结算货款是极个别的,而且仅限于小量的货款,通过信用工具的票据结算则是主要的。其中,以汇票使用最多,本票、支票次之。

1. 汇票

汇票是出票人向受票人签发的无条件的书面命令,要求受票人在见票时或在指定的日期或可以确定的将来某一日期,支付一定的金额给特定的人或其指定人或持票人。

汇票可从不同角度进行分类。最基本的分类方法是按出票人的不同,可分为银行汇票和商业汇票两种。银行汇票是一种汇款凭证,由银行发出,通常交由汇款人寄给收款人或亲自携带出国交给收款人,凭票兑取汇款。其特点是出票人和付款人都是银行。商业汇票由一国的出口人对另一国的进口人或其委托银行开出,通常通过出口地银行或其在进口地的代理行向进口人或其委托银行收取票款。商业汇票的特点是出票人一定是工商企业或个人,付款人则既可以是工商企业或个人,也可以是银行。其与银行汇票的主要区别是出票人不同。

按流转时是否附有货运单据,又可分为光票和跟单汇票。按付款期限不同,又可分为即期汇票和远期汇票。即期汇票是见票即付的票据,远期汇票是必须到汇票指定的日期或可以确定的日期才能付款。

2. 本票

本票是出票人对受款人承诺无条件支付一定金额的票据。

本票有由工商企业签发的一般本票和由银行签发的银行本票两种。一般本票有即期与远期之分。银行本票都是即期的。国际贸易结算中使用的本票大都是银行本票。

本票的当事人只有两个：出票人和受款人。本票的付款人就是出票人本人。因此，远期本票不需承兑。

3. 支票

支票是存款户对银行签发的授权银行对受款人在见票时无条件支付一定金额的票据。出票人在签发支票时应在付款银行存有不低于票面金额的存款。支票只有即期，没有远期的。用于远期支付的，可将出票日期按需要迟填。支票如在左上角被划上两道平行线称为划线支票，这种支票的受款人只能通过往来银行代为收款入账。未经划线的支票，受款人可径自凭以向付款银行提取现款。

二、结算方式

国际贸易结算方式就是以一定的形式和条件实现不同国家（地区）企业间货款和贸易从属费用的收付。它涉及信用和支付的时间、地点与方法等问题。最基本的结算方式有汇付、托收和信用证 3 种。其中，汇付是顺汇法；托收和信用证是逆汇法。顺汇法是指由进口人主动将款项汇交出口人，其支付工具和资金的流动方向相同；逆汇法是由出口人主动向进口人收取款项，其支付工具的传送方向和资金的流动方向相反。

1. 汇付

汇付是进口人主动将款项通过银行或其他途径汇交给出口人。主要有电汇、信汇和票汇 3 种。

电汇是由汇款人委托汇出行用电报或电传通知进口地代理行（汇入行）将款项解付给收款人。在委托解付的电报或电传上汇出行要加注双方约定的"密押"，汇入行在核对密押无误后，即通知收款人凭收据和适当的证明文件取款。电汇的特点是交款迅速，但汇款人要负担较高的费用。

信汇是汇款人委托汇出行将付款委托书邮寄汇入行，汇入行在核实签字印鉴后通知收款人取款。信汇和电汇的差别就在于前者是通过航空邮寄，后者是通过电报和电传。

票汇是汇款人要求汇出行开出银行汇票或本票，由汇款人自行寄给收款人或由汇款人当面交给收款人凭票收款。个别也有由汇款人自行开出支票寄交或面交收款人，以代替银行汇票或本票的。

2. 托收

托收是卖方以汇票（或不开汇票）和有关单据委托银行向国外买方收款的方式。托收方式有光票托收和跟单托收之分。上述票汇方式下出口人将收到的票据委托银行到国外收款，以及出口人自开不附货运单据的汇票委托银行向国外进口人收取费用等款项，均属光票托收。在国际贸易结算中,托收方式较多使用跟单托收。跟单托收是出口人以其本身开立的商业汇票(即期付款的有时可不开汇票)随附发票、提单、保险单等单据,通过出口地银行(托收行)委托其在进口地的代理行(代收行)向进口人收款。跟单托收中的单据很重要,尤其是代表货权的提单不能轻易脱手。因此产生了两种不同交单条件的托收方式:付款交单和承兑交单。

付款交单的英文是 documents against payment,意即以付款交换单据,简称 D/P,是指当国外代收行将托收行寄来的汇票和单据向进口人提示后,进口人必须先向代收行付款,代收行方可将单据交付给进口人。付款交单按付款期限又可分为即期付款交单(D/P sight)和远期付款交单(D/P at…days after sight)。前者是代收行提示即期汇票和单据,进口人见票时应即付款(有的即期付款可不开汇票),并在付清票款时向代收行取得单据;后者是进口人见票时经审阅单据无误,先在汇票上承兑,俟汇票到期时付款,代收行在收妥票款后方将单据交付进口人。这种进口人先付款后取得单据的行为,称付款赎单。

承兑交单的英文是 documents against acceptance,意即以承兑交换单据,简称 D/A,是出口人以进口人承兑汇票为交单条件。进口人在汇票上履行承兑手续后,即可从代收行取得单据,凭以提取货物,于汇票到期日付款。所以承兑交单只适用于远期汇票的托收。由于这种方式在进口人付款前,代表货权的单据已经交付给买方,故卖方承担的风险极大。

3. 信用证

信用证是进口方银行(开证行)应进口人(开证人)的要求而开立,授权出口人(受益人)按规定条款在装货后提交汇票(有的不用汇票)及有关单据,并由该行承担付款责任的一种信用凭证。

(1) 信用证方式的结算程序、性质及其作用

利用信用证结算是目前国际贸易结算的主要方式。用这种方式的一般做法是:先由进口人向开证行申请开立信用证并预交一定比率的保证金或其他担保;开证行根据进口人的申请开立信用证并寄给或用电报、电传发给出口地代理行(通知行)转知出口人;出口人经审核信用证内容认为符合合同,或虽有差异但可接受以后,即办理装货和制备各种必要的单据,随即开立汇票连同单据和信用证,在信用证有效期内交通知行或其他往来银行;出口地银行接到出口人交来的单据,经与信用证核对相符,即按汇票金额扣除估计收到票款日为止的利息和手续费后,将票款垫付给出口人。这种由出口地银行审单认可购进汇票及所附单据并将票款垫付给出口人的过程,称为"议付"。办理议付的银行称议付行。议付行可以是通知行,也可以是另外的银行,由于议付本身是议付行以符合信用证规定的单据为抵押对受益人的资金融通方式,因此又称出口押汇。根据汇票持有人对前手背书人和出票人享有追索权的原则,当开证行或指定的付款行拒付时,议付行可对出口人进行追索。议付行议付

后,将汇票和单据分两次(汇票和单据通常都一式两份或多份,其中一份使用后,其余即失效)寄往开证行或指定的付款行索偿。分次寄单是为了防止遗失。开证行在核对单证相符后将票款偿还议付行,并立即通知进口人备款赎单,如进口人发现单证不符,也可拒绝赎单,但开证行不能要求议付行退款。

(2)信用证方式的特点

为减少对信用证各当事人的权利,责任以及所使用的条款和术语等因解释或认识不同而引起的争端,国际商会制定了有关信用证的统一惯例,即《跟单信用证统一惯例》,已为一百几十个国家的银行所采用,并成为最重要的国际贸易惯例之一。从这个惯例以及上述信用证的结算程序可以看出,信用证是开证行以自己的信用作出的确定的承诺。在以信用证方式结算货款时,具有以下3个特点。

① 开证银行负第一性付款责任。但这种责任是以受益人或其指定人提交的单据严格符合信用证规定为条件的。这就是信用证业务中的"严格符合原则"。

② 虽然信用证是根据买卖合同开立的,但其性质是独立于买卖合同以外的交易。开证行和受益人只根据信用证行事。

③ 信用证业务是纯粹的单据业务。有关各方所处理的是单据,而不是有关的货物。

综上所述,只要受益人或其指定人提交了表面上完全符合信用证规定的单据,开证行就要负责付款。如果买方赎单后发现货物不符合同,只能由买方自己对卖方进行交涉或索赔。相反,卖方发运的货物与买卖合同完全相符,但单据与信用证规定不一致,开证行也有权拒付。这一点很重要,应特别注意。

■ 本章小结

本章介绍了有关国际贸易的基本理论和实务做法。理解了国际贸易运作涉及的问题,例如国际贸易基本理论、关税与非关税措施、国际贸易术语、国际运输方式与运输条款、国际货物运输保险条款、国际货款支付手段等。企业从事电子贸易应该善于将这些基本的国际贸易做法与网络手段进行结合,才能发挥电子贸易的优势。

■ 重要概念

CIF 贸易术语	FOB 贸易术语
海运提单	平安险
水渍险	一切险
汇票	托收
信用证	

同步测练

1. 一国国际贸易的发展从哪些指标中可以反映出来？

2. 一国利用哪些关税手段进行对外贸易的有效管理？

3. 非关税壁垒与鼓励出口措施有哪些？

4. 国际贸易术语如何分类，以及主要贸易术语的含义？

5. 国际货物运输方式有哪些？

6. 海运提单的性质与特点？

7. 托收有哪些种类？

8. 信用证支付方式的性质与作用如何？

9. 阐述中国加入 WTO 的意义和影响。

第三部分

国际市场营销策略

PART THREE

C

第十一章

国际市场营销策略

学 习 目 标

要求熟悉国际市场营销的有关概念以及企业经营全球化的主要原因;掌握进行海外目标市场的选择战略;了解影响企业从事国际营销的各种环境因素;灵活运用国际市场营销的基本理论与战略、营销技巧等内容。

重 点 难 点 提 示

国际市场营销与国内市场营销最大的区别在于国际市场营销的跨国性,因而使得企业面临的可控制因素和非控制因素也不同。国际市场营销人员要明确自己的任务,适应经济全球化的发展。

宏观环境因素主要是指政治、经济、文化、法律等因素。对国际营销企业来讲,这些因素通常是非控制因素,企业只能适应,无法改变。由于各国政治、经济、文化等方面存在着巨大的差异,导致了各国顾客需求的巨大差别。企业不可能同时满足所有顾客的需求,因此,应首先对众多的国家进行分类和筛选,从中选择出需求量大、又能够发挥自我竞争优势的国家作为目标市场,实行目标营销和市场定位。

企业进入国际市场,首先要进行市场细分,采用宏观和微观细分的标准,把世界各国划分为不同的子市场。其次要进行目标市场的选择。最后要进行目标市场定位。

企业面临着要解决对各国市场营销组合做多大程度的调整以适应当地的市场环境,需要制定竞争性营销决策。通常采用的营销决策主要有营销组合决策,即国际产品决策、价格决策、渠道决策和分销决策。

第一节　国际市场营销概论

一、国际市场营销的含义

国际市场营销(international marketing)通常是指企业跨越国界的经营与销售活动,企业为满足其国外客户需要将产品和服务提供给国外的顾客,以求获得利润而采取的营销活动。美国国际营销学者菲利普·R. 凯特奥拉(Philips R. Cateora)认为:"国际市场营销是指为了利润所进行的各种企业活动,即将企业的产品和服务销售给一个以上国家的顾客或使用者。"[①]

二、国际市场营销的特性

国际市场营销要比国内市场营销复杂,因为国际市场营销的"跨国性"特点决定国际市场营销人员必须面对不同于国内的不可控制的因素。

1. 出口企业国内不可控制因素

国内不可控制因素是指那些对国外投资产生直接影响的因素,包括母国的政治力量,法律和经济环境。一个涉及国内外政策的政治性决策对企业的国际市场营销成功与否会产生直接的影响。

国内经济状况是母国另外一个不可控制的因素,它会对企业在国际市场的竞争地位产生巨大的影响。一般而言,如果国内经济前景不好,政府可能会取消对外直接投资和采购的限制。

2. 国外不可控制因素

国外不可控制因素是指企业在多个国家的营销活动中,面对来自政治、法律、经济力量、

---

① 菲利普·R. 凯特奥拉(Philips R. Cateora),约翰·L. 格雷厄姆(John L. Graham)著,周祖城,赵银德,张巉译,《国际市场营销学》,北京:机械工业出版社,2003,p. 8

科技水平、分销结构、自然条件、基础设施和文化等因素的冲击。一个在某个国家成功的策略可能会因为政治环境、经济发展阶段或文化上的差异,而在另外一个国家变得毫无价值。对于不可控制的因素,企业通常只能适应,无法改变。

三、国际营销人员的任务

(1) 找出潜在顾客。回答以下问题:他们是谁? 在哪里? 决定是否要购买本企业产品的因素是什么?

(2) 开发出能够满足消费者需求与欲望的产品或服务。

(3) 制定一个让消费者觉得合理又能赚取一定利润的产品价格。

(4) 建立完善的分销渠道以方便消费者购买。

(5) 向市场传播有关产品的信息,这也许还要增加一些说服力才能使消费者感兴趣。进一步来说,企业营销人员的任务并不只是在产品销售出去之后就终止,而是要包括产品使用的满意保证,即提供售后服务的再保证。

(6) 营销人员必须关注国内外竞争者的营销活动,从而制定长期的最佳营销策略和应对竞争的政策。

四、国际市场营销的形成与发展

(1) 出口营销阶段,20 世纪 60 年代前,以出口产品为主。

(2) 跨国国际营销阶段,20 世纪 70 年代,企业把国内市场和国外市场作为一个整体来看待。

(3) 全球营销阶段,20 世纪 80 年代后,企业突破国家的界限,通过对人才、财力、物力和技术的国际比较,按照资源配置的原则,生产出最完整的产品以满足世界各国消费者的需要。

五、全球营销产生的原因

20 世纪 90 年代以来,世界经济环境发生了深刻的变化,行业、市场、顾客和竞争日趋全球化,这些作为外因促成了全球营销的产生与发展。与此同时,大型国际企业为了主动适应和利用环境的变化,为了加强竞争力以主宰全球市场,在观念上、行为上逐步地走向全球化。

1. 产业的全球化

世界经济正在从工业经济时代走向知识经济时代。知识经济是以智力资源的占有、配置,以科学技术为主的知识的生产、分配和使用为最重要因素的经济。知识经济在生产中以高技术产业为第一支柱产业,以智力资源为首要依托,因此是可持续发展的经济。知识经济与传统产业相比的一个重大区别在于:高新技术产业生产出的第一份产品具有极高的成本,包含了全部研究与开发费用,而从第二份产品起边际成本变得很低,平均成本迅速下降。而且因为边际成本不易反弹,不会出现规模不经济的现象,因此没有明显的边际收益递减倾向。这一点最明显的例子莫过于软件开发,例如第一个 WINDOWS95 的研制成本是相当高的,而再拷贝一份的成本就会极低。因此,知识产品生产者从一开始就以全世界市场为目标,开发出能够满足人们普遍需求的标准化产品,希望通过在最广泛的市场——全球市场上的大量销售来收回研究与开发成本并获取高额利润。所以,知识产业从一开始就定位于全球市场,知识经济必然是全球经济,并促成经济的进一步全球化。知识产业的营销必将是着眼于全球的营销。

2. 市场的全球化

随着苏联的解体、东欧的剧变以及中国经济改革的进一步深化,市场经济体制已为世界上各主要的国家所接受。市场开放程度不断加大,各国政府对外国产品进口及外国公司直接投资的限制逐渐放宽,国际贸易得到了迅猛的发展。国际金融市场也已全球化,各国货币先后可自由兑换,欧盟、北美自由贸易区、亚太经合组织的出现及发展在经济上淡化了国界,走向区域经济一体化。此外,随着世界贸易组织及其他国际组织成员国的不断增加,越来越多的国家的经济政策将受到国际法规与条约的约束。这一切都使得世界经济、政治、法律环境的差异性在不断地减少,使得国际出口企业在开展营销活动时,逐渐模糊了国界的概念。

3. 顾客的全球化

顾客全球化的表现是,一方面,世界各国消费者的需求日益趋同。有调查发现,许多国家青少年一代的消费具有惊人的相似性。他们都喝可口可乐、吃麦当劳、穿牛仔裤、听摇滚乐……卫星电视、Internet 使得各国消费者不出国门也能了解到异国风情,各种流行时尚能够迅速风靡全球。另一方面,顾客全球化使得国际商务旅行和旅游度假也日益增多,旅行者希望在世界各地都能买到他们熟悉的值得信赖的品牌产品,享受到标准化的服务。这使得营销人员能够更多地考虑各国消费者需求的共同点而非不同点,更加注重全球产品、价格、广告、服务的标准化而非差异化。当然,全球营销者也不能完全忽视需求的差异性。

4. 竞争的全球化

开放就意味着本国企业要承受外来竞争的压力,要与外国的国际企业竞争。企业进入外国市场,也并不只是与当地企业争夺市场,还要与其他国际企业抢占市场份额。行业、市场、顾客的全球化使企业面临的不仅是要不要全球经营的问题,还要面对如何进行全球经营的问题。出口企业只有在所面临的全球竞争中获得较低的成本或其他明显的优势才能够生存下去,否则在竞争中势必会处于劣势,甚至威胁到自身的生存。因此,竞争的全球化是越来越多的企业开展全球营销的又一动因。

第二节　海外目标市场选择决策

由于各国政治、经济、文化等方面存在着巨大的差异,导致了各国顾客需求的巨大差异,任何一个企业不可能同时满足所有顾客的需求。因此,企业应首先对众多的国家进行分类和筛选,从中选择出需求量大、又能够发挥自我竞争优势的国家作为目标市场,实施目标营销和市场定位。

一、国际市场细分

市场细分(market segmentation)是指企业按照某种标准将不同需求的顾客按照共同特征划分为若干个子市场的过程,其目的在于更有针对性地运用营销组合制定营销战略。

国际市场细分可以从宏观和微观两个方面来入手。

1. 国际市场宏观细分

国际市场宏观细分是指国家与国家之间的细分。细分的方法主要有:地理位置(如何将整个世界市场划分为北美市场、南美市场、欧洲市场、非洲市场、中东市场、亚洲市场等);经济标准(如用人均国民生产总值作为衡量的指标);文化标准(与文化有关的因素有语言、教育、宗教、美学、价值观等都能构成国际市场细分的标准)。

2. 国际市场微观细分

国际市场微观细分是指一国之内的细分。就微观细分标准而言,消费者市场与工业品市场的细分标准会有所不同。

消费者市场常用的细分标准有:地理因素(如南方、北方、城市、农村等);人口因素(如年龄、性别、职业、教育、宗教等);心理因素(如生活方式、个性等);行为因素(如追求的利益、对品牌的偏爱程度等)。

工业品市场常用的细分标准有:地理位置:用户性质(如生产企业、中间商、政府部门等);用户规模(如大客户、中客户、小客户等);用户要求(如经济型、质量型、方便型等)。

二、目标市场战略

所谓目标市场(target market)是指企业准备进入并为之服务的市场。

1. 市场选择决策

市场选择通常要考虑 3 大要素。

（1）市场需求和潜在需求。投资是否回收，效益是否理想，最主要的是靠市场需求。有效的市场是由人口数量、购买力和购买意愿 3 要素所组成。

（2）市场营销环境。营销环境通常主要是指宏观环境因素，包括文化、政治、经济和法律环境，它们是企业的非控制因素。

（3）企业自身的竞争能力和适应性。如松下公司建立海外企业时，基本上是从干电池做起，因为任何一个国家都需要干电池。等公司有了经验，产品质量上也过关了，再把产品扩展到收音机、电风扇、电视机等其他市场，这种稳步扩大市场的做法已形成了一种模式。

2. 界定企业的营销目标与政策

在决定进入国际市场后，企业必须首先确定公司营销目标与政策，决定国外销售额占总销售额的比例为多少。大多数的企业往往都会追求下列的目标组合：利润、销售增长、市场占有率增加、风险分散、创新及企业的声誉。通常大部分的企业开始拓展国外业务时，国外所占的比重很小，尝试小规模的营运计划。而有些企业一开始就积极拓展海外业务，并把它和国内业务相提并论或更加予以重视。

3. 决定想要进入的国家数目

出口企业国际市场选择的下一步是决定到底是在少数国家还是在众多国家从事国际营销。例如，Dulova 钟表公司就选择了后者，并先后进入了 100 多个国家和地区。由于其力量过于分散，结果只在两个国家获取利润，最后损失多达 4 000 万美元。

4. 决定想要进入市场的国家类型

决定要进入哪个市场，企业可以从以下几个方面来考虑。

（1）市场吸引力

市场吸引力受收入与人口、整体市场规模、年市场增长率、过去的利润加成、竞争强度、所需技术、通货膨胀、能源需求、环境冲击、社会、政治局势及法律等因素的影响。中国改革开放以来，由于良好的市场环境和有力的吸引外资的政策，国外直接投资不断增加，中国已成为国际企业市场营销最有吸引力的目标市场之一。

（2）竞争优势

企业的竞争优势可以通过市场占有率、占有增长率、产品品质、品牌声誉、分销网络、促销能力、生产能力、生产效率、单位成本、物料供应、研究与开发的效果和管理人才等方面体现出来。

（3）风险

企业从事国际营销面临的风险主要有：

① 巨额的外债：许多国家背负巨额的外债，无法支付外债的利息，因而导致其国内的政局不稳定，更造成国外厂商可能被征收，国有化及外汇管制。

② 汇率问题：外债高筑、经济与政治不稳定的国家，迫使其货币贬值并导致货币剧烈变动，其结果使得外国投资者不敢持有太多的外汇。

③ 东道国政府对前来投资者的法规限制：许多政府对外国投资者设有许多限制，例如，合资企业要求本国厂商必须持有多数比例的股份，规定企业必须雇用一定比例的当地劳动力，以及限制企业汇回母公司的利润额度。

④ 关税与其他贸易壁垒：有些国家设置不合理的关税壁垒，借以保护本国的产业。有些国家则采取无形的贸易壁垒，如扣押或延迟发放进口许可证，以及严格要求外国厂商必须符合其苛刻的产品规格标准。

⑤ 贪污贿赂：在有些国家外国厂商甚至必须贿赂东道国政府官员，才能获得批准与合作，这使得外国厂商凭手腕，而非真本事，造成官商勾结的腐败政府。

⑥ 科技剽窃：企业在海外投资最担心的莫过于当地的管理人员在学到如何制造产品后，会自立门户公开或秘密地与其进行竞争。这在机械、电子、化学与制药等行业经常发生。

⑦ 产品与沟通成本非常高：企业在进军海外市场时，必须详细研究各国市场的风俗民情，并要对其经济、政治、文化等具有相当的敏感性，要在产品与沟通上做适度的调整以符合当地的口味。一般而言，这些工作往往需要相当的资金投入，并要耐心等待利润的回报。

（4）财务分析

出口企业了解在目标市场国家所能获得的期望投资收入是尤为重要的。主要的方法是分析投资报酬率。投资报酬率评估的程序如下：

① 估计目前的市场需求潜量。估计每一个市场的总行业销售量，此项工作必须使用公开发表的数据，并辅以企业自行调查搜集的一手资料。

② 预测未来的市场需求潜量与风险。企业必须预测未来行业的销售情况，这显然是一项艰巨的任务。这项工作包括经济与政治的发展预测，以及预测它们对行业的冲击。

③ 市场销售潜量的预测。要估计企业的市场销售潜量，必须先求出其可能的市场占有率，这是另一项艰巨的工作。

④ 成本与利润的预测。成本的高低以企业采取的进入国际市场的方式而定。如果企业决定在当地投资建厂，首先必须了解当地的劳动力、税收、商业运营等情况，然后才能正确地估计出企业的成本，最后再用未来预计销售额减掉未来预计成本，这样便可推测企业未来各年的可能利润。

⑤ 投资报酬率的评估。企业所预测的各期收入流量应与各期的投资流量相关，这样才能得出隐含的报酬率。这样评估的报酬率应该是高得足以弥补企业正常的投资报酬率目标

以及企业在该国从事营销活动所承担的风险。

第三节　国际市场营销产品策略

企业面临着要解决对各国市场营销组合作多大程度的调整以适应当地的市场环境。通常采用的营销决策主要有营销组合决策，即国际产品决策、价格决策、渠道决策和分销决策。

一、产品的含义

所谓产品（product）是指有形的物品及无形的服务，如轮胎、除臭剂、搅拌器以及电脑等。经济学家对产品所下的定义非常全面，他们认为产品是一组效用的组合，并且指出产品既包含带给消费者心理的满足，也包含所有的物理特性与化学特性，但是产品一旦被推向国际市场，那么它所有的特性都必须要加以调整。

二、国际产品标准化与差异化

国际产品标准化是指企业销售到国际市场的产品和原本在国内市场销售的产品在本质上是一样的。

国际产品差异化是指企业销售到国际市场的产品和原本在国内市场销售的产品在本质上有所不同。除了要改变产品本身之外，甚至连产品的其他属性也都必须加以改变，如国内外产品在包装、标签、品牌或质量保证等方面并不完全一致。由于国外消费者对产品的评价及其由之所获得的满足程度往往与国内消费者不同，所以企业必须实行产品差异化。

尽管企业在国外市场所推出的产品和自己国内的原产品不完全相同，但至少是属于同一类产品，而且所需要的生产与营销技术也相类似。总之，企业一定有某些核心技术是可以应用到国际市场上的。

三、品牌与商标

1. 品牌的含义

所谓品牌（brand）是指用来识别一个（或一群）卖主的产品或服务的某一名词、符号、象征、设计或它的组合。它的基本功能是把不同的企业之间的同类产品区别开来，使竞争者之间的产品不致发生混淆。

通常品牌由品牌名称、品牌标志和商标3部分构成。

品牌名称（brand name）是指品牌中可以用语言表达的部分。

品牌标志(brand mark)是指品牌中可以被认出,但是难于用语言表达清楚的部分。

商标(trade mark)是指经向政府有关部门注册登记后的品牌名称或品牌标志受法律保护,享有独家使用权。

在国际营销活动中企业必须考虑如何保护企业的品牌和商标,此外也必须决定对同一产品究竟应该采用全球统一品牌方式进行营销,还是采用各国独立的品牌方式进行营销。同时,自有品牌问题也是一个不可忽视的主题。

2. 品牌建立决策

建立全球统一品牌与采取产品标准化决策是相互依存的。全球性品牌决策成功的前提条件取决于全球消费者偏好的统一、全球广告以及促销活动的协调。此外传播媒体的跨国性也是获取成功的一个重要条件,因为通过全球同步的传播攻势,世界各地的受众才能够树立起品牌的形象。

采用全球性品牌有两个优点:其一,可以享有广告的规模经济效益,统一的形象可以吸引各地的消费者;其二,可以确保对进货渠道的控制。商场空间的有限性使得厂商必须争取将自己的产品陈列到零售商的货架上。此时如果产品采用国际性品牌,那么该产品就比较容易比其他竞争者更具有说服力,进而可以争取到货物上架的资格。

3. 品牌延伸使用决策

当企业将新产品推广到海外市场的时候,品牌延伸使用策略对企业来说是相当有利的,尤其是在该品牌原本就有高质量形象的情况下。将品牌沿用至新产品自然也会被认为不错,可以因此节省不少的广告费用。品牌延伸更直接的好处是消费者会因为对原品牌的良好印象而购买同品牌的新产品。这样新产品就比其他竞争对手的产品多了一些机会。

4. 品牌与商标权的保护

企业究竟应该如何保护自己最有价值的资产之一——商标和品牌呢？主要还是要通过法律途径来寻求保护,也就是说企业应该先聘请专业的法律顾问,然后就可以和法律顾问商讨以下对策。

① 究竟应该在哪些国家为本企业的品牌和商标寻求保护？

就这个问题来说,我们可以清楚地看出先到各国去注册商标是最明智的一种选择。否则,一旦其他企业抢先在他国注册了该商标,企业就只能花钱去买回该品牌和商标了。不过,在各国登记是有成本的,如果再加上法律服务费用,这笔保护成本就相当可观。

② 企业对哪些品牌在哪些国家应进行保护？

一般来说,具有全球知名品牌的企业,在所有的国家都需要进行品牌及商标的保护工作。至于知名度稍差一些的品牌,企业可以仅在某些市场作选择性的保护工作。有些企业甚至完全不做海外商标及品牌使用权的保护工作,因为该企业可能预计到产品销往海外的可能性较小,因此不太可能需要品牌保护。

③ 企业如何应对品牌在海外被抢注?

在面对品牌抢注者时,企业通过成本效益分析可以采用以下 3 种策略中的任何一种。

a. 向其买回品牌的使用权;

b. 重新建立新品牌;

c. 放弃进入该市场。

四、包装与标签

产品包装、标签及有效期的辅助特性与产品的基本特性是一样的,这些辅助特性对产品营销来说也具有非常重要的意义。

1. 产品包装

很多企业在产品包装设计上投入了大笔的资金,但是产品包装能否适用于各国市场,往往还要依靠一些其他的市场特性来决定。例如,当地的气候条件和促销特性等均会影响产品的包装。

(1)环境适应性

有些市场的气候条件又湿又热,有些国家的道路状况较差,产品在运送过程中很容易被损坏。针对这些特殊的环境要求,企业在设计包装时都必须将其考虑在内。

(2)分销渠道的环境

分销渠道的环境也会影响产品的包装要求。例如,一个产品可能会处于不同的市场,生产到消费的时间在各市场会有 3~6 个月的差异,此时包装就应该有所区别。一般来说,较贫穷的国家反而更需要较好而且耐久的包装,这是因为产品在销售渠道中滞留的时间会比较长。

(3)产品的促销特性

分销商往往喜欢不容易被损坏或者被盗窃的包装方式,而零售商喜欢容易陈列和储存的包装方式。因而,一个超市较多的国家和一个小型零售店较多的国家对于包装的要求也是不一样的。

(4)产品包装的尺寸、重量、颜色、形状以及材料

产品包装的尺寸、重量、颜色、形状以及材料等都会影响产品的销售业绩,特别是产品的尺寸和重量是企业作产品包装决策时要考虑的最重要的变数。企业必须根据市场购买力、客户使用习惯以及购买习惯等因素来决定产品的尺寸和重量。

(5)市场整体的偏好

在选定包装方式时,应该考虑市场整体的偏好。有时企业在一个市场上所采用的包装方式可以直接运用到另一个市场中,但有时却不行。当企业必须改变包装方式而企业在当

地又没有生产时,那么必定有一个工厂必须同时供应两种不同包装的产品,此时整体生产效率和包装效率便会下降,这也会导致产品成本上升。因此,包装方式的标准化,往往是企业努力的方向。另外,即使是从美学上的观点或者是从国际型消费者的角度来看,尽量在包装上实施标准化也是可取的。

（6）环境保护的要求

企业在包装上还需要注意一个趋势,即各国消费者越来越重视环保,因此过度的包装往往是不受欢迎的。企业必须时时注意消费者消费态度的改变,适时修正包装方式。

2. 产品标签

企业在产品标签上要注意所使用的语言和政府的规范这两个方面的要求。

（1）标签语言

企业如果使用当地语言来标示产品往往是必需的,但这样做往往会增加企业的包装和标签成本。解决这个问题的一个很有效的方法就是同时在产品上做多种语言标签。如果标签信息太多而无法这么做时,可以在外包装上采用单一语言的标签并同时提供多种语言的详细说明书。

（2）各国政府对于产品标签的要求

各国政府对于产品标签的要求是企业在为自己的产品制作标签时必须要考虑的因素。一般来说,这些要求涵盖了产品的产地、重量、内容、成分、制造商名称、添加物以及化学成分等内容。各地的要求虽然不尽相同,但是目的都是为了向消费者提供更多的保护。除了满足以上要求之外,企业还必须注意一些新规范的形成,以便适时修正标签。

五、国际产品生命周期

1. 产品生命周期

营销学者认为,产品生命周期（product life cycle）是指一种产品从进入市场到退出市场的全过程。当我们将产品生命周期运用于国际贸易理论时产品生命周期就会与生产形态有关。最初,一国在许多商品上处于出口者的位置,等其逐渐丧失了出口市场,最后可能会演变为原有商品的进口者。

2. 国际产品贸易周期

国际产品贸易周期分为 4 个阶段。

（1）新产品期

第一阶段为新产品期。产品的研究与开发通常缘于本土市场的需求。当厂商的产品脱离生产学习阶段时,产品必须同时满足生产者与消费者。当国内市场需求饱和时,厂商开始外销新产品，并且希望从中获取利益。我们假设美国厂商出口产品到欧洲。

（2）增长期

第二阶段为增长期。进口国已经渐渐熟悉这种新产品，在产品发明国拓展海外市场之际，较富有国家的厂商开始尝试自给自足，并且逐渐出口产品到其他发达国家，原创国商品的出口就会因此而减少。我们假设美国出口到欧洲的产品已经逐渐为欧洲自行制造的产品所取代。

（3）成熟期

第三阶段为成熟期。其他国家的企业已经具备了生产经验并且成本低廉，他们就会开始向发展中国家出口该产品并且会取代原创企业的出口地位。我们假设欧洲厂商开始向南美洲出口新产品，并且占领了当地的美国产品市场。

（4）衰退期

第四阶段为衰退期。海外厂商已经获得了丰富的生产经验，规模经济效益使得他们能够直接将产品出口到产品的原创国，迫使其变为进口国。我们假设南美洲厂商取代原发明厂商在美国市场进行销售。处于第四阶段的产品几乎已经成为必需品，例如纺织品即为第四阶段产品。位于第四阶段的产品通常由发展中国家提供。

上述的比较利益法则有助于我们更进一步了解国际贸易与产品的形态，并且可以帮助国际化的企业制订生产计划。

六、新产品开发决策

1. 新产品的含义及种类

新产品就是指具有全新功能的东西，或者是现有功能的主要改良。在营销学上，所谓新产品并非单纯指发明创造的新产品，还包括革新产品、改良产品和模仿产品。

2. 新产品开发的步骤

新产品开发的失败率是很高的，为了避免失败，减少风险，新产品的开发工作必须要按照一定的科学程序来进行。主要的步骤为构思、筛选、分析、设计和商业化。

3. 新产品构思的来源

产品计划的第一步是产生一连串新产品的构思。新产品构思的来源有：

① 公司员工；

② 公司的研发机构；

③ 顾客；

④ 分销商；

⑤ 销售代表；

⑥ 发明人；

⑦ 竞争者。

这些来源对所有的国内厂商和国际企业都适用,不过对国际企业而言还有一个重要的构思来源,就是所有的国外市场。一些组织和政府机构也会报道世界各地的新发明,包括新专利,这也是构思的来源。

七、国际产品决策

1. 直接延伸

直接延伸(straight extension)是指企业对产品不加任何改变就推向国外市场,也就是为现有的产品设法寻找新市场。但首先还是要先了解国外的消费者是否使用该项产品。这种方式的好处是不需要额外的研究与开发费用,不需要重新调整生产设备,修正促销方式。但就长期而言,它的代价会很高。

2. 产品调整

产品调整(product adaptation)是指根据当地的市场情况和消费偏好而改变产品。其方式有企业生产区域型或者生产国家型,即根据不同国家设计不同的产品。公司也可生产都市型产品和生产不同的零售商型的产品。

3. 产品发明

产品发明(product invention)是指企业开发一些新产品。企业通常有两种做法:一种是向后发明(backward invention);另一种是向前发明(forward invention)。向后发明是指企业将适用于当地需要的早期产品重新推出。企业可以利用国际产品的生命周期,因为各国所处的准备接受产品的阶段并非一致。向前发明是指企业开发出全新的产品,以迎合国外市场的需要。

第四节　国际定价策略

一、国际定价应考虑的因素

(1) 制定价格目标策略；

(2) 监视竞争者的定价行为,评估其策略目标；

（3）评估不同国家市场上消费者的消费能力；

（4）将价格与厂商的成本以及利润目标结合起来；

（5）了解影响产品定价的特定因素，包括产品所处的产品生命周期的阶段。成熟产品的价格通常会下降，原因是产品之间相似度的提高，面临的竞争也会更多；

（6）了解不同环境下国家对市场价格管理的差异性。这些差异可能是来自于法律环境、汇率波动、市场结构（特别是分销渠道）以及竞争环境的变动。

以上这些因素都会影响出口企业在每个市场的定价行为。

二、制定国外市场价格所面临的问题

出口企业在为自己国际性产品制定价格时，通常会面临一些问题。在制定全球性价格政策时，企业必须处理有关价格升级、价格转移、倾销定价等问题。

1. 价格升级

当企业把产品销售到国外时，产品的价格通常要高于国内（除非想补贴国外价格），因为企业要承担额外的成本，如运输成本、关税、进口商毛利、分销商毛利及零售商毛利等。这些附加成本以及汇率变动的风险使得产品的价格在另一个国家往往要上涨 2～5 倍，制造商才会获得相同的利润。

如何根据不同的国家来制定价格？关于这个问题，企业通常有下列 3 种做法：

① 设定一个使用于各地的统一价格。例如，可口可乐公司将全球各地的可乐价格定在每瓶 0.4 美元。但这对可口可乐公司来说，意味着企业在不同的国家可能会获得不同的利润，因为每一个国家的价格升级成本是有差异的；对穷国来说，这个价格可能太高了，而对富有国家来说又可能太便宜了。

② 在各国设定一个基础价格。例如，可口可乐公司在各国设定一个本国可接受的价格。然而这种做法却忽略了国与国之间实际成本的差异。另外，这也可能导致低价格国家的中间商将可口可乐运到高价格的国家去销售。

③ 在各国设定一个成本价格。例如，可口可乐公司可以利用各地的成本为基数再加成，但问题是这种方式可能使可口可乐在成本高的国家中因价格太高而被迫退出市场。

2. 国际转移定价

国际转移定价（international transfer pricing）是跨国公司的母公司与各国子公司之间转移产品和劳务时所采用的定价方法。实际上，许多公司的转移价格偏离了正常定价时的市场价格。当公司将产品运往国外的子公司时，必须为产品制定一个转移价格，这已成为跨国公司总利润极大化的一种手段。具体做法有下述几种。

（1）跨国公司将产品由甲国转移到乙国时，如果乙国关税较高，而且是从价税，那么公司就将转移价格定得很低,以减少所交纳的关税。

(2) 如果某国征收的所得税很高,跨国公司在将产品转移到该国时,就将转移价格定的高些;再将产品由该国转移到其他国家时,公司可将价格定的低些,这样就会降低公司在该国的利润,从而会减少在该国要缴纳的所得税。

(3) 如果某国实行外汇管制,就会对在该国经营的外国子公司的利润汇出加以严格的限制或征税。跨国公司在向该国的子公司转移产品时,可将价格定的高些,而将产品由该国转移到其他国家时,可将价格定的低些,以减少在该国的利润,避免利润汇回的麻烦和赋税。

(4) 如果某国已经出现或即将出现较高的通货膨胀,为了避免公司资金在该国中大量积累,企业在向该国转移产品时,可将价格定的高些,由该国转移到其他国家时,可将价格定的低些。

3. 倾销定价

所谓倾销定价(dumping)是指企业把以低于成本或低于国内市场价格的产品销往国外市场。这种做法有可能会触犯东道国的反倾销立法。各国政府正在防止哄抬物价,并迫使公司采取正常价格(arm's length price),即与其他竞争者相同或类似的价格。

第五节　国际分销渠道策略

一、分销渠道的含义

分销渠道(channel of distribution)是指企业将产品转移到最终消费者所采用的方式,即产品从生产者到达最终用户所经历的各个环节和通道。

二、决定进入市场要考虑的三要素

1. 企业目标

企业目标是指企业未来一段时间内希望实现的目的。通常企业的目标有:利润目标、市场份额目标、市场增长率目标、投资收益率目标等。只有企业所想进入的国外市场与企业目标一致的情况下,企业才可考虑进入。

2. 机会

企业只有在具有现实的和潜在的海外营销机会时才具备是否要进入的决策基础。一般来说,国外市场的机会必须大于眼前的和潜在的国内机会时,才有进入的必要。机会不是现成的,需要企业去寻找和创造。

3. 能力

光有机会还不够,出口企业还必须考虑是否具有抓住和利用机会的能力,也就是是否拥有进行国际营销的资源,这种资源不仅仅是指产品、技术、资金、管理等,也包括这些要素所具有的相对竞争优势。如果没有,企业进入后则不可能保证成功。营销能力还包括企业在有限的时间内获得所需资源的能力。只有上述三者都具备时,企业才有可能决定进入国外哪一个市场。

三、进入国际市场的方法

假设出口企业已经决定从事国际营销,并且已经选好了目标市场,此时它所面对的问题是如何进入该市场。如果企业所选择方案的领域较宽,那么每一家企业都可以为自己的每一项产品确定进入国外市场的方式。进入国际市场的方式见图 11-1。

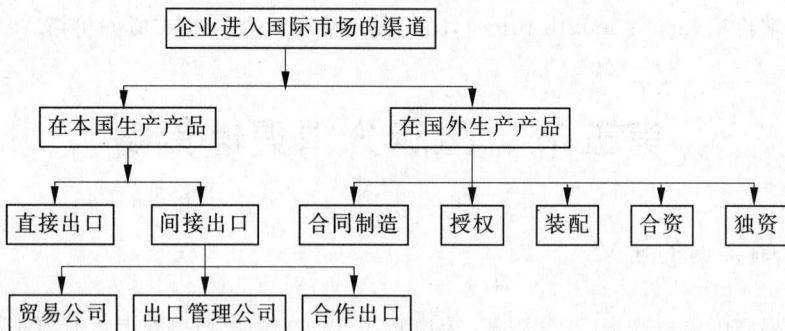

图 11-1　进入国际市场的方式

第六节　国际促销策略

一、促销的含义

促销(promotion)是指企业通过各种促销方式将企业及产品的有关信息传达给现有的和潜在顾客的过程。促销的实质是营销者与购买者之间的信息沟通。促销的方式主要有广告、人员促销、营业推广、公共关系。

二、国际广告促销策略

出口企业在国外市场的促销策略可采用和本国市场一致的广告和促销手段,也可就当地的市场环境做出必要的调整。

国际广告是指为配合国际营销的需要,对出口国或地区所作的广告。国际广告的目的是通过各种适应国际市场特点的广告形式将产品迅速打入国际市场,使产品赢得声誉,从而扩大销售量。

1. 影响广告促销策略的各种因素

广告的使用在各地可能会有不同目的,主要包括销售能力的提高、分销渠道的增加以及产品上市及改善品牌形象等。国际广告主要受下面因素的影响。

(1)语言差异

国际广告首先面临的是语言问题,从事广告促销时会面对许多不同的语言,虽然有些语言可以在数个国家通用,但是全世界的语言类别却远比国家数目要多。国际广告人员不可能学习所有的语言,但是国际广告却需要通过多种语言来进行沟通。因此,即使产品和广告是全球性的,但在语言上却很难达到统一。

(2)媒体的适用性

许多可在本国使用的媒体并不一定适用于其他国家,原因有两个:其一是政府的法令限制,其二是沟通媒体的结构不同。

(3)政府的控制

各国政府的法令限制可能会影响媒体、信息、广告预算及代理权。以下是一些较特殊的限制:

① 就烟草、酒类、药物及特殊物品而言,它们的广告在大部分的西欧国家是被全面或部分禁止的,甚至在印度也是如此。

② 根据某些政府法令,有些媒体如果用作商业用途可能是不可行的或者会受到严格的限制。

③ 对广告信息的限制。全球有 40 种语言可以使用在广告上,也有些国家限制比较性的广告,另外约有 25 个国家需要预先审查特定的商业广告。

④ 广告预算可能会引起政府的注意。例如,印度政府会质疑当地较高的广告预算。而英国政府也有过类似的行为,比如对宝洁公司的广告预算过大而曾予以指责。我国政府对有些产品的广告也有一定的限定。

⑤ 有一些国家限制广告代理,有些国家仅允许少数的国外股权介入,而在印尼及巴基斯坦则完全被禁止。

(4)竞争状况

竞争可能是另一项限制因素,在某些市场,一个国际企业可能会面对其他国际企业的竞争。当然,其竞争者也可能是国内同行。因此,在不同情况下,不同市场对广告业务的反应便不尽相同。此外,国际企业所采取的方法不同,也会引起不同的竞争反应。在一些国家,国际企业的广告活动会促使当地竞争者也采取相同的行动。例如,宝洁公司在进入中国市场时增加了广告,这便引起我国企业也增加了广告量来予以反击。

（5）文化差异

沟通是广告中最大的问题之一。沟通之所以困难是因为文化因素决定了人们对不同现象的认知。例如,白色在欧洲国家属于纯洁的色彩,但在我国它通常和死亡有关联。文化差异涵盖整个国际营销的广告方案。

2. 广告代理商的选择

出口企业在进行代理商选择时,自然会挑选最有助于实现企业目标的代理商。由于甄选的标准不容易确定,所以相关规范的确定将有助于营销人员选择。首先,要对所要聘用的广告代理商进行调查,选择广告代理商时需要考虑下列因素。

（1）公司与广告代理商的相对地位

有些出口企业拥有强大的幕僚队伍来从事广告工作,因此这些企业不需要代理商,而那些广告部门较弱的公司,则需要能力较强的广告代理商。

（2）沟通与控制

如果出口企业想与国外市场的代理商经常保持联系,并且期望监督他们的工作绩效,那么应选择设有驻外办事处的国内代理商,因为代理商内部的沟通网络有利于国际营销人员的沟通。

（3）国际广告业务的协调

出口企业是否希望市场的广告业务是独立的或者是否希望各国的广告业务通过协调来配合国内的广告计划,由此可看出,评估代理商最主要的标准是与他协助出口企业从事广告业务的程度相关。

（4）企业的国际商业规模

出口企业的国际广告经费越少,就越不可能拥有较多的广告代理商。出口企业广告量的多少可以决定其所需的最低服务质量。市场多而量少的广告虽然不容易引起广告代理商的兴趣,但就国际广告代理商而言,所有市场的广告总量也是相当可观的。

（5）公司形象

出口企业到底是要建立国产形象还是国际形象,如果企业想要获得当地的认同,就应选择当地的代理商,而不应该选择国际代理商,例如,IBM公司就采取此做法。

（6）企业组织形式

如果出口企业采用分权管理,并在各国子公司设有利润中心,那么代理商的甄选可由各子公司自行决定。

（7）涉足国际市场的程度

在合资经营中,国外公司虽然享有决策权,但是在该国的合资伙伴通常会偏向于选择已经有交往的广告代理商,因此他们往往会成为实际的决策者。在授权经营中,广告业务多被授权者操纵,而通过分销商的销售,同样会降低企业对广告业务的控制力。虽然出口企业与分销商会共同合作制订广告计划,但是国际营销人员对于代理商的选择应具有主动权。如果出口企业愿意分担与分销商的合作计划,就应对代理商的选择拥有发言权。

3. 广告信息决策

（1）选择广告的方式

对于国际营销者而言,一项重要的决策就是要决定公司应采用地区化还是标准化的广告方式。但无论采取哪种方法都要适应市场需求。虽然各国的人都有同样的基本需求与欲望,但满足其欲望的方法却各不相同,因此广告诉求需要切合实际。由于出口企业无法充分了解各市场的情况,因此需要获得当地的子公司、分销商或广告代理商的支持。事实上,出口企业可将广告业务完全授权,让各国的子公司自行拟定广告内容。

（2）地区化或标准化

国际企业在进行广告业务的准备工作时,通常会为在各国采用差异化的广告,还是国际标准化广告而发生争论。

这种对立的观点常常会受主观因素的影响。国际代理商和国际广告经理人都较偏好国际标准方式。国际广告经理人对国际标准业务方式较为偏爱。如果出口企业在各国市场需要个别的广告业务,地区化业务的需求将会有所增加,而国际广告的重要性将会降低。有时还会有另外一项因素的介入,那就是最高管理当局想以"单一品牌风靡全球"。顾客在各国旅游时,将可看到相同的广告。

4. 影响广告诉求的因素

许多因素会影响每个市场使用相同的广告诉求。

（1）购买者的消费系统

出口企业的产品在购买者消费系统中所扮演的角色是其中的一个需考虑因素。如果产品在各国扮演相同的角色以及满足相同的需求,那么广告诉求的内容可以一致。例如,可口可乐公司就是运用广告诉求标准化取得成功的典范,它们认为产品在全球各地会满足相同的消费需求。也许就某些低价的产品来说,情况可能会是这样。

（2）各国消费者的购买动机

消费者购买产品的行为动机是追求其功能或使用的便利性。企业可以结合各国消费者的不同购买动机来制定广告决策。如果各地区的购买动机相似,那么采取相同的广告诉求会更为有效。这种情况在工业品营销中较为常见,而在耐用消费品营销中则较为罕见。

（3）语言

很明显，世界广泛使用的语言将有助于统一国际广告业务的开展，因此，英语系国家的人们是非常幸运的，因为英语就扮演了这个角色。虽然语言所涵盖的市场范围并不足以采用全球性的广告，但在多国语言通行的国家中，可以进行适用于全球的多国广告活动。例如，德语的涵盖区域除了德国之外，还有奥地利以及瑞士的大部分地区；法语涵盖的区域有比利时、瑞士、卢森堡、摩洛哥与法国本土；英语国家包括六亿多人口和数十个国家；法语国家包括一些殖民地；西班牙语则包括南美洲和美国南部。虽然目前世界上有多种语言，但这并不妨碍国际广告诉求内容的一致性，如果广告信息仅需在语言翻译上进行改变的话，那么诉求内容可以是一致的。除了有时容易发生翻译上的差错外，一般而言，翻译将不会太困难。

（4）现存的国际市场细分格局

国际市场细分就是国内的某些细分市场可以在许多国家同样存在。该类市场的广告业务与国外市场极其相似，甚至比国内不同市场的业务方式更为相似。

（5）逐渐发展的全球性或区域性消费市场

沟通、运输和生产技术为全球带来了更为自由的消费方式。各国市场的消费者虽不相同，但在更加区域国际化的形势下，广告业务就可以利用相同的诉求。而支持区域消费市场的增长更需依赖于区域组织的发展，例如，欧洲大市场的成功建立加速了欧洲消费市场的增长。

（6）资本因素

如果市场相似，企业可以采用相同的国际广告策略，但营销人员必须考虑其他因素的影响，其中之一就是经济因素。如果采用佣金制度，一致的国际广告业务似乎无法使代理商节省支出，因为不论是国际或独立的代理商，他们所支付的费用都一样。虽然如此，但在其他方面企业仍然会有所获益。如果出口企业采用完全自主的广告业务，国家的不同会存在着显著的差异。一国的市场规模越小，代理商就越少，用于创新工作的预算也就越少。当然，由于市场小，技术人员就更为缺乏。而国际广告业务方式需要大量的财力和优秀的人员，进行颇具水准的广告活动。大型市场的杰出代理商也可以通过创新广告活动而将费用分散于多国市场中。

（7）代理商关系

假设出口企业在整个或大部分的市场营运中使用同一家广告代理商，将有助一致性广告业务的开展，并可获得较高的工作效率，因为通过代理商的内部沟通渠道，可以节省时间。此外，如果代理商可以涵盖所有市场，那么国际广告业务的准备工作将更为简单。

（8）媒体的多样化

媒体的可用性是影响国际广告活动发展的另一项因素。如果企业可以在全球各地使用相同的媒体做广告，那么，企业必将获益。然而，事实并非如此，广告内容大多需要进行适度的修改以配合媒体的运作。因此,为电视准备的广告活动与为广播电台或印刷媒体而准备的广告内容可能会有所不同。缺乏一致的媒体并不会妨碍国际广告的运作,因为我们仍可以在各类媒体上采用相同的广告诉求。

同样,国际性媒体已逐渐受到重视。互联网、商用电台与广播电视台已在各地普及,人造卫星已成为真正的国际性媒体,无论各地发生什么事情,都可迅速地传送到世界各地。印刷媒体一般都缺乏国际性,但美国的《读者文摘》却能以各国语言发行到数十个国家和地区,它也可以提供大量的国际性广告业务。

(9) 全球产品

今日的出口企业逐渐采取统一的广告并已经开始开发全球性的产品,从而向所有的销售网络推荐其产品,因此,出口企业的广告活动与其他营销计划一样,正向国际化迈进。

(10) 政府法令

政府的法令限制会使全球性的广告业务难以进行,尤其是政府对某些产品广告的限制,如香烟、儿童用品、酒类及药物。1992 年以后欧盟大市场的建立改变了欧洲广告业的法律环境,而更一致的法令将成为这个开放市场的一部分。例如,万宝路香烟的广告在英国就遭遇过法令的限制,其原因是香烟广告中英雄式的形象可能会产生鼓励抽烟的效应。

(11) 工业品

一般而言,工业品市场比消费品市场更具备国际化的标准,因此,工业品营销人员可以通过国际化的广告诉求内容来达到促销的目的。

5. 广告媒体的选择

企业选择媒体的原则不变,但应用的方式却有所不同,媒体应以最容易影响各国目标市场为目的。广告代理商和公司在该国的业务代表对该地区的情况最为熟悉,因此出口企业对当地媒体的选择应多加留意。在选择广告媒体时,企业应考虑下列因素。

(1) 媒体的差异

国际营销经理选择的媒体,由于使用的广告载体不同会有差异。国际营销经理不可能将国内的媒体架构直接成功地运用到国际广告业务中去,因为在国外未必有与国内相同的载体。当各国市场之间媒体的应用差异性很大时,国际营销经理必须授权各营业单位自行负责媒体的选择,并且稍微加以修正以适应该国的市场需求。

(2) 媒体发行量

许多国家都会遇到一个阻碍媒体决策的因素,即缺少媒体发行量或受众的相关指标。广告人员都习惯去核查不同媒体的受众人数,他们通常还依据消费者的特性。但是媒体所提供的数字也只能作为参考,其可信度值得商榷。

媒体的发行量无法代表真正的覆盖面。许多国家对电视机或收音机销售数量有统计,但真正的媒体受众数量可能超过所统计的数量。

（3）媒体的种类

国际营销业务中，经理人员必须决定是采用国际性，还是地区性的媒体载体。国际性杂志可以为营销人员提供不少有关目标市场的资讯，其中包括产品发行量、读者资料以及市场的覆盖区域，并可借助杂志的信誉来提高公司的知名度和促进产品的推广。

另外，用于国际广告的商业电视增长得相当快。电视科技的进步、电视机的普及都反映出国际商业电视的扩张。

区域性媒体的广告量仍然远高于国际性媒体。区域性媒体对国际营销人员而言也是颇具吸引力的，因为它们有许多的优点。例如，可以提供广泛的媒介，包括杂志、报纸、电影、广告牌以及商用广播媒体，这些媒体可以灵活地来用当地语言，尤其是消费品广告可以收到很不错的效果。

6. 国际广告预算方法

国际营销人员必须在市场上寻求最佳的广告预算方案。出口企业常采用的广告预算方法主要有。

（1）销售额比例法

编制广告预算最简单的方法是销售额比例法，即企业根据目前的或预期的销售额来确定促销费用。除了简便外，此方法也可以使广告业务与各国的销售量相匹配，从而避免广告业务失控。而且此法能在预算会议上打动偏爱比率或单位成本的财务管理人员。此外，它还可以保证出口企业在各国市场销售产品时的广告质量。如果出口企业对其国际广告业务采取集权控制，那么他们一般会较偏爱销售额比例法，因为最高当局的广告经理很难将其他不同的预算方法用于 50 或 100 个市场上。

（2）竞争对等法

竞争对等法是指向竞争对手看齐的一种预算方法。这种方法能够使出口企业避免丧失市场份额，但这类方法的结果仍令人怀疑。在大多数国外市场，出口企业实际上无法了解竞争者的策略。此外，跟随竞争者可能会造成预算的不准确。实际上，跨国企业几乎都会比同行的国内公司有更多的广告，这也许是因为该公司有更多整合市场的机会。因此跨国企业也可以模仿国内竞争者，而不必一味地跟随竞争者。

（3）目标任务法

目标任务法是指企业估算完成目标任务所需要的促销费用。为弥补竞争对等法的缺陷，出口企业可采用此法作为确定预算的基础。首先要确定广告业务的目标，它包括销售目标和品牌形象等。其次要确定达成该目标的途径，最后再评估这些工作所要花费的成本。如果能够结合成本与收益来进行分析，把目标与完成任务的费用结合起来确定广告预算，则可称是最完善的方法。

（4）比较分析法

比较分析法是指企业将市场分成两种或两种以上的类型进行预算的方法。这种方法比采用一致的预算更有弹性，也比自由放任式的方法更能获得较好的控制。它的分类的依据是：

① 市场规模；

② 媒体情况；

③ 其他相关特性。

三、人员推销

1. 人员推销的含义

所谓人员推销（personal selling）是指企业的销售人员向顾客进行面对面的产品介绍和推广。人员推销是继广告策略之后的最主要的促销工具，通常它在国际市场中的作用远比在国内市场重要。人员推销费用占了促销预算的绝大部分，这样可使公司的广告业务锐减。在工资低廉的国家，跨国企业可以大量雇用当地的人员，在发展中国家尤其可行。

2. 国际市场人员推销的步骤

（1）销售人员的招募及甄选

招募及甄选销售代表应由熟悉当地市场情况的人员来进行，但在实际中可能会面临两方面的问题：

① 销售工作在许多国家的社会地位较低，因此，会造成合适人选外流的情况；

② 寻求符合条件的销售人员通常很困难。因而，招募与甄选的缺陷必须通过对加强销售人员的培训及管理来加以弥补。

（2）培训销售人员

销售人员主要是在各国国内加以培训的。培训计划依该项工作的需要以及销售人员的工作经验而定。即便如此，国际营销人员仍然可以对各国的培训计划提出修改意见，因为各国销售产品的方式类似，而且培训计划存在着共性。

就一些价格高或科技含量较高的产品，企业对销售人员的培训可以采取国际性或区域性的方式。由于工业产品市场在国际上几乎是完全相同的，并且其销售较为复杂，所以在各个国家分别进行集中培训销售人员是比较恰当的。另一种培训的方式是由地区性或国际性的管理专家组成一个巡回的培训团体进行培训。当公司开发的新产品与使用方法进入新的细分市场时，销售工作可能会有所不同。这样销售人员通常需要额外的培训，这种培训可以通过地区培训中心或由专门巡回培训团体来完成。

（3）销售人员的激励与报酬

激励与报酬两者之间的关系是密不可分的。吸引人的报酬是最主要的激励因素，而激励基于下列两点理由：

① 推销人员的社会地位通常比较低下；

② 文化的影响使销售代表与陌生人沟通困难，尤其是还要说服他们。

虽然报酬是主要的激励因素，但也有其他的激励方法。由于受文化的影响较深，激励方式的设计必须要符合当地的需求。在销售人员地位特别低的国家，公司必须试图克服这种障碍，培训、提干、津贴及发放奖金都会有一定的帮助。此外，特殊的表扬方式对销售人员的自我肯定也会有所帮助。国外旅游也是国际公司的一种奖励方式，即在国外市场的销售人员可以通过好的业绩获得国外旅游的机会。另外，企业派员工到公司总部参观也是一种激励方式。国际企业之所以比地区公司执行得更彻底，是因为它的规模庞大，并且内部业务便利，因而能够同时招待各国的业务代表。

（4）对销售人员的控制

企业采用佣金制度对销售人员加以控制不如采用固定的工资制度。暂且不论报酬的方式如何，对销售人员的一定控制是绩效评估的最佳方法。控制的技巧包括建立销售区域、设定行程及采访客户的频率等。

（5）销售人员的绩效评估

虽然国外市场的销售活动变动频繁，但国际营销人员对销售人员的评估主要着眼于两个方面：

第一，判定销售人员的绩效是否有助于厂商在该市场的营运情况，即国际营销人员要确定当地管理业务的运作是否良好。

第二，在国际间比较和评估销售人员的绩效。这要求国际营销人员要了解各国在该地区的营运绩效——也就是去年与今年销售量的比较，还需要要求国际营销人员与其他市场进行比较，由这类的比较可以找出最需要帮助的国家。此外也可激励不达标的市场的营销人员改善他们的绩效。各国绩效比较的标准可以是销售人员成本占总销售的百分比，每百万元的销售人员数目，或是每位销售代表的平均销售量。这些比较工作实际上还存在着许多显著的差异，以至于许多厂商试图避免进行国家之间的比较，因为每位国际经营人员在作比较时不可避免地会产生主观臆断。

四、销售促进

1. 销售促进的含义

所谓销售促进(sales promotion)是指除广告或人员推销以外的销售活动，例如，举办销售竞赛、赠券、免费样品、赠品、折扣、现场示范等。对于能够说服消费者去购买商品的任何一种方法都会使企业感兴趣。许多企业运用了销售促进，结果发现效果显著。在低收益的地区，民众对于一些促销的活动，如免费样品、奖金或竞销活动会相当地热衷。

2. 影响销售促进的各种因素

除了经济因素之外,还有许多限制也会影响企业在国际市场采用销售促进的作用。

(1) 法规限制

在国外市场,某些法律条款可能会限制赠品、奖金或奖品的多少,即免费赠品的价值必须限定在价格的某一百分比之内,而赠品类型也必须与所购的产品有关。例如,购买咖啡产品可以获得附赠杯子。此外,企业可以从各国的法规中得知其对赠品或竞销活动的限制,以便针对每个国家进行市场研究。例如,读者文摘在意大利就有抽奖,奖品有诸如小汽车之类的大型赠品。

(2) 文化差异

文化差异要求厂商提供的奖金或其他奖品要能够吸引当地的消费者。例如,宝洁公司在西班牙市场把当地的圣婴图案印刷在包装上,并已采用多年。另外一项涉及文化的问题是当地零售商的参与能力。许多销售促进活动,如摸奖、处理小额奖金或奖品的包装、摆设展示资料等工作都需要零售商的协助。但由于零售商缺乏一定的实力,所以企业与他们合作总是比较困难。企业与小零售商之间存在的主要问题是企业很难与他们接触,以及他们处理产品的方式不能符合厂商的要求。

(3) 当地市场的竞争态势

当地市场的竞争态势会迫使企业采取特殊的销售促进方式,这是由于竞争对手也正在进行促销活动。企业如果不对此进行反击,可能会因此而丧失市场份额。一种积极的做法是国际企业在市场上推出强有力的促销活动以获取更大的收益,但这会导致竞争对手的反击,此种情形可以通过贸易行业工会或寻求政治或法律的途径来加以解决。

销售促进在国外市场有相当的重要性,它是以国际化来迎合多国市场的需求。国际企业在销售促进中的优势往往要超过它在国内的竞争者。由于企业的构想可能适用于多个市场,因此,厂商可以在相似的市场进行测试和分析,而厂商在各个市场的经验又可以协助企业评价销售促进的效果以及制定合理的预算。

五、公共关系

1. 公共关系的含义

所谓公共关系(public relations)是指企业为搞好与公众的关系而采用的策略和技术。公共关系的出发点是树立良好的企业形象,即企业力图将自己最佳的一面呈现给顾客,通常是向全世界宣传自己的优点或解答顾客的疑难问题。一般而言,好的公共关系是一种团体外交——企业力图在各个获益的股东团体间寻求一种建设性的网络关系,因此,它与团体的沟通将变得更为复杂。此外,公共关系在国外市场通常比在国内市场重要。

2. 公共关系的任务

(1) 调研

国际公共关系的首要工作是要熟悉企业在市场上的各类公众。公共关系必须从搜集市场信息开始,即将信息传递作为预防出错的妙方,而不致在发生严重问题后才采取强有力的手段予以挽救。但是,公共关系通常被当作是救火而非预防,因为不完整的信息还会导致许多问题的产生。

(2) 回应公众

搜集信息的目的是为了实施的行动正确。正确的行动取决于信息的质量。偶尔,适当的行动会包含一项声明或告示。当企业受到误解时,某些情况可能会改变公司的行为,如果此类改变并不明显,那么企业将会着手进行变革而非被迫执行。例如,雀巢公司不愿意在发展中国家改变它的婴儿食品营销的方案就曾引起其产品被排斥的现象。此外,宝洁公司的止血棉存在的副作用被消费者发觉后,公司就立刻采取了回收行动,这项快速的行动降低了问题发生的概率并且维系了良好的商誉。另一种做法是如果公司不采取任何行动及维持公司的低利润,在公司没有能力进行改变或不愿意改变目前状况时,问题就会更加恶化。

(3) 组织层面

由于企业必须经常维系与当地公众的关系,因此,公司必须依靠大量的当地员工。有些公司对于公共关系采取集权控制,有些则采取分权制度。公司可以采取集权化的政策,但日常的运作则需要市场员工的协助。厂商可在各国成立全国性机构,甚至聘用公共关系代理商。另外,国际营销公关经理还必须确保厂商在各国政策的一致性。

(4) 大市场营销

公共关系在营销上发展出一套新的做法,称为"大市场营销"(megamarketing)或"第五个P"。大市场营销,换句话说就是企业试图改变外界环境,以便使市场更能接受企业、产品及其营销计划。这项新的功能将在下列情况下实现:

① 总裁或总经理为公司主要的公关人;
② 投资公司的广告业务;
③ 善于利用本国政府来支援公司的国外业务;
④ 掌握政府协商及游说的技巧。

▨ 本章小结

20世纪末,全球企业已经认识到了国际营销的重要性,今天全球竞争愈演愈烈,很多企业都在逐渐将其所提供的产品或服务推向全球市场。企业的全球营销策略不仅应该是企业整体全球营销战略的一部分,而且更应该和企业的整体全球营销战略保持一致。因为这两个策略在技术、生产、组织结构以及财务等各方面都存在着相当重要的"链"。

企业另外一个需要考虑的问题是市场定位的问题,即同样的产品在不同的市场是否应该定位在相同的细分市场上。协调及管理全球营销系统是一项复杂的工作。一些可以应用的基本方法包括:尽量在各市场使用类似的营销策略,将营销知识和经验在各市场之间进行互相交流,以及将市场间的营销活动作适当的顺序排列并协调各地的组织为国际型客户提供全球一致的服务。

企业进行国际营销,通常情况下会面临比在国内更激烈的同行竞争和更高的消费者要求。企业应该提供什么样的产品给外国消费者,这是整个营销活动的中心问题。企业可以将现在走俏的产品原封不动地拿到国际市场上去,也可以对产品做些修改以适应不同的市场需求,或者为某个国际市场开发新的产品。影响企业做出这种决策的因素有很多,除了产品特性和企业本身的能力之外,还包括当地市场的物理环境、消费倾向、购买能力、竞争产品状况等。文化习俗及政府法规有时也是不可忽视的因素。国际企业的 3 个主要议题是:

(1) 决定在全球市场开发哪些新产品;

(2) 如何在个别的国外市场作产品选择的决策;

(3) 决定进入哪一个国外市场。

价格是企业市场营销组合中唯一直接创造收益的因素。价格不仅影响消费者的购买行为,也是企业参与国际市场竞争,实现商品交换的重要手段。影响价格变动的主要因素有:成本、供求关系、竞争、税收和关税、货币和汇率、通货膨胀、中间环节和价格升级、公司集团价格协议以及政府干预等。国际市场价格也受企业战略目标、竞争者的行为、消费者购买能力、产品生命周期阶段和市场环境(如政府法规)等因素的影响。

人员推销方式在国外通常比在国内市场显得更为重要。虽然人员推销几乎完全是以国家为基础的,但总部管理部门能够为公司的国外市场提供销售人员的管理,诸如招募与甄选、培训、激励、奖金、控制及评价。

许多企业运用了销售促进的促销策略,虽然受到了不同国家经济因素的影响,但大部分策略都具有成效。销售促进必须适应当地的法律条款及文化差异。营销组合所使用的规则在国内外应当是一致的。营销组合具有相当的吸引力来赢得顾客的心。适度地修正产品能够说服顾客消费该公司的产品。通过更直接的国外分销,公司通常能增加销售量并对市场有较佳的回应。多样的定价或赊销条件会使厂商的市场更具有效率。

公共关系在国际营销上是非常重要且敏锐性极高的一项工作。成功的公共关系的第一步是让顾客去认识企业,第二步是设计该厂商在市场的最佳计划与活动。新颖的大市场营销概念对于企业而言不只是对环境的变化做出反应,而应试图去管理它。

重要概念

国际市场营销	市场细分	国际市场宏观细分
国际市场微观细分	目标市场	国际产品标准化
国际产品差异化	品牌	产品生命周期
倾销定价	分销渠道	促销
国际广告	人员推销	销售促进
公共关系		

同步测练与解析

一、单项选择题

1. 将"乌鸡白凤丸"译作"Black Cock and White Phoenix Pill"不符合优秀品牌的哪个条件?

   A. 合法性　　　　B. 区别性　　　　C. 启发性　　　　D. 简便性

2. 美国著名运动鞋制造商耐克,在分析欧洲市场时发现,在欧洲慢跑运动远不如美国那样普及。而耐克以生产跑鞋为主,因此仅靠现有产品难以在欧洲立足。进一步的调查表明,欧洲最热门的运动是足球,足球需求量很大。为此,耐克改进其产品,使之适合足球运动。为了成功地在欧洲市场营销其产品,耐克还发动了一场适合欧洲人口味的促销战役。耐克所采用的进入国际市场的产品策略为_____。

   A. 产品延伸,宣传改变　　　　　B. 产品改变,宣传延伸

   C. 产品和宣传双重改变　　　　　D. 产品创新

3. 边际/变动成本定价法在下列哪种情况下不宜采用_____。

   A. 企业无须新增固定投资

   B. 追加需求的市场与企业产品原有的市场之间有良好的信息沟通途径

   C. 只在短期内采用

   D. 采用此法定价的部分在企业总销量中所占比例不大

4. 佳能准备推出针对施乐的个人复印机。经过市场调查,他们发现,价格在1 000美元左右的个人复印机市场前景看好。然而当时佳能最便宜的型号也要2 000~3 000美元。因此,为了实现上述定价目标,佳能的工程师们对传统的复印机设计和工艺作了重大调整。佳能这种新的个人复印机所采用的定价方法是_____。

   A. 成本加成定价法　　　　　　　B. 盈亏平衡定价法

   C. 市场导向定价法　　　　　　　D. 竞争导向定价法

5. 如果甲国征收的所得税较乙国高,跨国公司如何进行定价转移?

    A. 甲国向乙国出口时定低价   B. 甲国向乙国出口时定高价

    C. 乙国向甲国出口时定低价   D. 乙国向甲国出口时定高价

6. 在国际营销的促销组合中,_____的形式多样,吸引力大,在短期内促销效果明显。

    A. 广告   B. 销售促进   C. 人员推销   D. 公共关系

7. 我国中药"健男片"是一种壮阳药,在美国市场上译作 Male-Force,此译名具下列哪类性质?

    A. 合法性   B. 区别性

    C. 启发性   D. 简易性

8. 如果企业实力不强,资源有限,最好选择_____营销战略。

    A. 无差异   B. 差异性

    C. 集中性   D. 分散性

9. 东芝火箭炮电视机推出以音响动人逼真为广告突破口,此定位属于_____。

    A. 追随定位   B. 产品特色定位

    C. 按使用者类型定位   D. 竞争定位

10. 下列情况中哪一种较适合选择长渠道?

    A. 服务要求高的产品   B. 单价低、标准化的产品

    C. 买主少而集中   D. 企业实力雄厚,推销力强大

二、判断正误

1. 国际产品标准化策略所带来的利益是生产和销售成本的节约。   ( )

2. 国际营销与国内营销在原理上是相同的,所不同的是国际营销中不可控制的因素较多,仅此而已。   ( )

3. 即使不把本国企业的商品输往国外,也不在国外设立生产基地,仍然可以进行国际营销活动。   ( )

4. 目标市场的大小,就是看其人口的多少,人口越多的国家,其市场就越大。   ( )

5. 企业选择某一个或某几个国家作为目标市场的国际市场细分,称为宏观细分。

                                                             ( )

6. 广告效果的大小在很大程度上取决于广告媒介的选择,所以在做广告时选择传播范围越广的媒介越好。   ( )

7. 公共关系促销就是通过各种方式来加强公司与顾客(或潜在顾客)之间的关系。从而在他们心目中树立起公司的良好形象,并在此基础上,求得他们对本公司的支持和合作,以获得共同利益。   ( )

8. 技术的加速进步缩短了国际产品的生命周期。   ( )

9. 在国际市场上,消费品生产应该更注重产品的定位;工业品生产企业和中间商,特别

是中间商,则更应重视企业形象的定位。   （   ）

10. 国际营销的原因之一是延长产品的生命周期,就是把国内滞销、淘汰的产品推销到国外去。   （   ）

三、简答题

1. 消费者市场常用的细分标准有哪些?

2. 企业究竟应该如何保护自己最有价值的资产之一——商标和品牌呢?

3. 国际产品决策主要有哪几种?

4. 国际转移定价的具体做法有哪些?

5. 公共关系的任务有哪些?

四、计算题

1. 某企业从事国际市场产品出口的生产经营活动,某一产品的全部固定资产为 15 万元,单位变动成本为 20 元。该产品的单位售价不同,其需求量亦不相同。经预测,数据如下表。

单价(元)	需求数量(个)
25	28 000
30	18 000
35	14 000
40	7 000

试问以哪种价格出售,使企业获得的利润最多?

2. 某企业去年的销售额为 2 000 万元,预计今年销售将增长 15%,达 2 300 万元。如果该企业根据行业平均促销水平将自己的促销比例确定为 15%,那么,该企业今年的促销预算应为多少?

五、案例分析

某电脑公司向市场推出可携带型个人电脑。投放伊始,该公司把目标市场定位于各企业的高层管理者,且采用市场撇脂定价法。他们认为,企业副总经理以上的高层管理者,每天日理万机,经常出差在外,一定迫切需要这种可随身携带的电脑,而且也买得起。基于该电脑的优异性能以及广告强调的“如果你真的是英明的最高管理者,你就该买一台”的信息主题,公司乐观地估计头一年至少可以销售 10 万台。结果第一年才卖出了 200 台左右。公司首脑百思不得其解,经过细致的市场调查,方得知失败的主要原因。

1. 请你从营销学的角度分析该产品销售失败的原因。

2. 根据本案例,你认为该公司应如何调整其营销策略?

【参考答案】

一、单项选择题

.   1. D   2. C   3. B   4. C   5. A   6. B   7. C   8. C   9. B   10. B

二、判断正误

1. √　　2. ×　　3. √　　4. ×　　5. √　　6. √　　7. √　　8. √　　9. ×　　10. ×

三、简答题

1. 答:(1) 地理因素(如南方、北方、城市、农村等);

(2) 人口因素(如年龄、性别、职业、教育、宗教等);

(3) 心理因素(如生活方式、个性等);

(4) 行为因素(如追求的利益、对品牌的偏爱程度等)。

2. 答:主要还是要通过法律途径来寻求保护,也就是说企业应该先聘请专业法律顾问,然后就可以和法律顾问商讨以下两项决策:

(1) 究竟应该在哪些国家为本公司的品牌和商标寻求保护? 就这个问题来说,我们可以清楚地看出先到各国去注册商标是最明智的一种选择。否则,一旦其他企业抢先在他国注册了该商标,企业就只能花钱去买回该品牌和商标了。不过,在各国登记是有成本的,如果再加上法律服务费用,这笔保护成本就相当可观了。

(2) 企业对哪些品牌在哪些国家应进行保护? 一般来说,具有全球知名品牌的企业,在所有国家都需要进行品牌及商标的保护工作。至于知名度稍差一些的品牌,企业可以仅在某些市场作选择性的保护工作。有些企业甚至完全不作海外商标及品牌使用权的保护工作,因为该企业可能预计到产品销往海外的可能性较小,因此不太可能需要品牌保护。

3. 答:(1) 直接延伸。直接延伸是指产品不做任何改变就推向国外市场。即就现有的产品设法寻找顾客。但第一步还是要先了解国外的消费者是否使用该项产品。这种方式的好处是不需要额外的研究与开发费用,不需要重新调整生产设备,修正促销方式。但就长期而言,它的代价会很高。

(2) 产品调整。产品调整是指根据当地情况和偏好而改变产品。其方式有企业生产区域型或者生产国家型,即根据不同国家设计不同的产品。

(3) 产品开发。产品开发指企业为市场开发一些新产品。企业通常有两种做法:一种是向后发明;另一种是向前发明。向后发明是企业将适用于当地需要的早期产品重新推出。企业可以利用国际产品的生命周期,因为各国所处的准备接受的阶段并不一致。向前发明是指企业开发出全新的产品,以迎合国外市场的需要。

4. 答:(1) 产品由甲国转移到乙国时,如果乙国关税较高,而且是从价税,那么公司就将转移价格定得很低,以减少所交纳的关税。

(2) 如果某国征收的所得税很高,在将产品转移到该国时,公司就将转移价格定的高些;再将产品由该国转移到其他国家时,公司可将价格定的低些,这样就会降低公司在该国的利润,从而会减少在该国交纳的所得税。

(3) 如果某国实行外汇管制,就会对在该国经营的外国子公司的利润汇出加以严格的限制或征税。跨国公司在向该国的子公司转移产品时,可将价格定的高些,而将产品由该国转移到其他国家时,可将价格定的低些,以减少在该国的利润,避免利润汇回的麻烦和赋税。

(4) 如果某国已经出现或即将出现较高的通货膨胀,为了避免公司资金在该国中大量积累,企业在向该国转移产品时,可将价格定的高些,由该国转移到其他国家时,可将价格定的低些。

5. 答:(1)调研;(2)回应公众;(3)组织层面;(4)大市场营销。

四、计算题

1. 答:以 35 元的价格出售最为有利,因为在此价格水平下,企业的收益最大。

2. 答:该企业今年的促销预算应为 2 300 万×15％＝345 万。

五、案例分析

案例评析:

1. 该公司致命的失误在于选错了目标市场。由于目标市场选择的错误,导致定价策略、广告策略缺乏针对性和科学性。对销量的预计盲目乐观,忽视了销售过程中暴露的问题,失去了调整策略的良机。

2. 策略调整要点

(1) 企业应重新进行市场调研,确定产品的销售对象。本案例中企业不该将目标市场锁定在最高管理者,应该是他们的随身秘书和幕僚人员,因为他们才是真正的电脑使用者。

(2) 根据购买者的行为特点制定相应的营销策略,并在广告中进行针对性地诉求。

贸 易 法

PART FOUR

绪　　言

　　本部分的内容将围绕与国际贸易有关的法律制度展开,以图通过概括性的介绍,让读者较全面地了解从事对外贸易交往活动时可能遇到的各种法律关系和法律问题,从而顺利开展贸易工作。这里所谓的贸易法,是指调整各国之间的贸易关系,以及与贸易有关的各种关系的所有法律规范的总和。它主要包括以下 4 方面内容:

　　1. 国际货物买卖法以及与国际货物买卖相关的国际货物运输和保险、国际结算等相关法律制度;

　　2. 国际技术贸易和国际服务贸易相关的法律制度;

　　3. 各国针对国际贸易进行管理的法律,即广义的对外贸易法;

　　4. 关于国际贸易争议处理的法律,主要是以解决国际贸易经营者之间贸易纠纷为主的国际商事仲裁制度。

　　从上面可以看出,贸易法实际上是国际商事法律和国家管理对外贸易活动的法律制度的总括,因此具有私法和公法并存的二元结构特点。[①] 此外,贸易法一方面包括有关国际贸易的统一法和国际惯例;另一方面也包括国内的法律制度,具有内容上的二元化特点。在学习时,我们要注意到贸易法的这两个特点,灵活掌握。

---

　　① 　冯大同. 国际贸易法. 北京:北京大学出版社,1995 年

C

第十二章

HAPTER TWELVE

国际货物买卖法

学 习 目 标

通过本章学习,了解与国际货物买卖有关的国际公约、国际惯例及国内法的主要内容,掌握国际货物买卖合同的成立、买方和卖方的义务,及违反买卖合同的补救方法。

重 点 难 点 提 示

- 《联合国国际货物销售合同公约》的主要内容
- 《国际贸易术语解释通则》的核心内容
- 国际货物买卖合同的订立
- 买卖合同双方权利义务的划分
- 货物所有权与风险的转移
- 对违反买卖合同的补救方法

第一节　国际货物买卖法概述

一、《联合国国际货物销售合同公约》（以下简称《销售合同公约》）

1. 制定的历史背景

国际货物买卖法的法律渊源包括有关货物买卖的国际条约、惯例以及各国的买卖法。由于国际货物买卖是一种跨越国界的交易，如果适用各国的国内法难免会产生法律障碍，加之第二次世界大战之后国际贸易飞速发展，越来越多的组织和商业人士都主张建立一套国际统一的货物买卖的行为规范，以便为国际货物买卖创造良好的法律环境。《联合国国际货物销售合同公约》就是在此大背景下应运而生，它的制定符合世界贸易发展的需要，且为规范国际货物买卖，减少纷争，促进交易起到巨大的促进作用。

2. 国际货物买卖合同的概念

国际货物买卖合同是指营业地处于不同国家的当事人之间，就有关货物买卖所涉及的权利义务关系而达成的协议。

由此我们可以看出国际货物销售合同中强调的是以下几点：

（1）国际货物买卖中的标的物是货物

货物必须具有可移动性，那么各种有价债券、专利技术或者房屋、土地等就不在公约的调整范围内，往往受不同法律的调整。由于对"货物"一词很难定义，公约采取了排他法，即将某些货物的买卖合同排除在公约适用之外。按照公约第二条的规定，以下货物买卖不适用公约：

① 供私人、家属或家庭使用而进行的买卖；

② 经由拍卖方式进行的买卖；

③ 根据法律的令状进行的买卖；

④ 公债、股票以及其他投资债券的买卖；

⑤ 船舶或者飞机的买卖；

⑥ 电力的买卖。

（2）国际货物买卖合同具有国际性的特点

是否具有国际性，实践中有很多标准，比如当事人的营业地标准、国籍标准或者行为标准等。公约中采用了单一的营业地标准，即凡是营业地处于不同国家的当事人之间所订立的合同均是具有国际性的货物买卖合同。

（3）国际货物买卖合同中存在的是买卖关系

因为国际交易的种类繁多，应适用的法律规则也是不同的，因此这里有必要强调国际货物买卖交易的性质是买卖，以区别于租赁合同、承揽合同等。买卖合同有两个方面的特征：①卖方将货物的所有权转移给买方。②买方向卖方支付货款。

就合同的性质问题，公约中特别对提供原材料加工以及劳务合同作出了有关规定。原则如下：①卖方接受买方的订货后，如果以自己的原材料组织生产，最后将成品交给买方的话，这种合同当然被认为是货物买卖合同。②如果由订货方提供生产货物所需的大部分原材料，由加工方制作完成后将成品交付给买方，则这种合同就不认为是货物买卖合同，不受公约的调整。

3. 我国对公约所持的态度和立场

我国于 1986 年批准加入了《联合国国际货物销售合同公约》（以下简称《公约》）。大多数国内学者及贸易人士认为，公约在国际货物买卖方面是最完整、最全面的国际统一规范，它吸收、兼顾了两大法系的规定，基本上做到了公平合理，是可以接受并适用的。但是我国在批准公约时，根据我国的实践和国情作出了两项保留。

（1）关于合同订立应采书面方式的保留

按照《公约》第 11 条的规定，国际货物买卖合同不一定要以书面的方式订立，无论口头或书面方式都有效。但是我国认为，国际货物买卖合同必须采用书面方式，故就此作出了保留。当然，营业地在中国的当事人与非公约缔约国的当事人之间订立的涉外合同可以采用口头的形式，因为不涉及公约的适用。

（2）对通过国际私法规则扩大公约的适用作出了保留

根据《公约》第 1 条第（1）款（a）项的规定，如果当事人的营业地处于不同国家，而且这些国家都是公约的缔约国，该公约就适用于双方间的货物买卖合同，但是根据该条（b）款，如果当事人的营业地是处于不同国家，且这些国家并非公约的缔约国，但是只要国际私法规则导致适用某一缔约国的法律，则该公约也适用于双方之间所订立的货物买卖合同。这一规定的目的是为了扩大公约的适用范围，对此我国提出了保留，认为公约仅适用于营业地处于不同缔约国的国家之间所订立的合同。但是，如果当事人在合同中明文选择接受公约的调整，那此公约便可适用于双方之间订立的货物买卖合同。

4.《公约》中未涉及的法律问题

由于《公约》是大陆法和英美法达成调和与妥协的产物，因此尽管其在很多方面取得了突破性的进展，但还有一些重要的法律问题，由于国家间的分歧较大，难以统一，遇到这类问题还得依据国内法来解决，可以说这也是《公约》调整的局限性。

（1）《公约》未涉及买卖合同的效力或惯例的效力

各国对合同的有效性问题一般都规定在其民法或合同法中,由于各国的立法背景、政策考虑不同,因此这一领域的分歧很大,不易统一。

（2）《公约》未涉及买卖合同对其所销售的货物的所有权转移

即关于货物的所有权转移于买方的时间和条件、买卖合同能否切断第三人对货物本来享有的权益问题没有涉及。

（3）《公约》未涉及卖方对货物引起的人身伤亡的责任

《公约》中对于因产品有缺陷使得买方或者使用者的人身遭受伤害或导致死亡时,卖方应承担什么责任的问题,未做出规定。因为这是属于产品责任的问题,应由国内的产品质量法或者消费者权益保护法来调整。

二、《国际贸易术语解释通则》

与国际货物买卖有关的国际贸易惯例是货物买卖法的又一个重要渊源。其中,影响大、涉及面广的国际贸易惯例主要有《国际贸易术语解释通则》、《华沙——牛津规则》、《跟单信用证统一惯例》等。

1.《国际贸易术语解释通则》的产生与修改

国际贸易术语是在国际贸易中逐渐形成的,表明在不同的交货条件下,买卖双方在交易中的费用、责任、风险划分等方面的规定。这是在国际货物买卖的长期实践中约定俗成的、广泛使用的。为了避免不同国家对同一贸易术语作出不同的解释,国际商会在1936年制定了《国际贸易术语解释通则》。后来经过了1953年、1967年、1976年、1980年、1990年、2000年6次修改和补充。其中1990年的修改是为了使得贸易术语适用电子资料交换的应用和不断革新的运输技术发展的需要而作出的。现在该规则是国际货物买卖最重要的贸易惯例。

2.《2000年通则》的主要内容

2000年通则保留了1990年通则的术语种类,2000年通则共规定了13种贸易术语,这13种贸易术语的排列顺序从卖方承担的费用、风险和责任最小的工厂交货到卖方承担的责任、费用及风险最大的目的地完税后交货等内容,并作了详细的规定（具体内容详见第十章第三节 国际贸易术语）。

第二节　国际货物买卖合同的成立

国际货物买卖合同是当事人之间意思表示一致的结果。它是通过一方提出要约,另一方对要约表示承诺后成立的。因此,在合同订立过程中,要约和承诺是两个重要的法律步骤。《公约》专门设立了一个部分,对此作出了规定。

一、要约

1. 概述

要约是一方当事人以订立合同为目的向对方所作出的意思表示。根据《公约》第 14 条规定,凡是向一个或一个以上的特定人(specific person)提出的订立合同的建议,如果其内容十分确定,并且表明要约人有当其要约被接受就将受其约束的意思,即构成要约。要约可以用书面提出也可以用口头提出。

一项要约要符合以下要求:

(1)要约应向一个或一个以上特定的人提出

要约是由要约人(offeror)向受要约人(offeree)发出的。所谓特定的人,是指要约中必须指明受要约人的姓名或公司名称。这项规定就将普通的商业广告、商品目录、价目表同要约区分开来了。凡不是向特定的人提出的订约建议,应视为要约邀请。但是,如果在刊登商业广告时注明了"本广告构成发价"或"广告所列的各种商品将售予最先支付现金的人"等,则该广告将被视为要约。

(2)要约的内容要十分确定

要约中应包括订立合同的主要条件,商品的名称、价格、数量、品质、交货时间、地点、方式等,或者如何确定数量和价格。

(3)要约人必须有当其要约被接受时即受约束的意思

要约的目的是为了订立合同,因此,发价一旦被对方接受,合同即告成立。如果要约人在要约中附有某种保留,其不是真正意义上的要约,而是视为要约邀请。

(4)要约必须送达受要约人

根据《公约》的规定,要约送达受要约人时生效。

2. 要约的撤回

要约的撤回是指要约人在发出要约之后,还未送达到受要约人之前,即在要约尚未生效之前,取消要约的行为称为要约的撤回(withdrawal)。根据《公约》的规定,一项发价,即便是不可撤销的也是可以撤回的,只要撤回的通知能在该要约到达受要约人之前或与要约同时到达。这一规定包含以下几点:

① 撤回要约的时间仅限于要约人已发出了要约到该要约尚未到达受要约人的这段期间;

② 允许撤回的理由是该要约尚未生效;

③ 要约人必须向受要约人发出撤回通知;

④ 该撤回适用于一切要约,包括不可撤销要约。

3. 要约的撤销

要约的撤销是指要约在送达受要约人之后,即在要约已经生效之后取消要约的行为称为要约的撤销(revocability)。根据《公约》的规定,在合同成立之前,要约可以撤销,但撤销通知必须在受要约人发出接受通知之前到达受要约人。

该规定包含的内容是:

① 只要受要约人尚未作出接受,要约人原则上是可以撤销其要约的;

② 要约人必须向受要约人发出撤销通知,且该通知必须在受要约人作出承诺之前送达受要约人;

③ 特定情况下,要约一旦作出即不可撤:一是要约中明确规定了承诺的期限,或表明了该要约不可撤销;二是受要约人有理由相信该要约是不可撤销的,并基于信赖已经有所行事,比如进行了大量的调查研究工作、进行了项目的招投标等。

4. 要约的失效

要约的失效主要原因有以下几种情况:

① 要约因期间已过而失效,受要约人未在承诺期限内作出有效的承诺;

② 因要约人的撤销而失效;

③ 因受要约人的拒绝而失效。

要约失效后,对要约人和受要约人都无约束力。

二、承诺

承诺是受要约人按照要约规定的方式,对要约的内容表示同意的一种意思表示。要约一经承诺,合同即成立。根据《公约》,受要约人以声明或其他方式对某一发价表示同意,即为接受承诺。

1. 有效承诺的条件

(1)在多数情况下,受要约人会明确地通知要约人其接受要约的意思

在某些情况下,受要约人也可能通过行为来表示,此时对于是否构成承诺应按照双方约定或者双方已经确定交易习惯或惯例来判断。一般情况下的沉默和不行为不代表承诺。

(2)承诺要在有效期内作出

理论上,承诺应当在要约规定的承诺期限内作出,逾期的承诺不是有效的承诺而是新的要约。但是由于接受通知在传递途中可能发生意外而延误,故《公约》并不是一概否定逾期承诺的效力,根据第21条的规定,只要要约人毫不迟延地以口头或书面将其认为该逾期的

接受仍然有效的意思通知受要约人,该逾期的接受仍具有接受的效力。另外根据第21条第(2)款的规定,如果载有逾期承诺的信件或其他书面文件表明,在正常的传递情况下,该文件本能及时送达要约人的,则此项逾期接受原则上视为有效,除非要约人毫不迟延地以口头或书面方式通知受要约人,他不接受该项逾期的承诺。

（3）承诺须与要约的内容相一致

如果受要约人在其表示接受的通知中,有对原要约的内容的变更,则该通知视为反要约,不能发生承诺的效力。《公约》对附条件的承诺作出了规定,根据第19条,对要约表示承诺时,如载有添加、限制或其他更改的答复应视为拒绝要约,并构成反要约;如果含有非实质性更改的答复,除非要约人毫不迟疑地以口头或书面方式,通知其反对其间的差异外,仍构成承诺,合同仍可有效成立。如果要约人不作出此通知,则合同的内容应以该项要约的条件,以及承诺通知中所载的更改为准。

2. 承诺生效的时间

承诺自何时起生效这是合同订立中的重要问题,因为承诺一旦生效,合同即告成立,双方要接受合同的约束,由此产生了权利义务关系。就承诺生效的时间,英美法系采取"投邮生效的原则"(Mailbox Rule),而大陆法系采取"到达生效的原则"(Received of the Letter of Acceptance Rule)。《公约》在此问题上,原则上采取到达失效原则,但也有一些例外。

（1）受要约人以发出通知的方式表示接受时,承诺于该通知到达要约人时生效。表示接受所使用的通信方式最好与要约人作出要约时所使用的通信方式相一致,或以更快捷的方式。对于以口头方式作出的要约,除双方另有约定外,应当立即表示接受与否。

（2）如果受要约人是以某种行为表示接受的,接受于其作出该行为时生效。根据《公约》当事人双方可根据已经确立的习惯做法或惯例,以某种行为表示接受,如以发运货物或支付货款的方式表示接受,合同即告成立。这对于保护受要约人的利益以及维护交易安全是十分必要的。

3. 承诺的撤回

根据《公约》的规定,承诺是可以撤回的,只要撤回承诺的通知能在承诺通知之前或与之同时到达要约人即可。一旦承诺通知送达要约人,则合同成立,受要约人不得予以撤销,否则等于毁约。

三、我国《合同法》对"要约"和"承诺"的规定

我国《合同法》对要约和承诺的含义以及其他有关问题作出了完整、系统的规定。《合同法》第13条规定:"当事人订立合同,采取要约、承诺方式"。其要约构成的条件在《合同法》14条规定,要约是希望和他人订立合同的意思表示,构成要约必须符合两个条件:①内容具

体确定;②表明受要约人一旦承诺,要约人即受该要约约束。我国《合同法》中并没有要求要约必须是向特定的人发出,这与《公约》的规定不同。有关要约的撤回和撤销问题,《合同法》基本上借鉴了《公约》的规定。在承诺的生效时间,我国《合同法》原则上采取了以到达生效为准。

第三节　国际货物买卖合同中买卖双方的义务

买卖双方的义务是买卖合同中重要的内容,《公约》中关于买卖双方的义务规定都是属于任意性的,合同的当事人可以在其合同中予以排除或变更。

一、卖方的义务

在国际货物买卖中,虽然双方的权利义务是对等的,但提供货物的卖方其义务要更加的复杂,在《公约》中将其概括为 4 项,即交付货物、提交单据、质量担保和权利担保。现分述如下:

1. 交付货物

这既是卖方的主要义务,也是其得以收取货款的前提条件。

(1) 交付方式

交付货物有两种方式:一种是实际交付,即将货物置于买方的实际占有之下,如以EXW、DES、DEQ、DDP 等贸易术语成交时。另一种是象征性交付,是指由卖方发运货物,取得货物的单据,并把单据的书面凭证交给买方以履行交付义务,在国际贸易中 CIF 是典型的象征性交货。

(2) 交货的地点

就交货的地点,如果当事人有约定就依当事人的约定,如果没有约定则依《公约》第31条的规定,即①当合同中涉及货物的运输时,则交货地点为货交第一承运人的地点;②如果合同中买卖的是特定物或尚未特定化的生产中的产品,而双方在订立合同时已经知道这些货物的特定地点,则卖方应在该地点交货;③在其他情况下,卖方应在其订立合同时的营业地交货。

(3) 交货的时间

根据《公约》的规定,如果当事人有约定的,依据当事人的约定,如果是一段时间,或依据合同可以确定的一段时间,则在此期间内的任何时间交付都是可以的;如果合同中没有约定,则应在合同订立后的一段合理时间内履行。

226

2. 提交单据

在国际货物买卖中,装运单据是十分重要的,它是买方提货、办理相关手续、保险索赔必不可少的文件。因此,提交与货物有关的单据是卖方的一项重要义务。

根据《公约》的规定,如果卖方有义务提交与货物有关的单据,他就应当按照合同所规定的时间、地点、方式等提交。如果合同没有约定,则可以参照交易惯例或诚信原则。如果卖方在约定的时间之前已经交付了单据,则他可以在合同期限届满之前提出对单据与合同不符之处的修改,但此项修改不得使得买方遭受不合理的不便。

3. 质量担保

质量担保义务是指卖方必须保证其交付的货物与合同的规定相符。《公约》对卖方的质量担保义务作出了如下规定:卖方所交付的货物必须与合同所规定的数量、质量和规格相符,并按照合同所规定的方式装箱或包装。如果合同中对以上各项没有约定或约定不明时,则卖方所交付的货物必须符合下列要求:

(1)适用同一类货物通常的使用目的

这里所说的通常的使用目的,如购买商品通常是为了消费和转卖;购买机器通常是为了生产等。保证货物符合通常使用目的的责任在于卖方。

(2)适用于特定的目的

即货物应符合订立合同时买方明示或默示地通知卖方的购买该货物的特定目的,除非情况表明买方并不依赖卖方的技能和判断力。或者买方对卖方的依赖是不合理的,如买方告知卖方其所需的是使用于银行柜台的玻璃窗,则卖方所提供的货物应当是能够确保银行交易安全的特殊的防弹玻璃。

(3)质量与样品或式样相符

当订立的合同是以样品或式样为基础时,卖方即应保证货物符合样品或式样的质量。

(4)包装的要求

货物的包装应符合同类货物通用的包装方式,或足以保护货物的方式。在国际货物买卖中,由于一般要经过长时间的运输,故包装是否合理会对运输产生影响。

如果买方在订立合同时知道或不可能不知道货物是不符合同的,则卖方就无须承担上述的4项质量担保义务。这是《公约》对卖方质量担保义务的例外规定。

4. 权利担保

(1)权利担保的含义和内容。权利担保是指卖方应保证其所售出的货物不存在对第三人权利的侵犯,同时任何第三人都不会对该货物主张任何权利。卖方应保证他对其所售出的货物享有出售的权利。

卖方的权利担保义务包括两个方面:一是所有权担保,即卖方应保证对其出售的货物享有完全的所有权,任何第三人不得对此提出任何权利要求。二是知识产权担保,即卖方所交付的货物必须是第三方不得依工业产权或其他知识产权提出权利要求的货物。

(2) 知识产权担保责任的限制。卖方并不是对第三方依据任何一国法律所提出的主张都承担责任,而只是在下列情况下才承担责任:

① 如果买卖双方在订立合同时已经知道该货物将转售第三国,则卖方应对他人根据该转售国的法律所提出的侵犯知识产权的主张和请求向买方承担责任。

② 在一般情况下,卖方应对根据买方营业地所在国的法律所提出的知识产权方面的请求承担责任。

但是在以下情况下,卖方可以免责:

① 买方在订立合同时已经知道或不可能不知道第三人会对该货物提出知识产权方面的主张的,卖方可以免责。

② 第三方所提出的侵犯知识产权的主张是由于卖方依据买方的图纸或规格等为其生产的产品引起的,则卖方可以免责。

③ 买方在知道或应当知道第三人对货物主张权利后的合理时间内应当通知卖方,否则买方丧失请求卖方承担责任的权利。

二、买方的义务

1. 支付货款

买方支付货款的义务包括依据合同,或任何有关的法律、规章所要求的步骤及手续办理,以便使货款得以支付。买方需为支付货款作出准备,包括申请信用证或银行的付款担保等。

支付货款的地点首先以当事人在合同中的约定为准,如果没有约定,则以下列方式作为补充:卖方的营业地、移交货物或单据的地点。

支付货款的时间,《公约》规定仍然首先依据当事人的约定,如果没有约定,则在下列时间支付:在卖方将货物或单据置于买方控制之下时;合同涉及运输的,在收到银行付款通知时;另外,买方在没有机会检验货物之前一般无义务支付货款。

2. 接收货物

买方接受货物可以理解为,采取一切合理行动提取货物。也就是说,在国际货物买卖中,一方当事人应当采取与另一方当事人相适应的步骤,买方应履行的义务包括,为卖方指定准确的发货地点,委托代理人接收货物,依贸易术语作出相应的运输安排等。另外,为了避免不按时从承运人处提货所交纳的滞期费等,买方一定要按时提取货物。但是接收并不意味着接受。接收不表明买方对货物的质量没有异议,如在目的港即便货物的质量与合同不符,买方也应该先接收货物再行索赔。

第四节　货物所有权与风险的移转

在货物买卖合同中,货物的所有权和风险是否已经转移对买卖双方和第三方都会产生重大的影响。其在商业实践中,都是非常现实和重要的问题,应当给予足够的重视。

一、货物所有权的转移

《公约》中不涉及买卖合同对所售出的货物所有权可能产生的影响,因此《公约》中原则性地规定了卖方有义务将货物的所有权转移给买方,并保证他所交付的货物必须是第三方不能提出任何权利要求的,此外对所有权转移的时间、地点和条件,以及对第三方货物所有权产生的影响等问题都未做规定。

二、风险的转移

在国际贸易中,风险涉及双方无责任的外部事件造成损失的分担问题。风险是指在国际货物买卖中货物因自然原因或意外事件所致的损坏或灭失的危险。货物在风险转移到买方后遗失或损坏的,买方支付货款的义务并不因此解除。除非这种损坏或灭失是由于卖方的行为所致。

风险转移的时间

(1) 当货物涉及运输时,风险转移有两种情况:

① 合同中没有约定指定的交货地点,风险自货交第一承运人时转移;

② 卖方有义务在某一特定地点交付的,则在卖方在该特定地点把货物交给承运人时转移。

其中要注意的是:此时卖方保留控制货物的单据,并不影响风险的转移,另外在货物被明确地划归合同项下以前,货物的风险不转移给买方。

(2) 当货物在运输途中,根据《公约》应当自买卖合同成立时风险转移给买方。但是,如果情况表明有需要时,风险可自交给签发提单的承运人时就转移给买方,这种情况以卖方在订立合同时不知道货物已经灭失为限。

(3) 其他情况下,如在卖方的营业地交货,或者在卖方的营业地以外的地点交货,此时的风险从买方接受货物时起或交由买方处置时起转移给买方。

第五节　对违反买卖合同的补救方法

对于已经有效成立的合同，任何一方当事人都必须按照合同的规定严格履行，任何一方无正当理由拒不履行合同就构成了违约，应当承担违约责任。而法律则给予守约方以法律上的补救。补救方法有债权和物权两种，公约中主要以债权补救方法为主。

一、卖方违约时买方的补救方法

卖方违约可以分为以下 3 种情况：卖方不交货；卖方迟延交货；卖方交付的货物与合同不符。

对此买方可采用相应的补救措施。

（1）损害赔偿

卖方不交货时，买方有权要求卖方赔偿因此而遭受的全部损失，买方在通常的商业交易中，损失主要源于因未能转售或使用而丧失的预期利润，以及其他特殊损失。另外，在卖方迟延交付且该迟延交货构成了根本违约、重大违约，买方依法解除合同或拒收货物时，买方有权获得的损坏赔偿与卖方不交货时是基本相同的。

（2）实际履行

《公约》第 46 条规定了，卖方违反合同时，买方可以要求实际履行，除非买方已经采取的措施与此一要求相抵触。将实际履行作为补救办法之一，是为了保证合同履行的稳定性。另外，合同还规定了一个合理的履约宽限期，即买方可以规定一个合理的额外时间让卖方履行其义务。

（3）交付替代物

交付替代物是在交货与合同不符时的一种补救方法。买方只有在货物与合同不符构成根本违反合同时，才可以要求交付替代物，并且该要求必须在说明货物与合同不符的通知发出时同时提出，或在不符通知发出后的一段合理时间内提出。

（4）修理

修理是卖方对所交付的与合同不符的货物的瑕疵部分进行的修补、调整或替换。买方请求修理的要求应当在发出货物与合同不符通知时同时提出，或在其后一段合理的时间内提出。

（5）减价

如果货物与合同不符，买方都要求降低货物的价格，无论此时货款是否已经支付。减价应按照实际交付的货物的价值与符合的合同的货物在当时的价值二者之间的比例计算。

(6) 解除合同

根据《公约》第49条的规定,买方有权在下列情况下解除合同:一是卖方根本违反合同;二是卖方在买方规定的宽限期内仍然没有交付或声明不予交付的情况。根本违反合同实际上剥夺了买方依据合同期待得到的东西。解除合同之后,使得双方回复到了原来的地位,买方不必继续履行合同。

但是买方解除合同的权利由于以下情况而丧失:

① 对于迟延交付,买方没有在迟延交付发生后一段合理的时间内解除合同。

② 对于其他情况的违反,买方在知道或应当知道后的一段合理时间内没有解除合同。

二、买方违约时卖方的救济方法

(1) 要求支付价金

当买方不支付价款或不收取货物时,要求支付价金是卖方的一种重要补救措施。原则上,买方不得以无力支付作为不支付价金的抗辩理由。卖方在提起价金之诉时,无须证明其有损失,这在许多情况下,当卖方的损失难以证明和计算时,对卖方来说是一种较为有利的补救。

(2) 要求支付利息

如果一方当事人没有支付价款或任何其他拖欠时,一方当事人有权对这些款额收取利息,且这一要求不影响要求损坏赔偿的权利。在实践中,利息率主要依买卖合同所适用的准据法来确定。

(3) 损害赔偿

根据《公约》第75条的规定,如果卖方解除合同,且在解除合同后一段合理的时间里卖方以合理的方式将货物转卖,则卖方可得的损失为合同价格与转售价格之间的差额,以及其他可以取得的损害赔偿。在买方迟延收取货物情况下,卖方所遭受的损失一般是保管、储存货物所支出的保管费、仓储费。

(4) 解除合同

在买方不支付货款或拒绝接受货物时,卖方一般有权解除合同。当买方没有履行合同或公约的义务构成根本违反合同时;或者买方不在卖方规定的宽限期内履行或声明不履行的,卖方一般有权解除合同。但是如果买方已经支付了全部的价款,卖方原则上就丧失了解除合同的权利。

三、买卖双方都可采用的补救方法

除了适用于买方或卖方的特殊规定,《公约》还规定了适用于买卖双方的一般规则,主要有中止合同、赔偿损失、支付利息、免责、货物保全等。

（1）预期违反合同和分批交货

在合同履行期到来前，一方明示拒绝履行合同的，另一方可据此采取中止履行合同义务的措施。如果可以明显地看出一方将根本违反合同的，另一方也可解除合同。

在一方当事人不履行任何一批货物的义务构成对该批货物的根本违反时，另一方当事人可以对该批货物解除合同；如果有理由相信对今后的各批都将发生根本违反合同时，则可在一段合理的时间内宣告合同今后无效；当任何一批货物被宣告无效，而各批货物又是相互依存的情况下，另一方当事人可以解除整个合同。

（2）免责

免责的条件是：不履行必须是当事人所不能控制、不能预见。不能克服的障碍所致。免责一方所免除的是对另一方损害赔偿的责任，但受损方依公约可采取的其他补救权利不受影响。

（3）保全货物

这是指在一方违约时，另一方当事人仍持有货物或控制货物的处置权时，该方有义务对他所持有的货物进行保全。保全的方法包括，将货物寄放于仓库；将易坏的货物出售。

本章小结

国际货物买卖是一种具有国际性的货物买卖交易。国际货物买卖法是调整跨越国界的货物贸易关系以及与货物贸易关系有关的其他法律关系的总和。

国际货物买卖在国际贸易中占有极为重要的地位，它是传统国际贸易法的核心，也就是说国际贸易法的内容是在国际货物买卖法的基础上发展和扩张起来的。学习国际货物买卖法对掌握国际交易的法律十分必要，在日益开放、经济全球化的今天，对它的学习和研究就更具有现实意义。

国际货物买卖合同是当事人之间意思表示一致的结果。它是通过一方提出要约，另一方对要约表示承诺后成立的。因此，在合同订立过程中，要约和承诺是两个重要的法律步骤。《公约》专门设立了一个部分，对此做了规定。

重要概念

要约	有效承诺的条件
要约的撤回	承诺失效的时间
要约的撤销	质量担保
承诺	权利担保
承诺的撤回	

同步测练与解析

一、简答题

1. 要约的定义和构成的要件是什么?

2. 如何理解要约的撤销和要约的撤回?

3. 有效的承诺必须具备哪些条件?

4. 权利担保的含义?

5. 质量担保义务的含义?

6. 违约损害赔偿的规则是什么?

7. 如果卖方交付的货物不符合合同规定并构成根本违约,买方在收到货物后宣告合同无效,以《公约》规定,买方可以取得何种救济?

8. 买方在什么情况下可以单方面解除合同?

二、案例分析

案例 1

有一份 CIF 合同规定:在货物到达目的港时,凭装运单据支付货款。合同订立后一个月,货物出运,但由于运输途中遇险不能到达目的港。当卖方持提单等装运单据要求买方付款时,买方以货物不能到达目的港为由拒绝接受单据和付款,但卖方认为他已经按照合同规定的条件投保,买方应该接受符合合同规定的单据并支付贷款。

问:买方是否有权拒绝支付贷款?

案例 2

A 国一公司向 B 国一公司出口泰国香米,并签订了 FOB 合同。A 国公司在装船前向检验机构申请检验,检验结果是货物符合合同的质量要求。A 国公司在装船后及时向 B 国公司发出装船通知,但在海上航行中由于海浪过大,大米被海水浸泡,质量降低。货物到达目的港后,B 国公司要求 A 国公司赔偿差价损失。

问:A 国公司是否应该对上述损失负责?如果本合同以 CIF 术语或 CFR 术语成交,大米被海水浸泡的风险损失又分别由谁承担?

案例 3

我国 C 公司于 7 月 16 日收到德国 D 公司要约:"马口铁 500 公吨,每吨 545 美元 CFR 中国口岸,8 月装运,即期信用证支付,限 20 日复到有效。"我方于 17 日复电:"若单价为 500 美元 CFR 中国口岸,可接受 500 吨马口铁,履约中如有争议,在中国仲裁。"德国 D 公司当即回电:"市场坚挺,价格不能减少,仲裁条件可以接受,速复。"此时,马口铁价格确实上涨,我方于 19 日复电:"接受你 16 日发盘,信用证已经由中国银行开出,请确认。"但德商未确认并退回信用证。

试问,合同是否成立,我方有无失误,并且说明理由。

【参考答案】

一、简答题

1. 答:要约是一方当事人以订立合同为目的,向对方所作出的意思表示。要约构成的有效要件:①要约应向一个或一个以上特定的人提出;②要约的内容要十分确定;③要约人必须有当其要约被接受时即受约束的意思;④要约必须送达受要约人。

2. 答:要约的撤销是指要约在送达受要约人之后取消要约的行为。根据《公约》规定,在合同成立之前,要约可以撤销,但撤销通知必须在受要约人发出接受通知之前到达受要约人。

要约的撤回是指要约人在要约未送达受要约人时取消要约的行为。根据《公约》规定,一项要约,即便是不可撤销的也是可以撤回的,只要撤回的通知能在该要约到达受要约人之前或与要约同时到达。

3. 答:承诺是受要约人同意要约的意思表示。承诺的有效要件是:①必须由受要约人作出;②应当在要约确定的期限内到达要约人;③必须与要约的内容一致;④传递方式必须符合要约所提出的要求。

4. 答:权利担保是指卖方应保证其所出售的货物不存在对第三人权利的侵犯,同时任何第三人都不会对该货物主张任何权利。卖方应保证它对其所售出的货物享有出售的权利。

5. 答:质量担保义务是指卖方必须保证其交付的货物与合同的规定相符。《公约》规定,卖方所交付的货物必须与合同所规定的数量、质量和规格相符,并按照合同所规定的方式装箱或包装。

6. 答:违约损害赔偿的规则是:①当事人违约给对方造成损失的,损失赔偿额应当相当于因违约所造成的损失,包括合同履行后可以获得的利益,既包括实际损失,也包括预期的收益;②"可预见规则"即违约的损失赔偿额不得超过违反合同一方订立合同时预见到或者应当预见到的因违反合同可能造成的损失;③"减损规则"即当事人一方违约后,对方应当采取适当措施防止损失的扩大,没有采取适当措施致使损失扩大的,不得就扩大的损失要求赔偿。

7. 答:对于买方来说,①可以拒收货物,并及时通知卖方;②如果已经支付货款,有权要求卖方返还货款;③可以取得合同规定的价格和买方宣告合同无效时的市价之间的差额;④有权取得其他损害赔偿金。

8. 答:根据《公约》规定,买方可单方面解除合同的情况有:①卖方预期违约,已构成根本违反合同;②卖方对合同的任何不履行,构成根本违约;③卖方未按合同履行义务而且在买方给予的合理的额外期限内仍不履行义务,或声称他将不在此期限内履行。

二、案例分析

案例 1

答案要点：

1. 买方无权拒绝支付货款，卖方的主张合理。

2. 根据 Incoterms 2000 的规定，在 CIF 术语中，货物越过船舷之后的风险由买方承担，除非卖方违反合同规定的义务。本案中，卖方并无违约之事实，并按照合同规定提交装运单据，买方应该向卖方付款。同时，根据 Incoterms 2000 的规定，在 CIF 术语中，卖方负责办理海上货物运输保险，因此，保险单转让给买方后，买方可以根据保险单向保险公司索赔。

案例 2

答题要点：

卖方不应对货物在运输过程中遭受的风险损失负责。该风险应该由买方承担。

根据 Inconterms 2000 的规定，在 FOB 术语中，卖方只承担货物越过船舷之前的风险，货物越过船舷之后的风险由买方承担，除非卖方在交货时货物不符合合同要求。如以 CIF 或 CFR 术语成交，卖方也同样不对货物在运输过程中遭受的风险损失负责。根据 Incoterms 2000 的规定，在 CIF 或 CFR 术语中，卖方也只承担货物越过船舷之前的风险，货物越过船舷之后的风险也由买方承担，除非卖方在交货时货物不符合合同要求。

案例 3

答题要点：

1. 合同未成立。

理由是：D 公司 16 日要约经 C 公司 17 日的反要约而失效。

2. 我方有失误：

我公司不应接受 16 日要约，而应接受 D 公司 17 日的要约。

在接受时不应有"请确认"的字样，等于对方确认后合同方可成立，使对方有了主动权。

C 第十三章

HAPTER THIRTEEN

对外贸易管理制度

学习目标

　　本章节将以我国的对外贸易管理制度为主,同时穿插 WTO 的相关规定和主要国家的对外贸易管理制度进行介绍;主要掌握有关对外贸易法、进出境货物的关税制度、进出境检验检疫制度和外汇管理制度的主要内容。

重点难点提示

- ◉ 对外贸易法的基本内容
- ◉ 国家对进出境货物关税的有关管理规定
- ◉ 国家对进出境检验检疫的有关规定
- ◉ 外汇管理制度

第一节　货物、技术和服务的进出口管理

我国的货物、技术和服务进出口管理是由广义的对外贸易法整个法律体系来规范的。目前,我国的对外贸易法法律体系是以 2004 年 7 月 1 日起实施的修订后的《中华人民共和国对外贸易法》(以下简称《对外贸易法》)为基本框架,同时由《中华人民共和国货物进出口管理条例》、《中华人民共和国技术进出口管理条例》、《中华人民共和国反倾销条例》、《中华人民共和国反补贴条例》、《中华人民共和国保障措施条例》等相关条例补充组成。

因此,关于货物、技术和服务进出口管理的介绍,我们主要以我国的《对外贸易法》为讲述对象展开。

一、《对外贸易法》的适用范围

为了扩大对外开放,发展对外贸易,维护对外贸易秩序,保护对外贸易经营者的合法权益,促进社会主义市场经济的健康发展,在遵守我国的"入世"承诺和 WTO 规则的基础上,我们始终在对外贸易交往过程中坚持平等互利原则和对等原则,并积极参加区域经济组织,实行统一的对外贸易制度,鼓励发展对外贸易,维护公平、自由的对外贸易秩序。

《对外贸易法》所称对外贸易是指货物进出口、技术进出口和国际服务贸易,这界定了本法的调整对象。

① 货物进出口贸易,即以有形的商品为交易对象的对外贸易活动。

② 技术进出口贸易,即在我国境内与境外之间通过贸易、投资或者经济技术合作的方式转移技术的行为。这里的技术是指产品制造、程序使用或提供服务等与经济活动直接相关的知识。

③ 国际服务贸易,指通过跨境交付、境外消费、商业存在、自然人流动等形式,跨越国境提供服务的行为。

同时,新法第二条将与对外贸易有关的知识产权保护放进了《对外贸易法》的管理范畴,体现出我国对"入世"承诺的积极履行。

关于适用对象,《对外贸易法》对特定产品进行了特别规定:与军品、裂变和聚变物质或者衍生此类物质的物质有关的对外贸易管理以及文化产品的进出口管理,法律、行政法规另有规定的,依照其规定。根据这一规定,本法属于对外贸易管理的一般法,而有关的特别规定属于特别法,得优先适用。

关于适用的地域,《对外贸易法》也有一些特别规定。比如第 68 条规定:"国家对边境地区与接壤国家边境地区之间的贸易以及边民互市贸易,采取灵活措施,给予优惠和便利。具

体办法由国务院规定。"同时,第 69 条规定:"中国的单独关税区不适用本法。"

二、对外贸易经营权和经营者

对外贸易经营权是对外贸易的首要问题,而是否允许自然人和所有企业经营对外贸易直接体现了一国外贸制度的开放程度。我国 2004 年修订后的《对外贸易法》突破了原先外贸经营主体单一和实行审批制的局面,将对外贸易经营者的范围扩大,规定对外贸易经营者是指"依法办理工商登记或者其他执业手续,依照本法和其他有关法律、行政法规的规定从事对外贸易经营活动的法人、其他组织或者个人"。同时,新法将外贸经营权的获得由审批制改为登记制,放宽了对外贸易经营的准入条件。这两个重大的立法转变对于我国建立公平、自由的对外贸易秩序,促进对外贸易发展是十分必要的。

1. 对外贸易经营者

按照新法的规定,在我国享有对外贸易经营权的经营者包括 3 类:

(1) 法人

即具有民事权利能力和民事行为能力,依法独立享有民事权利和承担民事义务的组织。法人要具备以下条件:①依法成立;②有必要的财产和经费;③有自己的名称、组织机构和场所;④能够独立承担民事责任。

(2) 其他组织

指合伙等非法人组织。

(3) 个人

这里的个人是指给予自然规律出生而取得民事主体资格的人,即自然人。在我国,自然人就是中华人民共和国的公民。

对外贸易经营主体有在获准的经营范围内从事进出口贸易活动,并享有自主经营、独立核算、自负盈亏的经营权。

2. 对外贸易经营者的管理

在新法规定的备案登记制度下,分别对不同的对外贸易经营种类作了管理规定:

(1) 关于货物和技术进出口

从事货物进出口或者技术进出口的对外贸易经营者,应当向国务院对外贸易主管部门或者其委托的机构办理备案登记;但是,法律、行政法规和国务院对外贸易主管部门规定不需要备案登记的除外。具体办法由国务院对外贸易主管部门规定。对外贸易经营者未按照规定办理备案登记的,海关不予办理进出口货物的报关验放手续。

目前,我国的国务院对外贸易主管部门是中华人民共和国商务部,商务部和省、自治区、直辖市的商务厅(委、局)分别统筹中央和地方两级的对外贸易活动。

（2）关于国际服务贸易

从事国际服务贸易，应当遵守本法和其他有关法律、行政法规的规定。从事对外工程承包或者对外劳务合作的单位，应当具备相应的资质或者资格。具体办法由国务院规定。

（3）关于国营贸易

国家可以对部分货物的进出口实行国营贸易管理。实行国营贸易管理货物的进出口业务只能由经授权的企业经营；但是，国家允许部分数量的国营贸易管理货物的进出口业务由非授权企业经营的除外。实行国营贸易管理的货物和经授权经营企业的目录，由国务院对外贸易主管部门会同国务院其他有关部门确定、调整并公布。

3. 对外贸易代理制度

对外贸易代理制是指外贸企业提供各种服务，代理生产、订货企业办理出口和进口业务，外贸企业收取代理手续费，盈亏由代理企业或个人负责的一种制度。[1]

《对外贸易法》第十二条规定："对外贸易经营者可以接受他人的委托，在经营范围内代为办理对外贸易业务。"在具体实践中，外贸代理制度仍需要结合《民法通则》和《合同法》关于代理的具体规定。

代理应当签订委托合同，以合同约定双方的权利和义务。委托合同应采取书面形式，内容包括：①委托进口或者出口商品的名称、范围、内容、价格幅度、支付方式、货币种类以及其他需要明确的条件；②委托方对受委托方的授权范围；③双方的权利与义务以及应承担的费用；④委托手续费以及其他经济利益的分享规定；⑤争议的解决；⑥委托合同的期限；⑦其他约定。

4. 提供信息和保密义务

对外贸易经营者应当按照国务院对外贸易主管部门或者国务院其他有关部门依法作出的规定，向有关部门提交与其对外贸易经营活动有关的文件及资料。有关部门应当为提供者保守商业秘密。

具体而言，对外贸易经营者提供信息义务主要包括以下几种：

① 根据有关法律、法规的规定提供市场准入所需的信息。

② 根据政府对外贸易管理的需要而提供相关信息。

③ 针对各种贸易救济措施提供相关信息。

对外贸易经营者在履行以上义务的同时，有关部门同时担负了保守秘密的义务。这是充分考虑到商业秘密对于经营者的重要利益性，从而对主管部门进行法律约束，有利于使对外贸易经营者积极主动履行信息提供义务。

---

[1] 沈四宝、王秉乾. 中国对外贸易法. 北京：法律出版社 2006，62

三、货物与技术进出口

货物与技术进出口是对外贸易中最主要的贸易方式,因此《对外贸易法》第三章就是集中关于货物进出口与技术进出口的管理规定。

1. 货物与技术进出口的基本原则

《对外贸易法》第十四条规定:"国家准许货物与技术的自由进出口。但是,法律、行政法规另有规定的除外。"这就明确了我国在货物与技术及出口的管制方面实行的是在一定必要限度管理下的自由进出口制度。

对外贸易的自由进口制度是我国坚持对外开放政策、建设有中国特色社会主义市场经济的具体体现,对我的经济发展和综合国力的提升具有重要意义,同时它顺应了世界潮流,与《关税与贸易总协定》倡导的贸易自由主义相一致,是我国践行"入世"承诺的表现,具有时代意义。

然而我们也要认识到,这种自由进出口制度并不是毫无限制的自由,而是在保证国家安全和社会公益不受损害前提下有限度的自由,也只有存在这种基于公共利益的限制,才能实现贸易的最大自由,达到贸易的目的。

2. 货物与技术进出口的管理制度

（1）货物进出口的自动许可制度

所谓进出口许可是指在对外贸易中,一国海关规定某些商品的进出口必须申领许可证,没有许可证则不能通过海关。

进出口许可制度分为自动进出口许可制度和非自动进出口许可制度。非自动进出口许可制度是指在任何情况下对进出口申请均一律予以批准的进出口许可制度。

进出口许可制度实质上为了维护本国利益而采取的一种限制自由贸易的非关税壁垒,但是在保护发展中国家脆弱行业或领域免受发达国家巨大冲击方面还有积极而重要的作用。

我国的货物进出口自动许可制度体现在《对外贸易法》第十五条第1、2款:国务院对外贸易主管部门基于监测进出口情况的需要,可以对部分自由进出口的货物实行进出口自动许可并公布其目录。实行自动许可的进出口货物,收货人、发货人在办理海关报关手续前提出自动许可申请的,国务院对外贸易主管部门或者其委托的机构应当予以许可;未办理自动许可手续的,海关不予放行。

此外,根据相关的部门规章规定,我国的进出口许可在实践中要遵循以下3点要求:

① 进口属于自动进口许可管理的货物,均应当给予许可;

② 进口经营者申请自动进口许可证,需提交自动进口许可证申请表、货物进口合同等

相关材料；

③ 自动进口许可证实行"一批一证"制，即同一份自动进口许可证不得分批次累计报关使用。

（2）技术进出口的合同登记制度

《对外贸易法》第十五条第 3 款规定："进出口属于自由进出口的技术，应当向国务院对外贸易主管部门或者其委托的机构办理合同备案登记。"

技术进出口的合同登记制度目的是为了对自由进出口的技术贸易实行有效的监测管理，是一种备案式的自动登记制度，在鼓励先进、适用的技术进口的同时也有效监控了法律规定限制进出口的技术贸易。

（3）货物与技术进出口的限制或禁止

在实行对外贸易的自由进口制度的同时，国家规定了被限制或禁止进出口的货物技术种类，包括：

① 为维护国家安全、社会公共利益或者公共道德，需要限制或者禁止进口或者出口的；

② 为保护人的健康或者安全，保护动物、植物的生命或者健康，保护环境，需要限制或者禁止进口或者出口的；

③ 为实施与黄金或者白银进出口有关的措施，需要限制或者禁止进口或者出口的；

④ 国内供应短缺或者为有效保护可能用竭的自然资源，需要限制或者禁止出口的；

⑤ 输往国家或者地区的市场容量有限，需要限制出口的；

⑥ 出口经营秩序出现严重混乱，需要限制出口的；

⑦ 为建立或者加快建立国内特定产业，需要限制进口的；

⑧ 对任何形式的农业、牧业、渔业产品有必要限制进口的；

⑨ 为保障国家国际金融地位和国际收支平衡，需要限制进口的；

⑩ 依照法律、行政法规的规定，其他需要限制或者禁止进口或者出口的；

⑪ 根据我国缔结或者参加的国际条约、协定的规定，其他需要限制或者禁止进口或者出口的。

《对外贸易法》第十七条规定："国家对与裂变、聚变物质或者衍生此类物质的物质有关的货物、技术进出口，以及与武器、弹药或者其他军用物资有关的进出口，可以采取任何必要的措施，维护国家安全。在战时或者为维护国际和平与安全，国家在货物、技术进出口方面可以采取任何必要的措施。"

国务院对外贸易主管部门会同国务院其他有关部门，依照《对外贸易法》第十六条和第十七条的规定，可以制定、调整并公布限制或者禁止进出口的货物、技术目录。还可以经国务院批准，在前述法条规定范围内，临时决定限制或者禁止前款规定目录以外的特定货物、技术的进口或者出口。

限制和禁止货物与技术进出口，是根据对等原则在我国出口产品遭受不公平贸易待遇而严重损害时,采取的临时性非常措施。虽然它是世界贸易组织认可的贸易保护手段,但是如果滥用就容易形成贸易报复的恶性循环,不利于对外贸易的健康发展,因此需要十分慎重。并且,在使用限制和禁止措施时应该坚持透明度原则,及时调整并公布具体的限制和禁止的产品目录,使对外贸易中的另一方及时获得相关信息,从而避免不必要的贸易摩擦。

（4）货物与技术进出口的配额、许可证制度

国家对限制进口或者出口的货物,实行配额、许可证等方式管理;对限制进口或者出口的技术,实行许可证管理。实行配额、许可证管理的货物、技术,应当按照国务院规定经国务院对外贸易主管部门或者经其会同国务院其他有关部门许可,方可进口或者出口。国家对部分进口货物可以实行关税配额管理。

配额、许可证、关税配额都是一国为达到对进出口数量的限制或控制而采取的一种行政手段。就世界自由贸易而言,逐步取消配额、许可证及关税配额的限制是一个必然的客观趋势,但在目前的对外贸易中,这种数量控制手段对于保护发展中国家的产业和贸易安全仍具有重要作用。

① 进出口的配额管理

配额是为了维护本国利益对一些货物的进出口进行一定量的数额限制的贸易管理制度,它允许数量在规定限额之内货物进出口,当货物数额超过配额限制后就不得进出口。

关税配额是将关税和配额制度结合起来的一种数量限制措施,是指在一定时期内对商品的绝对数量不施加限制,对在规定关税配额之内的进口货物适用较低的关税税率,对超过规定数量限额的进口货物适用较高的关税税率,以此来调节货物进出口的数量。

《对外贸易法》第二十条规定:"进出口货物配额、关税配额,由国务院对外贸易主管部门或者国务院其他有关部门在各自的职责范围内,按照公开、公平、公正和效益的原则进行分配。具体办法由国务院规定。"对于配额的分配关系着对外贸易经营者的切身利益,因此在实践中,必须保证在透明、可预测、统一、公平和非歧视的基础上管理配额分配,具体分配工作主要按照《货物进出口管理条例》来执行。

② 进出口的许可证管理

许可证管理是指对外贸易经营者在经营国家规定限制进出口的货物时必须事先征得国家的许可,取得进口或出口的许可证。我国目前对有数量限制的进出口货物实行配额管理,对其他限制进出口的货物,则实行许可证管理。

许可证的管理主要包括两个方面:

a. 对进出口许可证管理的商品范围的确定和调整

b. 对进出口许可证的审批、签发以及使用管理

根据《货物进出口管理条例》的规定,实行许可证管理的限制进口货物,进口经营者应当向国务院外经贸主管部门或者国务院有关部门提出申请,经过审查得到相关部门发放的许可证。具体根据原外经贸部出台的《进口许可证管理规定》和《出口许可证管理规定》实行。

③ 技术许可证管理

技术贸易相比较货物贸易而言,更容易涉及敏感事务,因此,国家对金属贸易的控制就更为严格。我国的技术许可证管理制度因此分别制定了《技术进出口管理条例》、《禁止进口限制进口技术管理办法》、《敏感物项和技术出口许可证暂行管理办法》等部门规章进行管理。

(5)其他管理制度

① 商品评定制度

《对外贸易法》第二十一条规定:"国家实行统一的商品合格评定制度,根据有关法律、行政法规的规定,对进出口商品进行认证、检验、检疫。"

② 原产地规则

《对外贸易法》第二十二条规定:"国家对进出口货物进行原产地管理。具体办法由国务院规定。"

③ 特殊物品的进出口管理

《对外贸易法》第二十三条规定:"对文物和野生动物、植物及其产品等,其他法律、行政法规有禁止或者限制进出口规定的,依照有关法律、行政法规的规定执行。"

四、国际服务贸易

在当今世界资本国际化和跨国公司的推动下,生产要素的国际间流动日益频繁,国际分工进一步细化,再加上科学技术革命的推动作用,使得服务业迅速崛起,并逐步发展为能够与传统的产品生产产业相抗衡的经济发展新力量。在一定程度上,服务业发展水平的高低代表着一个国家经济发展水平的高低。在这样的背景下,国际服务贸易也从最初单纯为国际货物买卖提供运输等方式变得更加丰富,其在一国对外贸易中的战略地位亦更显突出。

1. WTO 对于国际服务贸易的法律规定

基于这样的重要性考虑,世界贸易组织在乌拉圭回合达成了《服务贸易总协定》(General Agreement on Trade in Services,简称 GATS)。GATS 将国际服务贸易的范围界定为跨境交付、境外消费、商业存在和自然人流动 4 个方面。

① 跨境交付。是指服务提供者在一成员的境内向另一成员境内的消费者提供服务。

② 境外消费。指服务提供者在一成员的境内向来自另一成员的消费者提供服务。

③ 商业存在。指一成员的服务提供者在另一成员境内通过建立经营企业或专业机构来提供服务,包括为提供服务而设立合资、合作、独资企业或其他经济实体,从而服务于机构所在地的消费者。

④ 自然人流动。指一成员的服务提供者到另一成员境内提供服务。

根据此定义,GATS 适用于缔约方所采取的影响服务贸易的任何措施,涉及第三产业中金融、航运、电信、旅游、建筑工程等诸多领域。但仅限于国际间的服务贸易,不包括国内贸易。

GATS 同时规定了 4 条国际服务贸易的基本原则：

① 最惠国待遇原则。对于 GATS 包括的任何措施，每一个缔约方应立即无条件地给予其他缔约方的服务和服务提供者不低于它给予任何其他缔约方的相同或类似的服务或服务提供者的待遇。

② 市场准入原则。每一缔约方给予其他缔约方的服务和服务提供者的待遇，应当不低于根据其承担义务计划中所同意和规定的期限、限制和条件。

③ 国民待遇原则。一缔约方对来自任何其他缔约方的服务或服务提供者的待遇，不得低于该国的服务和服务提供者享受的待遇。

④ 透明度原则。成员方管理机构负有将正式实施的与贸易有关的法律、法规、条例、司法判例、行政决定、政策、条约、政府协定等予以公布和告知的义务。

其中，最惠国待遇原则和透明度原则是一般性义务，适用于全体缔约成员；市场准入原则和国民待遇原则一样，属于具体承诺义务，即必须经过双边或多边的谈判并达成协议之后，该义务才适用于协议当事方，并且限于协议缔约方承诺开放的服务部门。

2.《对外贸易法》有关国际服务贸易的规定

由于中国加入了 WTO，因此我国在服务贸易方面与其他国家或地区达成的协议以及 GATS 的有关规定在经过我国立法机关批准后都成为对我国具有约束力的法律文件。《对外贸易法》第二十四条规定："中华人民共和国在国际服务贸易方面根据所缔结或者参加的国际条约、协定中所作的承诺，给予其他缔约方、参加方市场准入和国民待遇。"

在遵守"入世"承诺，促进国际服务贸易发展的同时，国家基于下列原因，可以限制或者禁止有关的国际服务贸易：①为维护国家安全、社会公共利益或者公共道德，需要限制或者禁止的；②为保护人的健康或者安全，保护动物、植物的生命或者健康，保护环境，需要限制或者禁止的；③为建立或者加快建立国内特定服务产业，需要限制的；④为保障国家外汇收支平衡，需要限制的；⑤依照法律、行政法规的规定，其他需要限制或者禁止的；⑥根据我国缔结或者参加的国际条约、协定的规定，其他需要限制或者禁止的。

此外，《对外贸易法》第二十七条还规定："国家对与军事有关的国际服务贸易，以及与裂变、聚变物质或者衍生此类物质的物质有关的国际服务贸易，可以采取任何必要的措施，维护国家安全。在战时或者为维护国际和平与安全，国家在国际服务贸易方面可以采取任何必要的措施。"

五、与对外贸易有关的知识产权保护

所谓知识产权，是指公民或法人对其在科学、技术、文化、艺术等领域的发明、成果和作品依法享有的专有权，即民事主体对其智力劳动成果依法享有的专有权利。

随着科学技术尤其是计算机、网络的飞速发展,知识创新在推动生产力发展、促进经济进步方面的作用凸显出来。在知识经济时代,当每个人的智慧和创新都可能创造财富并为所有人使用时,对于知识产权的保护就显得尤为重要,特别是知识产权的所有权和使用权的交易已经成为国际贸易的重要组成部分。

为了减少对国际贸易的扭曲与阻碍,促进知识产权在国际范围内得到更为充分、有效的保护,确保知识产权的实施及程序不对合法贸易构成贸易壁垒,世界贸易组织各成员在乌拉圭回合达成了《与贸易有关的知识产权协议》(简称为 TRIPs),将知识产权纳入国际贸易法律制度中,成为知识产权国际领域最强有力的保护机制。

1. TRIPs 的有关规定

(1) 宗旨

TRIPs 在各成员间达成了几点重要共识:

① TRIPs 认为知识产权是一种私有权,即由知识产权的所有权人拥有该知识产权的各种权利。这种权利是由各国的知识产权法加以确定的并规制的,同样在知识产权所有人不履行某些法律义务时其权利可依法被取消。

② TRIPs 承认在知识产权保护方面各国国内法律体系中所体现的基本公共政策目标,其中包括实现发展与技术进步的目标。也就是说 TRIPs 充分股份考虑到了国家间的国情差异,允许各国采取一些适应本国国情的灵活政策。

③ 该协议力图通过多边贸易机制的各项程序达成强有力的约束,以解决 WTO 成员间可能产生的有关知识产权的摩擦,缓解各国间的贸易矛盾,促进国际贸易发展,并致力于与世界知识产权组织(WIPO)及其他相关国际组织建立良好的合作与相互支持关系,从而进一步推动知识产权的国际保护。

(2) 基本原则

① 最惠国原则

任何一成员就知识产权保护提供给另一成员国民的利益、优惠、特权或豁免,应当立即、无条件地给予所有其他成员国的国民。

② 国民待遇原则

凡是符合《巴黎公约》(1967)、《伯尔尼公约》(1971)、《罗马公约》和《关于集成电路的知识产权条约》所列明的保护标准项下的民事主体,均可享受 TRIPs 的国民待遇。

(3) 执法程序

TRIPs 首先要求各成员保证其国内法能提供其协议规定的执法程序,这种执法程序必须能够防止、制止侵权以及阻止进一步的侵权。此外,知识产权执法程序的应用方式应避免造成合法贸易的障碍,同时能够为防止有关程序的滥用提供保障。

(4) 主要的救济措施

① TRIPs 规定了对于知识产权侵权可以采取"责令停止侵权"、"损害赔偿"以及"其他

救济"等民事法律救济。

②　临时措施

由于知识产权侵权的特殊性，往往在发现侵权行为与正式启动反侵权法律程序之间存在时差，不利于保护知识产权人的合法权利，TRIPs 规定权利人在遭受侵权的情况下可以申请相关司法或行政机关启动临时措施，制止侵权行为的发生，并保全被诉为侵权的有关证据。

③　边境措施

TRIPs 要求成员均应在符合规定的情况下采用有关程序，以使有合法理由怀疑假冒商标的商品或盗版商品进口的权利持有人能够向主管机构提交申请而让海关中止该商品进入自由流通。

2. 我国对与贸易有关的知识产权的保护

我国依照《对外贸易法》等有关知识产权的法律、行政法规，保护与对外贸易有关的知识产权。进口货物侵犯知识产权，并危害对外贸易秩序的，国务院对外贸易主管部门可以采取在一定期限内禁止侵权人生产、销售的有关货物进口等措施。这从原则上借鉴了《美国贸易法》第 337 条的规定，保护了知识产权权利人；《美国贸易法》第 337 条授权对国外侵犯其知识产权的行为进行调查，并可采取必要的措施，以防止侵权产品进入美国。

《对外贸易法》第三十条同时规定："知识产权权利人有阻止被许可人对许可合同中的知识产权的有效性提出质疑，进行强制性一揽子许可，在许可合同中规定排他性返授条件等行为之一，并危害对外贸易公平竞争秩序的，国务院对外贸易主管部门可以采取必要的措施消除危害。"这一条款授权国务院对外贸易主管部门消除知识产权权利人在知识产权许可交易中的限制商业做法，保护了对外贸易的公平秩序，提供了今后与反垄断法接轨的可能，在保护知识产权权利人合法利益的同时防止其权利的滥用。

此外，《对外贸易法》还授权国务院对外贸易主管部门采取必要的贸易措施以使我国的知识产权在其他国家或地区得到应有的保护。本法第三十一条就规定："其他国家或者地区在知识产权保护方面未给予中华人民共和国的法人、其他组织或者个人国民待遇，或者不能对来源于中华人民共和国的货物、技术或者服务提供充分有效的知识产权保护的，国务院对外贸易主管部门可以依照本法和其他有关法律、行政法规的规定，并根据中华人民共和国缔结或者参加的国际条约、协定，对与该国家或者该地区的贸易采取必要的措施。"这一规定借鉴了《美国贸易法》的第 301 条，为我们在知识产权方面维护国家利益和保护民事主体的知识产权合法权益提供了法律依据，同时也有利于维持国际间正常的贸易交往关系。

六、对外贸易秩序

为了维护公平、自由的对外贸易秩序，同时维持良好的竞争环境，对外贸易法针对垄断行为、不正当行为等进行了规定，确立了我国对外贸易管理中的竞争规则。

关于垄断行为,《对外贸易法》第三十二条规定:"在对外贸易经营活动中,不得违反有关反垄断的法律、行政法规的规定实施垄断行为。在对外贸易经营活动中实施垄断行为,危害市场公平竞争的,依照有关反垄断的法律、行政法规的规定处理。行为违法,并危害对外贸易秩序的,国务院对外贸易主管部门可以采取必要的措施消除危害。"

关于进出口环节的不正当竞争行为,本法规定,在对外贸易经营活动中,不得实施以不正当的低价销售商品、串通投标、发布虚假广告、进行商业贿赂等不正当竞争行为。在对外贸易经营活动中实施不正当竞争行为,依照有关反不正当竞争的法律、行政法规的规定处理。行为违法,并危害对外贸易秩序的,国务院对外贸易主管部门可以采取禁止该经营者有关货物、技术进出口等措施消除危害。

本法第三十四条还规定了:"在对外贸易活动中,不得有下列行为:①伪造、变造进出口货物原产地标记,伪造、变造或者买卖进出口货物原产地证书、进出口许可证、进出口配额证明或者其他进出口证明文件;②骗取出口退税;③走私;④逃避法律、行政法规规定的认证、检验、检疫;⑤违反法律、行政法规规定的其他行为。"

《对外贸易法》第三十六条的规定所涉及的是进出口商黑名单制度。对于违反对外贸易法的规定、危害对外贸易秩序的,国务院对外贸易主管部门可以向社会公告。此种对违法或违规行为进行公告的制度,可以对有违法违规的进出口商形成威慑作用,有利于避免外贸领域的不规范行为,促进外贸领域的守法经营。

七、对外贸易调查

1. 对外贸易调查的内容

所谓对外贸易调查主要是指针对我国对外贸易活动中的扰乱对外贸易秩序的垄断、不正当竞争等行为以及相关事项进行调查。对外贸易调查制度是一种单边的报复或威胁制度,具有主动性强、管辖范围广泛、效果明显的特点,它赋予国家行政机构广泛而强大的权力去处理对外贸易中问题。

与国际通行做法相接轨,我国对外贸易法规定为了维护对外贸易秩序,国务院对外贸易主管部门可以自行或者会同国务院其他有关部门,依照法律、行政法规的规定对相关事项进行调查。

对外贸易调查的内容包括:

(1) 货物进出口、技术进出口、国际服务贸易对国内产业及其竞争力的影响;

(2) 有关国家或者地区的贸易壁垒;

(3) 为确定是否应当依法采取反倾销、反补贴或者保障措施等对外贸易救济措施,需要调查的事项;

(4) 规避对外贸易救济措施的行为;

（5）对外贸易中有关国家安全利益的事项；

（6）为执行本法第七条、第二十九条第二款、第三十条、第三十一条、第三十二条第三款、第三十三条第三款的规定，需要调查的事项；

（7）其他影响对外贸易秩序，需要调查的事项。

2. 对外贸易调查的程序

《对外贸易法》第三十八条规定："启动对外贸易调查，由国务院对外贸易主管部门发布公告。"这一规定符合了 WTO 透明度原则的要求。

关于调查的方式，该法规定调查可以采取书面问卷、召开听证会、实地调查、委托调查等方式进行。在具体实践中，进行对外贸易调查可能采取多种方式结合，但不管采取哪一种调查方式，都要保证程序公平，尊重和给予调查涉及的利害关系方充分表述、反驳、辩解的机会。

对于调查的结果，国务院对外贸易主管部门根据调查结果提出调查报告或者作出处理裁定，并发布公告。

3. 对外贸易调查当事人的义务

在启动对外贸易调查过程中，有关单位和个人应当对对外贸易调查给予配合、协助。同时，国务院对外贸易主管部门和国务院其他有关部门及其工作人员进行对外贸易调查，对知悉的国家秘密和商业秘密负有保密义务。

八、对外贸易救济

由于各国在进行对外贸易的时候，首先都是以本国的利益最大化为根本出发点，有时就会对其他国家的贸易利益造成损害；同时因为国际贸易中还经常存在一些不公平的贸易行为，这同样会破坏正常的贸易秩序，因此需要在一国产业受到对外贸易中不公平贸易充实的时候给予该国采取适当的对外贸易救济措施的权利。

我国法律规定的对外贸易救济措施主要有 3 种。

1. 反倾销

（1）定义

根据我国《反倾销条例》的定义，所谓倾销是指在正常贸易过程中进口产品以低于其正常价值的出口价格进入中华人民共和国市场的行为。可见，对于正常价值和出口价格之间的差额的计算是判断一行为是否构成倾销的根本点。

（2）特点

与其他救济措施相比，反倾销措施具有以下特点：

① 不需要政府间磋商而直接采取；

② 反倾销调查程序启动迅速，一般自申请始 60 日即可生效；

③ 保护期限长，通常可以持续 5 年甚至更长。

因此在世界各国的具体对外贸易实践中，反倾销措施的使用最频繁，范围也最广。

（3）我国的反倾销法律制度

《对外贸易法》第四十一条规定："其他国家或者地区的产品以低于正常价值的倾销方式进入我国市场，对已建立的国内产业造成实质损害或者产生实质损害威胁，或者对建立国内产业造成实质阻碍的，国家可以采取反倾销措施，消除或者减轻这种损害或者损害的威胁或者阻碍。"

① 倾销的确定

根据这一规定，对于倾销的确定，首先要对"正常价值"和"出口价格"进行确定。《反倾销条例》对二者的确定方法给出了明确的规定，十分严密而具体。

② 法定损害的确定

在确定倾销事实存在之后，还需要证明该倾销行为业已对国内相关产业造成了法定损害。这就要弄清楚"国内产业"的定义。根据《反倾销条例》的规定，国内产业是指中华人民共和国国内同类产品的全部生产者，或者其总产量占国内同类产品全部总产量的主要部分的生产者；但是，国内生产者与出口经营者或者进口经营者有关联的，或者其本身为倾销进口产品的进口经营者的，可以排除在国内产业之外。这里的同类产品是指与倾销进口产品相同的产品；没有相同产品的，以与倾销进口产品的特性最相似的产品为同类产品。

由于反倾销措施的影响重大，法律还明确国内产业在适用反倾销救济的时候应该谨慎，不得将造成损害的非倾销因素归因于倾销。

③ 反倾销调查程序

发起反倾销调查有两种方式：

a. 由国内受到倾销影响的产业提起申请；

b. 由反倾销调查机构自主决定进行反倾销调查。

反倾销调查的基本程序包括：申请、立案、调查、初裁、终裁、行政复审、司法审查等，《反倾销条例》对每一步的具体做法都作出了规定。

反倾销调查的申请特别应包括下述两个方面：第一，申请调查的进口产品倾销、对国内产业造成损害、二者之间存在因果关系的证据；第二，有足够的国内生产者的支持，在支持和反对申请的生产者中，支持者占的产量占二者总产量的 50％ 以上，同时不得低于国内同类产品总产量的 25％。

商务部调查时，利害关系方（申请人、已知的出口经营者和进口经营者、出口国或地区政府以及其他有利害关系的组织、个人）应当如实反映情况，提供有关资料。利害关系方不如实反映情况，提供有关资料的，或者没有在合理时间内提供必要信息的，或者以其他方式严重妨碍调查的,商务部可以根据已经获得的事实和可获得的最佳信息作出裁定,即基于现有事实作出裁定。

反倾销调查分为初步裁定和终局裁定两个阶段。初步裁定倾销、损害和二者之间的因果关系成立的,继续调查,作出终局裁定。如果有下列情形之一,则反倾销调查应当终止,并由商务部予以公告:

a. 申请人撤销申请的;

b. 没有足够证据证明存在倾销、损害或者二者之间有因果关系的;

c. 倾销幅度低于 2% 的;

d. 倾销进口产品实际或者潜在的进口量或者损害属于可忽略不计的;

e. 商务部认为不适宜继续进行反倾销调查的。

④ 反倾销措施

我国法律规定的反倾销措施主要有 3 种。

a. 临时措施。初裁决定确定倾销成立,并由此对国内产业造成损害的,可以征收临时反倾销税,或者要求提供保证金、保函或者其他形式的担保。

b. 价格承诺。倾销进口产品的出口经营者在反倾销调查期间,可以向商务部作出改变价格或者停止以倾销价格出口的价格承诺。出口经营者不作出价格承诺或者不接受商务部价格承诺的非强制性建议的,不妨碍对反倾销案件的调查和确定。出口经营者继续倾销进口产品的,商务部有权确定损害威胁更有可能出现。

c. 反倾销税。终裁决定确定倾销成立,并由此对国内产业造成损害的,可以征收反倾销税。这是最主要的一种反倾销措施。

具体规定参见《反倾销条例》。

⑤ 代表第三国的反倾销

《对外贸易法》第四十二条还特别规定:"其他国家或者地区的产品以低于正常价值出口至第三国市场,对我国已建立的国内产业造成实质损害或者产生实质损害威胁,或者对我国建立国内产业造成实质阻碍的,应国内产业的申请,国务院对外贸易主管部门可以与该第三国政府进行磋商,要求其采取适当的措施。"这一原则性规定一定程度上将我国对国内产业的保护延伸到了第三国境内,是对 WTO《反倾销协议》有关规定的具体体现。

2. 反补贴

（1）定义

根据我国《反补贴条例》的定义,所谓补贴,是指出口国（地区）政府或者其任何公共机构提供的并为接受者带来利益的财政资助以及任何形式的收入或者价格支持。

补贴是各国经常采取的一种扶植行业发展、振兴经济的公共经济政策,但如果补贴适用不当就会导致国际贸易上的竞争不公平,因而补贴本身具有双重性的特点。由于这一特点,

WTO《补贴和反补贴措施协议》将补贴划分为 3 类,加以不同的规制:

① 禁止性补贴。即对贸易具有严重扭曲作用的补贴,是绝对违法而要受到禁止的,又称为"红箱补贴";

② 不可诉补贴。即没有任何贸易扭曲作用的补贴,是正当合法的,又称为"绿箱补贴";

③ 可诉补贴。介于前两者之间的补贴,其对于贸易的损害需要进一步的证明,因此对此采取反补贴措施要经过先诉程序,又称为"黄箱补贴"。

（2）补贴与损害的确定

我国的反补贴措施体现在《对外贸易法》第四十三条中:"进口的产品直接或者间接地接受出口国家或者地区给予的任何形式的专向性补贴,对已建立的国内产业造成实质损害或者产生实质损害威胁,或者对建立国内产业造成实质阻碍的,国家可以采取反补贴措施,消除或者减轻这种损害或者损害的威胁或者阻碍。"

从上面可以看出,采取反倾销措施必须满足两个条件:存在补贴和损害,并且补贴和损害之间存在因果联系。这里的"损害"是指补贴对已经建立的国内产业造成实质损害或者产生实质损害威胁,或者对建立国内产业造成实质阻碍。我国的《反补贴条例》同时还对造成损失的补贴行为进行了具体细致的划分。

（3）反补贴调查和措施

《反补贴条例》规定:对损害的调查和确定,由商务部负责;其中,涉及农产品的反补贴国内产业损害调查,由商务部会同农业部进行。这是基于农产品在我国国民经济中的重要地位以及农业的特殊性决定的。

反补贴调查的程序与反倾销调查的程序相同。反补贴措施与反倾销措施类似,包括临时反补贴措施、承诺及反补贴税 3 种。其实施条件也基本与反倾销措施的条件相同。不同之处在于,承诺主体除出口经营者之外还可以包括出口国政府,这是由于补贴的政府行为特点决定的。其他具体规定参见《反补贴条例》,此不赘述。

3. 保障措施

（1）特点

保障措施与反倾销、反补贴措施最大的不同在于它针对的是外国进口产品的正当竞争行为。我国《对外贸易法》第四十四条规定:"因进口产品数量大量增加,对生产同类产品或者与其直接竞争的产品的国内产业造成严重损害或者严重损害威胁的,国家可以采取必要的保障措施,消除或者减轻这种损害或者损害的威胁,并可以对该产业提供必要的支持。"这与 WTO《保障措施协定》的规定保持了一致性。从这可以看出,保障措施实际上是一种为进口国提供缓冲以保证其国内产业不遭受严重损害的特别措施,也可以看做贸易自由化原则的例外。但是保障措施并不与 WTO 倡导的贸易自由政策相违背,反而因为它的存在,解除了各国加入 WTO 的顾虑,加快了世界贸易自由化的进程。

（2）调查

同样，采取保障措施的条件必须满足 3 个基本条件：进口产品数量增加，国内产业受到损害，并且二者之间存在因果关系。

我国的《保障措施条例》明确了商务部负责损害的调查与确定。在确定进口产品数量增加对国内产业造成的损害时，应当审查下列相关因素：

① 进口产品的绝对和相对增长率和增长量；

② 增加的进口产品在国内市场中所占的份额；

③ 进口产品对国内产业的影响，包括对国内产业在产量、销售水平、市场份额、生产率、设备利用率、利润与亏损、就业等方面的影响；

④ 造成国内产业损害的其他因素。

对严重损害威胁的确定，应当依据事实不能仅依据指控、推测或者极小的可能性。在确定进口产品数量增加对国内产业造成的损害时，不得将进口增加以外的因素对国内产业造成的损害归因于进口增加。这里的国内产业，是指中国国内同类产品或者直接竞争产品的全部生产者，或者其总产量占国内同类产品或直接竞争产品全部总产量的主要部分的生产者。

（3）保障措施的实施

我国《保障措施条例》规定：有明确证据表明进口产品数量增加，在不采取临时保障措施将对国内产业造成难以补救的损害的紧急情况下，可以作出初步裁定，并采取临时保障措施。临时保障措施采取提高关税的形式。终局裁定确定进口产品数量增加，并由此对国内产业造成损害的，可以采取保障措施。保障措施可以采取提高关税、数量限制等形式。

鉴于其限制自由贸易的副作用，保障措施的实施必须慎重，并满足以下要求：

① 保障措施应针对正在进口并造成损害或有损害威胁的某一特定产品实施，不区分产品来源国（地区）。即在非歧视原则的基础上进行。

② 保障措施的实施时间应该是临时性、暂时的，一般不得超过 4 年，最长不得超过 8 年。

③ 采取保障措施要注意适度性和递减性。即措施应限制在防止、补救严重损害及调整国内产业所必要的范围内，并选择最合适的措施。

④ 实施保障措施之前应该履行磋商义务。

4. 其他救济措施

我国《对外贸易法》同时规定，因其他国家或者地区的服务提供者向我国提供的服务增加，对提供同类服务或者与其直接竞争的服务的国内产业造成损害或者产生损害威胁的，国家可以采取必要的救济措施，消除或者减轻这种损害或者损害的威胁。

因第三国限制进口而导致某种产品进入我国市场的数量大量增加，对已建立的国内产业造成损害或者产生损害威胁，或者对建立国内产业造成阻碍的，国家可以采取必要的救济措施,限制该产品进口。

与中华人民共和国缔结或者共同参加经济贸易条约、协定的国家或者地区,违反条约、协定的规定,使中华人民共和国根据该条约、协定享有的利益丧失或者受损,或者阻碍条约、协定目标实现的,中华人民共和国政府有权要求有关国家或者地区政府采取适当的补救措施,并可以根据有关条约、协定中止或者终止履行相关义务。

5. 我国对外贸易救济措施的总体规定

为了进一步保障我国的国民经济安全,更好地维护自由、公平的国际贸易秩序,实现立法目的,我国的《对外贸易法》还作了冠以对对外贸易救济措施实施的若干规定:

① 国务院对外贸易主管部门依照本法和其他有关法律的规定,进行对外贸易的双边或者多边磋商、谈判和争端的解决。

② 国务院对外贸易主管部门和国务院其他有关部门应当建立货物进出口、技术进出口和国际服务贸易的预警应急机制,应对对外贸易中的突发和异常情况,维护国家经济安全。

③ 国家对规避本法规定的对外贸易救济措施的行为,可以采取必要的反规避措施。

九、对外贸易促进

基于对外贸易对于国民经济发展的重大意义,我国《对外贸易法》第九章专门就鼓励对外贸易经营者积极参加对外贸易、促进我国对外贸易持续稳定发展,制定了扶持、促进的措施和制度。

我国采取的对外贸易促进措施包括:

① 制定对外贸易发展战略,建立和完善对外贸易促进机制。

② 根据对外贸易发展的需要,建立和完善为对外贸易服务的金融机构,设立对外贸易发展基金、风险基金。

③ 通过进出口信贷、出口信用保险、出口退税及其他促进对外贸易的方式,发展对外贸易。

④ 建立对外贸易公共信息服务体系,向对外贸易经营者和其他社会公众提供信息服务。

⑤ 采取措施鼓励对外贸易经营者开拓国际市场,采取对外投资、对外工程承包和对外劳务合作等多种形式,发展对外贸易。

⑥ 对外贸易经营者可以依法成立和参加有关协会、商会。有关协会、商会应当遵守法律、行政法规,按照章程对其成员提供与对外贸易有关的生产、营销、信息、培训等方面的服务,发挥协调和自律作用,依法提出有关对外贸易救济措施的申请,维护成员和行业的利益,向政府有关部门反映成员有关对外贸易的建议,开展对外贸易促进活动。

⑦ 成立中国国际贸易促进组织,并按照章程开展对外联系,举办展览,提供信息、咨询

服务和其他对外贸易促进活动。

⑧ 扶持和促进中小企业开展对外贸易。

⑨ 扶持和促进民族自治地方和经济不发达地区发展对外贸易。

十、违反对外贸易法的法律责任

根据我国《对外贸易法》的规定,违反对外贸易法所应承担的法律责任主要有行政责任和刑事责任两种;责任承担者可以是对外贸易经营者,也可以是对外贸易主管部门及其工作人员;违法行为触犯的可能是《对外贸易法》,也可能是《刑法》等其他法律。

1. 违反国营贸易管理的法律责任

未经授权擅自进出口实行国营贸易管理的货物的,国务院对外贸易主管部门或者国务院其他有关部门可以处五万元以下罚款;情节严重的,可以自行政处罚决定生效之日起三年内,不受理违法行为人从事国营贸易管理货物进出口业务的申请,或者撤销已给予其从事其他国营贸易管理货物进出口的授权。

2. 违反货物、技术进出口管理的法律责任

进出口属于禁止进出口的货物的,或者未经许可擅自进出口属于限制进出口的货物的,由海关依照有关法律、行政法规的规定处理、处罚;构成犯罪的,依法追究刑事责任。

进出口属于禁止进出口的技术的,或者未经许可擅自进出口属于限制进出口的技术的,依照有关法律、行政法规的规定处理、处罚;法律、行政法规没有规定的,由国务院对外贸易主管部门责令改正,没收违法所得,并处违法所得一倍以上五倍以下罚款,没有违法所得或者违法所得不足一万元的,处一万元以上五万元以下罚款;构成犯罪的,依法追究刑事责任。

自前述行政处罚决定生效之日或者刑事处罚判决生效之日起,国务院对外贸易主管部门或者国务院其他有关部门可以在三年内不受理违法行为人提出的进出口配额或者许可证的申请,或者禁止违法行为人在一年以上三年以下的期限内从事有关货物或者技术的进出口经营活动。

3. 违反服务贸易管理的法律责任

从事属于禁止的国际服务贸易的,或者未经许可擅自从事属于限制的国际服务贸易的,依照有关法律、行政法规的规定处罚;法律、行政法规没有规定的,由国务院对外贸易主管部门责令改正,没收违法所得,并处违法所得一倍以上五倍以下罚款,没有违法所得或者违法所得不足一万元的,处一万元以上五万元以下罚款;构成犯罪的,依法追究刑事责任。

国务院对外贸易主管部门可以禁止违法行为人自前款规定的行政处罚决定生效之日或者刑事处罚判决生效之日起一年以上三年以下的期限内从事有关的国际服务贸易经营活动。

4. 在对外贸易活动中从事违法行为的法律责任

这里所说的违法行为特指《对外贸易法》第三十四条规定所列行为,具体包括:

(1)伪造、变造进出口货物原产地标记,伪造、变造或者买卖进出口货物原产地证书、进出口许可证、进出口配额证明或者其他进出口证明文件;(2)骗取出口退税;(3)走私;(4)逃避法律、行政法规规定的认证、检验、检疫;(5)违反法律、行政法规规定的其他行为。

对于从事上述违法行为的,依照有关法律、行政法规的规定处罚;构成犯罪的,依法追究刑事责任。

国务院对外贸易主管部门可以禁止违法行为人自前款规定的行政处罚决定生效之日或者刑事处罚判决生效之日起一年以上三年以下的期限内从事有关的对外贸易经营活动。

5. 对违法行为的海关和外汇管理措施

《对外贸易法》第六十四条规定:"依照本法第六十一条至第六十三条规定被禁止从事有关对外贸易经营活动的,在禁止期限内,海关根据国务院对外贸易主管部门依法作出的禁止决定,对该对外贸易经营者的有关进出口货物不予办理报关验放手续,外汇管理部门或者外汇指定银行不予办理有关结汇、售汇手续。"

6. 对外贸易管理部门工作人员的违法责任

依照法律规定负责对外贸易管理工作的部门的工作人员玩忽职守、徇私舞弊或者滥用职权,构成犯罪的,依法追究刑事责任;尚不构成犯罪的,依法给予行政处分。

依照法律规定负责对外贸易管理工作的部门的工作人员利用职务上的便利,索取他人财物,或者非法收受他人财物为他人谋取利益,构成犯罪的,依法追究刑事责任;尚不构成犯罪的,依法给予行政处分。

《对外贸易法》在对违法行为作出法律责任规定的同时,还给予了对外贸易经营活动当事人提起行政复议和行政诉讼的权利,以保障相对人的合法权利和司法公平。该法第六十六条规定:"对外贸易经营活动当事人对依照本法负责对外贸易管理工作的部门作出的具体行政行为不服的,可以依法申请行政复议或者向人民法院提起行政诉讼。"

第二节　进出境货物的关税制度

一、概述

关税是海关代表国家按照由国家制定并公布实施的税法,对进出境货物、物品征收的一种流转税。进口货物自进境起到办结海关手续止,出口货物自向海关申报起到出境止,过境、转运和通运货物自进境起到出境止,应接受海关监管。准许进出口的货物,由海关依法征收关税。关税数额的大小以及征收范围直接影响货物进出口的数量和范围,因此关税制度是重要的对外贸易调节和管理制度。

我国的关税制度是以海关法为重要法律依据形成的。中国海关是国家的进出关境的监督管理机关。根据 2000 年 7 月 8 日第九届全国人民代表大会常务委员会第十六次会议修正的《中华人民共和国海关法》(以下简称《海关法》)规定,我国海关依照《海关法》和其他有关法律、行政法规,监管进出境运输工具、货物、物品,征收关税和其他税、费,查缉走私,并编制海关统计和办理其他海关业务,从而为对外贸易提供监管和服务。

除了核心的《海关法》,我国的《进出口关税条例》规定了关税税率的利用、完税价格的审定、税额的缴纳、退补、关税的减免及审批程序,以及申诉程序等事宜;《海关进出口税则》更进一步具体地规定了商品的归类原则、商品的税目、税号、商品描述和适用的相关税率。

我国关税的征收由海关负责;国务院关税税则委员会负责制定或修订进出口关税条例、海关进出口税则的方针、政策、原则,审议税则修订草案,制定暂定税率,审定局部调整税率。

二、关税的征收

1. 征收原则

进口货物的收货人、出口货物的发货人、进出境物品的所有人,是关税的纳税义务人。

我国海关关税分为进口关税和出口关税。其中,进口关税又分设了普通税率和优惠税率。对原产于与中国未订有关税互惠协议的国家或者地区的进口货物,按照普通税率征税;对原产于与中国订有关税互惠协议的国家或者地区的货物,按照优惠税率征税。

经国务院关税税则委员会特别批准,适用普通税率进口的货物,可以按照优惠税率征税。任何国家或地区对原产于中国的货物征收歧视性关税或者给予其他歧视性待遇的,海关对原产于该国家或地区的货物,可以征收特别关税。

2. 征收程序

关税的征收程序首先要确定关税税款额,税款额的确定须经过 4 个程序。

(1) 税则归类

税则归类是依照相关的商品分类目录把具体的进出口货物进行分类。通常是在货物进出境申报纳税时实施。

(2) 税率运用

税率运用是在税则归类的基础上将税率具体适用于某一进出口货物,并依此确定应征税额。

（3）完税价格的审定

根据征税方法的不同，关税征收可以分为从价税、从量税和二者结合的混合税三种情况，我国大多数进口商品采用从价税。从价税依据进出口货物的完税价格征收。

完税价格的审定就是海关依据有关法律的价格定义，对进出口货物的申报价格进行审查。我国《海关法》第五十五条规定："进出口货物的完税价格，由海关以该货物的成交价格为基础审查确定。成交价格不能确定时，完税价格由海关依法估定。进口货物的完税价格包括货物的货价、货物运抵中华人民共和国境内输入地点起卸前的运输及其相关费用、保险费；出口货物的完税价格包括货物的货价、货物运至中华人民共和国境内输出地点装载前的运输及其相关费用、保险费，但是其中包含的出口关税税额，应当予以扣除。"

在海关未能确定进口货物的到岸价格时，应依次以下列价格为基础估定完税价格：从该项进口货物从同一出口国或地区购进的相同或者类似货物的成交价格；该项进口货物的相同或类似货物在国际市场上的成交价格；该项进口货物的相同或类似货物在国内市场上的批发价格，减去进口关税、进口环节其他税收以及进口后的运输、储存、营业费用及利润后的价格；海关用其他合理方法估定的价格。

出口货物以海关审定的货物售与境外的离岸价格，扣除出口关税后，作为完税价格，包括货物的货价、货物运至中国境内输出地点装载前的运输及其相关费用、保险费，但应扣除其中包含的出口关税税额。离岸价格不能确定时由海关估定完税价格。

（4）税款额的计算

通过以上4个步骤确定了具体税款额之后，海关就可向具体纳税义务人征缴关税。

进出境物品的纳税义务人，应当在物品放行前缴纳税款。《海关法》第六十条规定："进出口货物的纳税义务人，应当自海关填发税款缴款书之日起十五日内缴纳税款；逾期缴纳的，由海关征收滞纳金。纳税义务人、担保人超过三个月仍未缴纳的，经直属海关关长或者其授权的隶属海关关长批准，海关可以采取下列强制措施：①书面通知其开户银行或者其他金融机构从其存款中扣缴税款；②将应税货物依法变卖，以变卖所得抵缴税款；③扣留并依法变卖其价值相当于应纳税款的货物或者其他财产，以变卖所得抵缴税款。海关采取强制措施时，对前款所列纳税义务人、担保人未缴纳的滞纳金同时强制执行。"

三、关税减免

符合进出口关税条例规定条件的货物，可以免税或减税。关税减免分为3种情况：法定减免、特定减免、临时减免。

1. 法定减免

法定减免是按照国家关税法给予的减免税，凡属于法定减免范围的货物，相关人不需要向海关提出申请就可以享受减免税的待遇。

根据《海关法》第五十六条规定减征或者免征关税进出口货物以及进出境物品有：

① 无商业价值的广告品和货样；

② 外国政府、国际组织无偿赠送的物资；

③ 在海关放行前遭受损坏或者损失的货物；

④ 规定数额以内的物品；

⑤ 法律规定减征、免征关税的其他货物、物品；

⑥ 中华人民共和国缔结或者参加的国际条约规定减征、免征关税的货物、物品。

2. 特定减免

特定地区、特定企业或者有特定用途的进出口货物，可以减征或者免征关税。特定减税或者免税的范围和办法由国务院规定。特定减征或者免征关税进口的货物，只能用于特定地区、特定企业或者特定用途，未经海关核准并补缴关税，不得移作他用。

特定减免不具有普遍性，附有条件限制，因此需要海关进行监管。

3. 临时减免

临时减免是根据特殊情况给予的一次性减免税，不具有普遍。我国法律规定临时减征或者免征关税，由国务院决定。

四、关税缓纳和退补

1. 一般规定

我国法律规定，货物收发货人或其代理人，应在海关填发税款缴纳证的次日起 7 日内，向指定银行缴纳税款。逾期缴纳的，除依法追缴外，由海关自到期的次日起到缴清税款日止，按日加收欠缴税款的 1‰ 的滞纳金。

货物收发货人或其代理人，符合条件的，可以自缴纳税款之日起 1 年内，向海关申请退税，逾期不予受理。进出口货物完税后，如海关发现少征或漏征，应自缴纳税款或者货物放行之日起 1 年内进行补征。因收发货人或其代理人违反规定而造成少征或漏征的，海关在 3 年内可以追征。

2. 特殊规定

《海关法》第五十九条规定："经海关批准暂时进口或者暂时出口的货物，以及特准进口的保税货物，在货物收发货人向海关缴纳相当于税款的保证金或者提供担保后，准予暂时免纳关税。"

五、纳税争议的解决

根据海关法等相关法律、法规的规定,在纳税义务人对海关征收关税产生争议时,可以提起行政复议或者行政诉讼;对复议决定仍不服的,可以依法向人民法院提起诉讼。

需要注意的是,产生纳税争议仍需先按照海关的具体要求履行缴纳税款义务。

第三节　外汇管理制度

一、外汇管理概述

外汇是国家可以用于国际清偿的支付手段和资产,对国际贸易具有重要的影响。外汇管理是指一国政府为了维护国际收支平衡,实现国家对外汇收支的宏观调控,授权国家货币金融管理当局或其他国家机关,对外汇收支、买卖、借贷、转移以及国际间的结算、外汇汇率和外汇市场等实行的管制措施。

外汇监管对于维护本国货币的汇价、减少国际收支逆差、增加外汇收入、保持国际收支平衡、保证本国经济独立自主的发展有着积极的意义。

二、外汇管理的主要内容

我国外汇管理主要包括对 4 种对象的监管,包括对经常项目下外汇收支的管理、对资本项目下外汇收支的管理、对金融机构外汇业务的管理和对人民币汇率和外汇市场的管理,其中与对外贸易相关的是前两项:

1. 对经常项目下外汇收支的管理

我国对经常项目外汇和资本项目外汇实行不同的管理制度。经常项目,指国际收支中经常发生的交易项目,包括贸易收支、劳务收支、单方面转移等。

我国《外汇管理条例》规定,境内机构的经常项目外汇收入必须调回国内,并按照《结汇、售汇及付汇管理规定》卖给外汇指定银行,或者经批准在外汇指定银行开立外汇账户,不得擅自存放在境外。境内机构的经常项目用汇,也应当按照《结汇、售汇及付汇管理规定》,持有效凭证和商业单据向外汇指定银行购汇支付。

2. 对资本项目下外汇收支的管理

资本项目是指国际收支中因资本输出和输入而产生的资产与负债的增减项目,包括直接投资、各类贷款、证券投资等内容。

按照我国《关于〈结汇、售汇及付汇管理规定〉中有关问题的解释和说明》，资本项目外汇收支和经常项目下的外汇收支一样采用结汇、售汇制。

三、违反外汇管理的法律责任

对外贸易经营者违《外汇管理条例》从事逃回、非法套汇等行为，需要承担相应的法律责任；构成犯罪的，依法承担刑事责任。

第四节　进出境检验、检疫制度

一、进出境检验、检疫制度概述

货物进出口贸易中另一项重要的管理制度是进出境检验、检疫制度。我国的商品进出境检验、检疫是由国家质量监督检验检疫总局（简称国家质检总局）来具体负责。

我国的进出境检验、检疫制度的法律依据主要有《中华人民共和国卫生检疫法》、《中华人民共和国进出境动植物检疫法》以及《中华人民共和国进出境商品检验法》及相应的实施细则。

二、进出口商品的检验

我国法律规定，对国家指定范围内的商品实施强制性检验检疫（法定检验），对法定检验之外的进出口商品，可以抽样检验。对于法定检验的进口商品，未经检验，不得销售、使用；对于法定检验的出口商品，未检验合格的，不准出口。经当事人申请、国家质检部门批准，可以免予检验。

法定检验的范围包括：

① 对列入《种类表》的进出口商品的检验；

② 出口食品的卫生检验；

③ 出口危险货物包装容器的性能鉴定和使用鉴定；

④ 对装运出口易腐烂变质食品、冷冻品的船舱、集装箱等运载工具的适载检验；

⑤ 有关国际条约规定必须经商检机构检验的进出口商品的检验；

⑥ 其他法律、行政法规规定须经商检机构的进出口商品的检验。

进出口商品的检验按照下列标准进行：

① 法律、行政法规规定有强制性标准或者其他必须执行的标准的，按照法律、行政法规

规定的检验标准检验；

② 法律、行政法规未规定有强制性标准或者其他必须执行的检验标准的，按照对外贸易合同约定的检验标准检验；

③ 凭样品成交的，应按照样品检验；

④ 法律、行政法规规定的强制性标准或者其他必须执行的检验标准，低于对外贸易合同约定的检验标准的，按照对外贸易合同约定的检验标准检验；

⑤ 法律、行政法规未规定有强制性标准或者其他必须执行的检验标准，对外贸易合同又未约定检验标准或者约定检验标准不明确的，按照生产国标准、有关国际标准或者国家检验机构指定的标准检验。

三、进出境动植物检疫

根据我国的《进出境动植物检疫法》及其实施细则的规定，需要实施检疫的对象包括以下几种：

① 进境、出境、过境的动植物、动植物产品和其他检疫；

② 装载动植物、动植物产品和其他检疫物的装载容器、包装物、铺垫材料；

③ 来自动植物疫区的运输工具；进境拆解的废旧船舶；

④ 有关法律、行政法规、国际条约或者贸易合同约定应当实施进出境动植物检疫的其他货物、物品。

通过贸易、科技合作、交换、赠送、援助等方式输入动植物、动植物产品和其他检疫物的，应当在合同或者协议中订明中国法定的检疫要求，并订明必须附有输出国家或者地区政府动植物检疫机关出具的检疫证书。此外所称的中国法定的检疫要求，指中国法律、行政法规和国务院农业行政主管部门规定的检疫要求。

对输入的动植物、动植物产品和其他检疫物，按照中国的国家标准、行业标准以及国家质检总局的有关规定实施检疫。输入动植物、动植物产品或其他检疫物，经检疫不合格的，由口岸检疫机关签发《检疫处理通知书》，通知货主或其代理人在口岸检疫机关的监督和技术指导下，作除害处理。

此外，该法还原则性设定了动植物疫情紧急预防机制，规定在国（境）外发生重大动植物疫情并有可能传入中国时，可以采取紧急预防措施。

本章小结

对外贸易管理制度通常是指进行对外贸易交往的国家对本国与其他国家间发生的货物进出口、技术进出口和国际服务贸易进行管理和规制，以及对与对外贸易有关的知识产权进行保护的法律制度。

一方面,在经济全球化的浪潮中,对外贸易管理制度的作用主要是规范对外贸易经营者行为以促进贸易开展;另一方面,在各国逐步形成贸易自由化的共识的同时,对外贸易管理的根本出发点仍然是各自的国家利益,这就使得对外贸易管理制度更多时候会因为政治和外交目的而体现出灵活变通的特点。

对外贸易管理制度主要包括对外贸易法、进出境货物的关税制度、进出境检验检疫制度和外汇管理制度。

■ 重要概念

对外贸易法的立法目的	中国对外贸易法的适用范围
对外贸易经营权和经营者	国际服务贸易
与对外贸易有关的知识产权保护	对外贸易秩序
对外贸易调查	对外贸易救济
对外贸易促进	违反对外贸易法的法律责任

✎ 同步测练与解析

一、单项选择题

1. 我国《对外贸易法》对于"对外贸易"的定义中不包括以下哪种形式?

　　A. 货物进出口　　　B. 技术进出口　　　C. 国际服务贸易　　　D. 国际投资

2. 关于我国《对外贸易法》的适用,以下表述错误的一项是:

　　A. 国家对边境地区与接壤国家边境地区之间的贸易以及边民互市贸易,采取灵活措施,给予优惠和便利

　　B. 核原料的进出口管理根据相关法律的特别规定处理

　　C.《对外贸易法》适用于香港特别行政区

　　D.《对外贸易法》同样适用于对外贸易以及与对外贸易有关的知识产权保护

3. 根据我国《对外贸易法》的规定,下列不具有对外贸易经营主体资格的是:

　　A. 某县政府机关　　　　　　　　　　B. 在校大学生张某

　　C. 某在中国境内注册的外资企业　　　D. 王某的一人独资公司

4. 依据我国《对外贸易法》的规定,关于货物的进出口管理,下列选项正确的是:

　　A. 对自由进出口的货物无须办理任何手续

　　B. 自动许可的进出口货物未办理自动许可手续的,海关不予放行

　　C. 实行自动许可的进出口货物,国务院对外贸易主管部门有权决定是否许可

　　D. 全部自由进出口的货物均应实行进出口自动许可

5. 依据我国《对外贸易法》的规定,基于保障国家国际金融地位和国际收支平衡的原因,国家可以对货物贸易采取下列哪一项措施?

    A. 禁止进口　　　　　　　　　　B. 禁止出口

    C. 限制进口　　　　　　　　　　D. 限制出口

6. 根据我国《反补贴条例》,采取反补贴措施的补贴应是下列选项中的哪一种?

    A. 出口补贴　　　　　　　　　　B. 国内补贴

    C. 出口国普遍补贴　　　　　　　D. 出口国专项补贴

7. 根据我国保障措施制度,下列选项中何种损害是保障措施意义上的严重损害?

    A. 对销售同类产品或直接竞争产品的经销商的损害

    B. 对生产同类产品或直接竞争产品的生产商的损害

    C. 对生产同类产品或直接竞争产品的工人的损害

    D. 对销售同类产品的经销商的损害

8. 实施反倾销税的条件之一是倾销进口与国内产业损害间存在因果关系。关于这一条件的下列表述正确的一项是:

    A. 倾销进口必须是造成国内产业损害的一个原因,而其他因素造成的国内产业损害不得归因于倾销进口

    B. 倾销进口是国内产业损害的唯一原因

    C. 没有倾销进口,就没有国内产业损害

    D. 倾销进口造成了国内巨大的经济损失

9. 根据我国《海关法》的规定,下列物品进出口减征或者免征关税不包括哪一项:

    A. 国际红十字会为我国灾区捐赠的药品

    B. 有商业价值的广告品和货样

    C. 在海关放行前遭受损坏或者损失的货物

    D. 规定数额以内的物品

10. 根据我国《进出境动植物检疫法》的相关规定,需要实施检疫的对象不包括:

    A. 进出境的动植物

    B. 进出境的动植物产品

    C. 装载动植物进出境的装载容器、包装物、铺垫材料

    D. 运输动植物的运输工具

二、简答题

1. 我国对外贸易法遵循的总体原则是什么?

2. 简述我国对外贸易经营者的提供信息义务。

3. 什么是进出口许可制度?

4. GATS对于国际服务贸易的具体界定是什么?

5. 试比较最惠国待遇原则和国民待遇原则。

6. 什么是对外贸易调查制度?

7. 什么是倾销?

8. 反倾销措施作为最重要的对外贸易救济手段,具有哪些特点?

9. 反倾销措施有哪些?

10. 根据我国法律规定,什么情况下,商务部可以启动保护措施?

【参考答案】

一、单项选择题

1. A   2. C   3. A   4. B   5. C   6. D   7. B   8. A   9. B   10. D

二、简答题

1. 答:我国实行统一的对外贸易制度,鼓励发展对外贸易,维护公平、自由的对外贸易秩序。

我国根据平等互利的原则,促进和发展同其他国家和地区的贸易关系,缔结或者参加关税同盟协定、自由贸易区协定等区域经济贸易协定,参加区域经济组织。

我国在对外贸易方面根据所缔结或者参加的国际条约、协定,给予其他缔约方、参加方最惠国待遇、国民待遇等待遇,或者根据互惠、对等原则给予对方最惠国待遇、国民待遇等待遇。

任何国家或者地区在贸易方面对我国采取歧视性的禁止、限制或者其他类似措施的,我国可以根据实际情况对该国家或者该地区采取相应的措施。

2. 答:对外贸易经营者的提供信息义务是指对外贸易经营者应当按照国务院对外贸易主管部门或者国务院其他有关部门依法作出的规定,向有关部门提交与其对外贸易经营活动有关的文件及资料。具体而言,对外贸易经营者提供信息义务主要包括以下几种:

(1)根据有关法律、法规的规定提供市场准入所需的信息;(2)根据政府对外贸易管理的需要而提供相关信息;(3)针对各种贸易救济措施提供相关信息。

3. 答:所谓进出口许可是指在对外贸易中,一国海关规定某些商品的进出口必须申领许可证,没有许可证则不能通过海关。进出口许可制度分为自动进出口许可制度和非自动进出口许可制度。

4. 答:GATS 将国际服务贸易的范围界定为跨境交付、境外消费、商业存在和自然人流动 4 个方面:

跨境交付是指服务提供者在一成员的境内向另一成员境内的消费者提供服务。

境外消费指服务提供者在一成员的境内向来自另一成员的消费者提供服务。

商业存在指一成员的服务提供者在另一成员境内通过建立经营企业或专业机构来提供服务,包括为提供服务而设立合资、合作、独资企业或其他经济实体,从而服务于机构所在地的消费者。

自然人流动指一成员的服务提供者到另一成员境内提供服务。

5. 答:最惠国待遇原则是指对于 GATS 包括的任何措施,每一个缔约方应立即无条件地给予其他缔约方的服务和服务提供者不低于它给予任何其他缔约方的相同或类似的服务或服务提供者的待遇。

国民待遇原则是指一缔约方对来自任何其他缔约方的服务或服务提供者的待遇,不得低于该国的服务和服务提供者享受的待遇。

最惠国待遇原则是一般性义务,适用于全体缔约成员;国民待遇原则属于具体承诺义务,即必须经过双边或多边的谈判并达成协议之后,该义务才适用于协议当事方,并且限于协议缔约方承诺开放的服务部门。

6. 答:所谓对外贸易调查主要是指针对我国对外贸易活动中的扰乱对外贸易秩序的垄断、不正当竞争等行为以及相关事项进行调查。对外贸易调查制度是一种单边的报复或威胁制度,具有主动性强、管辖范围广泛、效果明显的特点,它赋予国家行政机构广泛而强大的权力去处理对外贸易中问题。

7. 答:倾销是指在正常贸易过程中进口产品以低于其正常价值的出口价格进入别国市场的行为。

8. 答:反倾销措施的特点有:不需要政府间磋商而直接采取;反倾销调查程序启动迅速,一般自申请始 60 日即可生效;保护期限长,通常可以持续 5 年,甚至更长。

9. 答:我国法律规定的反倾销措施主要有 3 种:临时措施,价格承诺和反倾销税。

临时措施是指初裁决定确定倾销成立,并由此对国内产业造成损害的,可以征收临时反倾销税,或者要求提供保证金、保函或者其他形式的担保。

价格承诺是倾销进口产品的出口经营者在反倾销调查期间,可以向商务部作出改变价格或者停止以倾销价格出口的价格承诺。出口经营者不作出价格承诺或者不接受商务部价格承诺的非强制性建议的,不妨碍对反倾销案件的调查和确定。出口经营者继续倾销进口产品的,商务部有权确定损害威胁更有可能出现。

反倾销税是终裁决定确定倾销成立,并由此对国内产业造成损害的,可以征收反倾销税。这是最主要的一种反倾销措施。

10. 答:采取保障措施的条件必须满足 3 个基本条件:进口产品数量增加,国内产业受到损害,并且二者之间存在因果关系。商务部负责损害的调查与确定进口产品数量增加对国内产业造成的损害时,应当审查下列相关因素:

进口产品的绝对和相对增长率和增长量;增加的进口产品在国内市场中所占的份额;进口产品对国内产业的影响,包括对国内产业在产量、销售水平、市场份额、生产率、设备利用率、利润与亏损、就业等方面的影响;造成国内产业损害的其他因素。

C 第十四章

HAPTER FOURTEEN

国际贸易争议的处理

学 习 目 标

通过本章学习,主要了解在对外贸易交往活动中发生争议后,为当事人寻求适当的途径、有效的方法以解决问题,维护其自身的正当权益。

重 点 难 点 提 示

- 重点学习《中华人民共和国仲裁法》
- 涉外仲裁协议的内容
- 涉外经济诉讼的基本原则

第一节 国际商事仲裁概述

一、仲裁的概念

仲裁是指发生争议的当事人在自愿基础上达成协议,将其争议提交非司法机构的第三者(一定的仲裁机构)审理,由第三者作出对争议各方均有约束力的裁决的一种解决纠纷的制度和方式。

二、仲裁的特点

仲裁在性质上是兼具契约性、自治性、民间性和准司法性的一种争议解决方式,具体而言主要有以下特点:

(1) 自愿性

仲裁以双方当事人的自愿为前提。

(2) 专业性

民商事纠纷往往涉及特殊的知识领域,会遇到许多复杂的法律、经济贸易和有关的技术性问题,故专家裁判更能体现专业权威性。因此,由具有一定专业水平和能力的专家担任仲裁员对当事人之间的纠纷进行裁决是仲裁公正性的重要保障。根据我国仲裁法的规定,仲裁机构都备有分专业的、由专家组成的仲裁员名册供当事人进行选择,专家仲裁由此成为民商事仲裁的重要特点之一。

(3) 灵活性

由于仲裁充分体现当事人的意思自治,仲裁中的诸多具体程序都是由当事人协商确定与选择的,因此,与诉讼相比,仲裁程序更加灵活,更具有弹性。

(4) 保密性

仲裁以不公开审理为原则。有关的仲裁法律和仲裁规则也同时规定了仲裁员及仲裁秘书人员的保密义务。因此当事人的商业秘密和贸易活动不会因仲裁活动而泄露。仲裁表现出极强的保密性。

(5) 快捷性

仲裁实行一裁终局制,仲裁裁决一经仲裁庭作出即发生法律效力。这使得当事人之间的纠纷能够迅速得以解决。

(6) 经济性

仲裁过程相对较短,且是一裁终局,从而所需费用也减少。

（7）独立性

仲裁机构独立于行政机构,仲裁机构之间也无隶属关系。在仲裁过程中,仲裁庭独立进行仲裁,不受任何机关、社会团体和个人的干涉,亦不受仲裁机构的干涉,显示出最大的独立性。

三、国际商事仲裁

国际商事仲裁又称为涉外仲裁。由于仲裁自身的特点,使它成为了涉外经济贸易、运输和海事活动中纠纷解决的主要方式。我国于 1994 年 8 月 31 日通过的《中华人民共和国仲裁法》(以下简称《仲裁法》)专门分章对涉外仲裁的特定事项作出了有别于国内仲裁的特别规定,成为我国国际商事仲裁的法律来源。

第二节　涉外仲裁机构和原则

一、我国的涉外仲裁机构及基本原则

1. 我国的涉外仲裁机构简介

我国的《仲裁法》规定,我国的涉外仲裁委员会可以由中国国际商会组织成立。根据这一规定,我国在北京成立了两个常设涉外仲裁机构(在深圳和上海设有两个分会)。

（1）中国国际经济贸易仲裁委员会

主要是管辖涉外经济、贸易等方面的契约性或非契约性的争议。

（2）中国海事仲裁委员会

主要是管辖产生于远洋、近洋、沿海和与海相通的可航水域的运输、生产和航行等有关过程中所发生的契约性或非契约性的海事争议。

（3）其他受理涉外仲裁案件的仲裁机构

依照涉外仲裁案件中当事人的自愿选择,依仲裁法设立或重新组建的仲裁机构如北京仲裁委员会、上海仲裁委员会等在其进行仲裁时,对该涉外仲裁案件具有管辖权。

2. 我国的涉外仲裁机构的基本工作原则

中国涉外仲裁机构在处理仲裁案件的整个过程中,须依法遵守下列基本工作原则:

① 自愿原则,即在仲裁本身的当事人意思自治原则下,当事人之间的纠纷是否提交仲裁,交与谁仲裁,仲裁庭如何组成,由谁组成,以及仲裁的审理方式、开庭形式等都是在当事人自愿的基础上,由双方当事人协商确定的。

② 以事实为依据,以法律为准绳。仲裁应当根据事实,符合法律规定,公平合理地解决纠纷。

③ 仲裁依法独立进行,不受行政机关、社会团体和个人的干涉。

④ 不公开原则,即仲裁庭审理案件的时候只允许与案件有关的人员参加,不对外公开。

⑤ 开庭审理与书面审理相结合,即仲裁庭在仲裁纠纷时可以选择开庭审理或者书面审理。

⑥ 仲裁庭在仲裁纠纷时还应参照国际惯例的习惯做法。

二、国际常设仲裁机构简介

在国际商事仲裁时,仲裁当事人有时会选择一些国际性、区域性的仲裁机构,或者某一国家的仲裁机构,下面对一些主要的国际仲裁机构进行介绍。

1. 国际性仲裁机构

国际商会仲裁院是当今世界上提供国际经济贸易仲裁服务较多并具有广泛影响力的一个重要国际商事仲裁机构。

国际商会仲裁院成立于1932年,是国际商会下设的一个处理国际性的商务争议的仲裁机构。它本身并不直接处理国际商事争议案件,而主要负责以下4项任务:

① 保证其制定的仲裁规则和调解规则的适用;

② 指定仲裁员或确认当事人所指定的仲裁员;

③ 决定对仲裁员的异议是否正当;

④ 批准仲裁裁决的形式。

2. 区域性仲裁机构

我国对外贸易经营者在处理对外贸易纠纷时一般较少选择区域性仲裁机构,目前世界上较有影响力的区域性仲裁机构包括:

① 美洲国家商事仲裁委员会

它是拉丁美洲国家成立的一个区域性国际仲裁机构,拉丁美洲的12个国家于1975年就此签订了《美洲国家国际商事仲裁公约》。

② 亚洲及远东经济委员会商事仲裁中心

它是联合国亚洲及远东经济委员会下设的仲裁机构,并制定了仲裁规则。

3. 国别性仲裁机构

① 瑞典斯德哥尔摩商会仲裁院

它是瑞典全国性的仲裁机构,由于瑞典是中立国,因此被认为是解决国际经济贸易争端的较理想的仲裁机构。中国国际贸易仲裁委员会已经同它建立了业务联系,并推荐我国当事人在选择第三国仲裁机构时优先选择。

② 瑞士苏黎世商会仲裁院

它同样因为处在中立国,而被许多国际贸易当事人选择。

③ 伦敦国际仲裁院

它是英国最重要的常设仲裁机构,由伦敦商会主管。该仲裁组织自己制定了《伦敦国际仲裁规则》,但当事人也可以选择适用《联合国国际贸易法委员会仲裁规则》。

④ 美国仲裁委员会

它是由民间设立的,同时是美国最大的全国性综合常设仲裁机构,制定了《商事仲裁规则》。它同我国仲裁机构建立了业务联系,并成功解决了一些中美之间的国际贸易纠纷。

第三节 涉外仲裁协议

一、涉外仲裁协议的定义

涉外仲裁协议是指从事对外贸易及相关活动的经营者经过合议决定将其可能产生的纠纷交由仲裁机构仲裁解决的协议。

我国仲裁规则承认的涉外仲裁协议包括 3 类:

① 包含在当事人双方签订的主合同中的合同条款,即仲裁条款;

② 双方在争议发生之后达成的将争议交付仲裁的独立协议,即狭义的仲裁协议;

③ 双方往来函电及其他有关文件中就将争议交付仲裁而进行的特别约定。

二、涉外仲裁协议的内容

在对外贸易中,仲裁协议的内容往往关系到日后发生争议时可能得到救济的公平性和合理性,因此订立详细的涉外仲裁条款对于保护当事人的合法利益十分必要。

涉外仲裁协议除了明确双方当事人愿意将争议交付仲裁机构仲裁解决的合议之外,一般还包括 4 项内容:

(1)仲裁地点

涉外仲裁协议中宜写明仲裁的具体国家和城市。因为它关系到适用哪国的冲突规则来决定仲裁采用的实体法和程序法,一般情况应当争取在本国仲裁,或者第三方国家。

(2)仲裁机构

国际商事仲裁机构一般分为常设仲裁机构和临时仲裁庭。常设仲裁机构相比临时仲裁庭具有很大的优点,几乎所有的仲裁协议都会选择常设仲裁机构,通常只有在仲裁地没有常设仲裁机构的情况下才会选择临时仲裁庭。如果选择常设仲裁机构则需注明该机构的具体名称。

（3）仲裁程序规则

仲裁程序规则一般包括如何提出仲裁申请、指定仲裁员、组成仲裁庭、审理、裁决以及裁决效力等内容。订立涉外仲裁协议时只需选择按照哪一个机构的仲裁规则进行仲裁即可。通常指定哪个仲裁机构就适用该机构的仲裁规则，但有的仲裁机构也允许当事人选择非该机构的仲裁规则。

（4）仲裁裁决的效力

这主要是指裁决是否具有终局性，对双方当事人有无约束力。我国法律规定经我国涉外仲裁机构作出裁决的案件，当事人不得向法院提出上诉。

根据以上的内容要求，下面列出几种常用的固定仲裁协议的写法，以供选择①：

（1）在我国仲裁的条款

凡因执行合同所发生的或与本合同有关的一切争议，如果双方协商不能解决，应提交中国国际经济贸易仲裁委员会，根据其仲裁规则进行仲裁。仲裁地点在北京（或深圳、上海）。仲裁裁决是终局的，对双方均具有约束力。

（2）在被诉国仲裁的条款

凡因执行合同所发生的或与本合同有关的一切争议，双方应当首先通过友好协商解决。如经协商不成，应提交被诉人所在国仲裁机构，根据其仲裁程序规则进行仲裁。仲裁裁决是终局，对双方均具有约束力。

（3）在第三国仲裁的条款

凡因执行合同所发生的或与本合同有关的一切争议，双方应当首先通过友好协商解决。如经协商不成，应提交×××国×××仲裁机构，根据其仲裁程序规则进行仲裁。仲裁裁决是终局的，对双方均具有约束力。

（4）香港国际仲裁中心推荐的仲裁协议

"任何因本合同而发生或与本合同有关的纠纷、争议或索赔或违反或终止本合同，均应按照本合同签订之日有效之联合国国际贸易法委员会仲裁规则在香港进行仲裁"，"有权指定仲裁员的机构是香港国际仲裁中心"，"任何该类仲裁事宜均由香港国际仲裁中心按其仲裁程序处理"，"合同各方同意放弃就仲裁过程中发生的或与任何裁决有关的任何法律问题向香港法院申诉或上诉的权利"，"仲裁程序中使用的语言应为×××"。

（5）瑞典斯德哥尔摩商会仲裁院推荐的仲裁协议

任何有关本协议争议，应最终根据斯德哥尔摩商会仲裁院的仲裁规则进行仲裁解决。

（6）组成临时仲裁庭的仲裁协议

凡因执行本合同所发生或与本合同有关的任何争议，如双方协商不能解决，根据1976

---

① 　沈四宝：《中国涉外经贸法》，首都经济贸易大学出版社，2006年2月第三版，第355页。

年联合国国际贸易法委员会仲裁规则,由 3 名仲裁员组成仲裁庭,在×××国×××地仲裁解决。仲裁裁决是终局的,仲裁员的指定机构为×××,仲裁中使用的语言是×××,仲裁费由败诉方负担。

三、涉外仲裁协议的作用

按照国际上大多数国家的仲裁法规定,仲裁协议的作用主要有以下几个方面:
① 排除法院对于有关争议案件的管辖权;
② 赋予所选仲裁机构对于有关争议案件的管辖权;
③ 作为仲裁裁决强制执行的依据。

四、涉外仲裁协议的无效

在一些时候,尽管当事人订立了涉外仲裁协议,但因为一些原因,将导致所订立的仲裁协议无效。这主要包括下面几种情况:
① 仲裁协议中规定的事项为法律规定不能通过仲裁来解决的;
② 仲裁协议不是采取书面形式订立的;
③ 仲裁协议的当事人是无行为能力或者限制行为能力的人;
④ 仲裁协议是在一方的胁迫之下,双方处在不平等地位的情况时订立的。

此外,当涉外仲裁协议所依托的主合同无效时,该协议是否仍然具有效力呢?目前国际上的趋势是倾向于将仲裁协议看作是独立于主合同之外的,从而仲裁机构有权就仲裁协议来决定主合同的存在和效力,并且当仲裁机构作出主合同无效的裁决时,并不影响仲裁条款的法律效力。[①]

第四节　涉外经济诉讼

一、涉外经济诉讼的概念

除了国际商事仲裁以外,对外贸易经营者还可以采取诉讼的方式通过向人民法院起诉以解决国际贸易纠纷。涉外经济诉讼就是有关对外经济贸易中的纠纷而向我国人民法院提起的诉讼。作为涉外经济诉讼,必须至少具有以下 3 个特点之一。
① 诉讼当事人至少有一方是外国人、无国籍人或者是外国企业和组织;

---

① 冯大同:《国际贸易法》,北京大学出版社,1995 年,第 409 页。

② 诉讼标的物位于我国境外;

③ 产生诉讼的法律事实存在于我国境外。

根据我国《民事诉讼法》第 257 条的规定:"涉外经济贸易、运输和海事发生纠纷,当事人在合同中没有订立仲裁条款或事后没有达成书面仲裁协议的,可以向人民法院起诉。"这赋予了对外贸易经营者在发生贸易纠纷时通过法院获得法律救济的权利。

二、涉外经济诉讼的基本原则

在涉外经济诉讼中,主要包含以下 3 条法律原则。

1. 主权原则

主权原则是涉外经济诉讼中的根本性原则,具体体现在 3 个方面:

任何一个主权国家,除国际法公认豁免的之外,对其领域内的一切人、物和行为都享有司法管辖权;

一国法院审理涉外经济案件遇到程序问题时,除国际条约另有规定的之外,应优先适用法院地国的程序法,并且在诉讼过程中只使用该国通用的语言、文字;

一国法院认为外国法院的判决违反本国国家主权或公共秩序时,对该判决有权拒绝予以承认和执行。

2. 平等互惠原则

平等互惠原则是处理国际关系特别是国际经济贸易关系的基本准则,具体体现为:

(1) 平等原则

根据国际法中的有关国民待遇原则,在进行涉外经济诉讼时,一国法院应当给予外国当事人与本国当事人相同的诉讼权利和义务;

(2) 对等原则

国家间的平等应当建立在对等的基础上,如果一国对于他国当事人的诉讼权利加以限制,那么他国亦有权利对该国当事人作出同样的诉讼权利限制。

3. 遵守国际条约原则

国际条约是各成员国之间对于权利义务划分的一致协议,除明确声明保留的条款外,各国对于其签订的国际条约都有信守并履行条约的义务。

三、涉外经济诉讼的管辖

对于涉外诉讼管辖权的问题,一般依据国际条约的有关规定或者根据国际私法中的冲突法确定其管辖权,没有相关的国际条约或规定的情况下,由各自国家自身的法律来确定。

我国的《民事诉讼法》第 246 条规定,在我国因履行中外合资经营合同、中外合作经营合同、中外合作勘探开发自然资源合同法纠纷提起诉讼的,由我国法院管辖。

本章小结

本章主要了解在对外贸易交往活动中,对外贸易经营者之间,对外贸易经营者与对外贸易管理者之间,甚至从事国际贸易的国家或地区相互之间经常所发生的争议和摩擦,为当事人寻求适当的途径、有效的方法以解决问题,维护其自身的正当权益。

对可能产生争议的主体之间、对外贸易经营者与管理者之间的争议一般由相关的具体管理法律、法规提供法律救济途径和解决的办法。

国家或地区之间的贸易摩擦通常通过外交途径磋商来解决,一定时候通过 WTO 争端解决机制来为多边贸易体制提供有力保障。

重要概念

仲裁的概念和特点　　　　　　　我国的涉外仲裁机构和基本工作原则
国际常设仲裁机构　　　　　　　涉外仲裁协议的内容
涉外经济诉讼的基本原则　　　　涉外经济诉讼的管辖

同步测练与解析

简答题

1. 仲裁的特点有哪些?
2. 我国的涉外仲裁机构有哪些? 国际常设仲裁机构有哪些?
3. 涉外仲裁协议的内容?
4. 涉外仲裁协议的作用?
5. 涉外仲裁协议的无效?
6. 涉外经济诉讼的基本原则?

【参考答案】

1. 答:仲裁在性质上是兼具契约性、自治性、民间性和准司法性的一种争议解决方式,具体而言主要有以下特点:

(1) 自愿性。即仲裁以双方当事人的自愿为前提。

(2) 专业性。由于民商事纠纷往往涉及特殊的知识领域,会遇到许多复杂的法律、经济贸易和有关的技术性问题,为了保证其对当事人之间的纠纷进行仲裁的公正性,仲裁机构备有分专业的专家组成的仲裁员名册供当事人进行选择。

（3）灵活性。由于仲裁充分体现当事人的意思自治,仲裁中的诸多具体程序都是由当事人协商确定与选择的,因此,与诉讼相比,仲裁程序更加灵活,更具有弹性。

（4）保密性。仲裁以不公开审理为原则。有关的仲裁法律和仲裁规则也同时规定了仲裁员及仲裁秘书人员的保密义务。因此当事人的商业秘密和贸易活动不会因仲裁活动而泄露。仲裁表现出极强的保密性。

（5）快捷性。仲裁实行一裁终局制,仲裁裁决一经仲裁庭作出即发生法律效力。这使得当事人之间的纠纷能够迅速得以解决。

（6）经济性。仲裁过程相对较短,且是一裁终局,从而所需费用也减少。

（7）独立性。仲裁机构独立于行政机构,仲裁机构之间也无隶属关系。在仲裁过程中,仲裁庭独立进行仲裁,不受任何机关、社会团体和个人的干涉,亦不受仲裁机构的干涉,显示出最大的独立性。

2. 答:我国的涉外仲裁机构有:中国国际经济贸易仲裁委员会和中国海事仲裁委员会。
国际常设仲裁机构主要有:

（1）国际性仲裁机构有国际商会仲裁院;

（2）区域性仲裁机构有美洲国家商事仲裁委员会,亚洲及远东经济委员会商事仲裁中心;

（3）国别性仲裁机构有瑞典斯德哥尔摩商会仲裁院、瑞士苏黎世商会仲裁院、伦敦国际仲裁院、美国仲裁委员会。

3. 答:涉外仲裁协议除了明确双方当事人愿意将争议交付仲裁机构仲裁解决的和议外,一般包括 4 项内容:选择仲裁地点和仲裁机构,明确仲裁程序规则和仲裁裁决的效力。

4. 答:根据国际上大多数国家的仲裁法规定,仲裁协议的作用主要有:排除法院对于有关争议案件的管辖;赋予所选仲裁机构对于有关争议案件的管辖权;作为仲裁裁决强制执行的依据。

5. 答:由于当事人的某些原因所导致仲裁协议无效的情况有:

（1）仲裁协议中规定的事项为法律规定不能通过仲裁来解决的;

（2）仲裁协议不是采取书面形式订立的;

（3）仲裁协议的当事人是无行为能力或者限制行为能力的人;

（4）仲裁协议是在一方的胁迫之下,双方处在不平等地位的情况时订立的。

6. 答:涉外经济诉讼的基本原则有:主权原则;平等互惠原则(平等原则和对等原则);遵守国际条约原则。

第五部分

BUSINESS ENGLISH

PART FIVE

BRIEF HISTORY

The meaning of the term "electronic commerce" has changed over the last 30 years. Originally, "electronic commerce" meant the facilitation of commercial transactions electronically, usually using technology like electronic data interchange (EDI) and electronic funds transfer (EFT), where both were introduced in the late 1970s, for example, to send commercial documents like purchase orders or invoices electronically.

The "electronic" or "e" in e-commerce or e-business refers to the technology systems; the "commerce" refers to be traditional business models. E-commerce is defined as the complete set of processes that support commercial or business activities on a network. In the 1970s and 1980s, this would also have involved information analysis. The growth and acceptance of credit cards, automated teller machines (ATM) and telephone banking in the 1980s were also forms of e-commerce. However, from the 1990s onwards, this would include enterprise resource planning (ERP) systems, data mining and data warehousing.

In the "dot com" era, it came to include activities more precisely termed "Web commerce"—the purchase of goods and services over the World Wide Web via secure servers (note HTTPS, a special server protocol which encrypts confidential ordering data for customer protection) with e-shopping carts and with electronic payment services, like credit card payment authorizations.

Today, it encompasses a very wide range of business activities and processes, from e-banking to offshore manufacturing to e-logistics. The ever growing dependence of modern industries on electronically enabled business processes gave impetus to the growth and development of supporting systems. This includes backend systems, applications and middleware. Examples are broadband and fiber-optic networks, supply-chain modules, material planning modules, customer relationship modules, inventory control systems, financial accounting and corporate finance modules.

When the Web first became well-known among the general public in 1994, many journalists and pundits forecast that e-commerce would soon become a major economic sector. However, it took about four years for security protocols (like HTTPS) to become sufficiently developed and widely deployed. Subsequently, between 1998 and 2000, a substantial number of businesses in the United States and Western Europe developed rudimentary Web sites.

Although a large number of "pure e-commerce" companies disappeared during the dot-com collapse in 2000 and 2001, many "brick-and-mortar" retailers recognized that such companies had identified valuable niche markets and began to add e-commerce capabilities to their Web sites. For example, after the collapse of online grocer Webvan, two traditional supermarket chains, Albertsons and Safeway, both started e-commerce subsidiaries through which consumers could order groceries online.

The evolution of e-commerce in the early 2000s onwards saw multinational or transnational companies establishing regional shared services centers, regional data centers and regional call centers. Today, this is not only a crucial part of a company's long-term corporate strategy in cost containment, but also in maintaining and winning market share in a borderless, global marketplace.

Business Terms

electronic data interchange (EDI)	电子数据交换
electronic funds transfer (EFT)	电子资金转账
automated teller machine (ATM)	自动柜员机
enterprise resource planning (ERP)	企业资源规划
data mining	数据挖掘
data warehousing	数据库存储
Web commerce	网络商务
e-logistics	电子物流

fiber-optic network	网络光纤
supply-chain module	供应链模块
material planning module	物料计划模块
customer relationship module	客户关系模块
inventory control system	库存控制系统
financial accounting and corporate finance module	财务会计与公司金融模块
security protocol	安全协议
hypertext transfer protocol(HTTP)	超文本传输协议
brick-and-mortar	实体的商业交易
Webvan	网络运输
Albertsons and Safeway	艾伯逊及安全通道
subsidiaries	子公司
multinational company(MNC)	跨国公司
transnational company(TNC)	跨国公司
regional shared services center	区域性共享服务中心
regional data center	区域性数据中心
regional call center	区域性呼叫中心

TECHNOLOGY
AND TEAM

In many cases, an e-commerce company will survive not only based on its product, but by having a competent management team, good post-sales services, well-organized business structure, network infrastructure and a secured, well-designed website. Such factors include:

- Sufficient work is done in market research and analysis. E-commerce is not exempt from good business planning and the fundamental laws of supply and demand. Business failure is as much a reality in e-commerce as in any other form of businesses.

- A good management team is armed with good and sound information technology strategy. A company's IT strategy should be a part of the business re-design process.

- An easy and secured way for customers to effect transactions is provided. Credit cards are the most popular means of sending payments on the internet, accounting for 90% of online purchases. In the past, card numbers were transferred securely between the customer and merchant through independent payment gateways. Such independent payment gateways are still used by most small and home businesses. Most merchants today process credit card transactions on site through arrangements made with commercial banks or credit cards companies.

- Parallel servers, hardware redundancy, fail-safe technology, information encryption, and firewalls can enhance this requirement.

- Providing a 360-degree view of the customer relationship, defined as ensuring that all employees, suppliers, and partners have a complete view, and the same view, of the customer. However, customers may not appreciate the big brother experience.

- Constructing a commercially sound business model. If this key success factor had appeared in textbooks in 2000, many of the dot-coms might not have gone into bankruptcy.

- Engineering an electronic value chain in which one focuses on a "limited" number of core competencies—the opposite of a one-stop shop. (Electronic stores can appear either specialist or generalist if properly programmed.)

- Operating on or near the cutting edge of technology and staying there as technology changes (but remembering that the fundamentals of commerce remain indifferent to technology).

- Setting up an organization of sufficient alertness and agility to respond quickly to any changes in the economic, social and physical environment.

- An attractive website designed. The tasteful use of colour, graphics, animation, photographs, fonts, and white-space percentage may aid success in this respect.

- Streamlining business processes, possibly through re-engineering and information technologies.

- Providing complete understanding of the products or services offered, which not only includes complete product information, but also sound advisors and selectors.

Naturally, the e-commerce vendor must also perform such mundane tasks as being truthful about its product and its availability, shipping reliably, and handling complaints promptly and effectively. A unique property of the Internet environment is that individual customers have access to far more information about the seller than they would find in a brick-and-mortar situation.

Business Terms

post-sales service	售后服务
network infrastructure	网络基础设施
market research and analysis	市场调查和分析
business planning	商业计划
supply and demand	供求
information technology strategy	信息技术战略

payment gateway	支付网关
parallel server	并行服务器
hardware redundancy	硬件冗余
fail-safe technology	失效安全技术
information encryption	信息加密技术
value chain	价值链
cutting edge of technology	前沿技术

CUSTOMER - ORIENTED

Market planning identifies the people who are the prospective customers. Electronic commerce may extend, restrict, and/or redefine the customers a company can serve through electronic communication media. For instance, a bookstore opened in a small town may serve only local people. But a bookstore opened on the Internet may serve people worldwide. A local bookstore can serve a variety of people: young or old, rich or poor, women or men, but an Internet bookstore serves only those with Internet access; these people generally have higher than average income and education. Another consideration is the concept of market niches, since the net is composed of thousands of overlapping groups ranging from a few people to perhaps several hundred thousand. Understanding the consumer population in cyberspace and their shopping preferences is essential for success in e-commerce marketing.

The demographics of Internet and Web users continue to change rapidly. For example, the average age of users is about 35 years, with the proportion of females continuing to rise towards the 50% level. Shopping continues to rise in importance among Web users. The most commonly cited reason for using the Web for personal shopping is convenience (65%), followed by vendor information availability (60%), lack of sales pressure (55%), and saving time (53%). The steady growth in personal shopping is expected to continue as online transactions become easier and more choices of products and services become available. Demand for goods and services varies substantially, depending on the demographics of Web users. The most popular items purchased over the Web are computer software and hardware. Other popular items include: travel arrangements, books and magazines, and musical tapes, CD's, and albums. Online purchases of clothing are beginning to grow rapidly.

A successful e-commerce organization must also provide an enjoyable and rewarding experience to its customers. Many factors go into making this possible. Such factors include:

- Providing value to customers is fairly important. Vendors can achieve this by offering a product or product-line that attracts potential customers at a competitive price, as in non-electronic commerce.

- The vendor should provide service and performance. Offering a responsive, user-friendly purchasing experience, just like a flesh-and-blood retailer, may go some way to achieving these goals.

- An incentive is provided for customers to buy and to return. Sales promotions to this end can involve coupons, special offers, and discounts. Cross-linked websites and advertising affiliate programs can also help.

- The vendor should also provide personal attention. Personalized web sites, purchase suggestions, and personalized special offers may go some of the way to substituting for the face-to-face human interaction found at a traditional point of sale.

- A sense of community should be offered. Chat rooms, discussion boards, soliciting customer input and loyalty programs (sometimes called affinity programs) can help in this respect.

- E-tailers foster this by treating any contacts with a customer as part of a total experience, an experience that becomes synonymous with the brand.

- Letting customers help themselves. Provision of a self-serve site, easy to use without assistance, can help in this respect. This implies that all product information is available, cross-sell information, advise for product alternatives, and supplies & accessory selectors.

- The vendor should help customers do their job of consuming. E-tailers and online shopping directories can provide such help through ample comparative information and good search facilities. Provision of component information and safety-and-health comments may assist e-tailers to define the customers' job.

Business Terms

prospective customer	预期客户，潜在客户
Internet access	因特网的访问
market niche	市场缺口
overlapping group	叠加团体、互补团体
cyberspace	网际空间
shopping preference	购物偏好
demographics	人口统计
product-line	生产线、生产系列
potential customer	潜在客户
flesh-and-blood	生鲜产品
cross-linked	交叉结合、交叉耦合
a sense of community	社区意识
loyalty program	忠诚计划
affinity program	密切关系策略、同缘计划
e-tailer	电子零售商
ample comparative information	充足的有可比较的信息
safety-and-health	安全和健康

PRODUCT SUITABILITY

Major contributions of e-commerce to product change have been to enrich information content of existing products or services, the development of new products or services not previously feasible without low cost digital communications, and the application of mass customization. The enrichment of information content of existing product or services is evident.

Another major product shift has been the swift movement towards mass customization. For example, Dell Computer sells the great majority of its PCs online, where customers can select the desired features for products that may not have actually been assembled before the order is received. Personalization of information products is also a form of mass customization. It would be exceedingly difficult and costly for a newspaper to distribute 75 individual sheets with different stories, to allow consumers to purchase exactly what they want. Publishing on the Web makes such a business model economically feasible.

The arrival of e-commerce technology such as automated teller machines (ATMs), debit card shopping, online banking, and digital cash, has revolutionized banking and changed the competitive environment. The introduction of EFT (electronic funds transfer) and debit cards brings banking directly into stores. Since banking essentially involves the transfer of information, transactions and information exchange can be handled effectively by electronic means, resulting in a decreasing need for physical bank branches. Some newer " cyberbanks " have been formed to operate entirely over the

Web. Having no physical branches, they do not have this perception of security and stability, but they threaten the supremacy of traditional banks.

The insurance industry is also embracing e-commerce as a means of enhancing product offerings. For instance, many dental offices and pharmacies electronically file patient claims to group benefit plans through EDI, resulting in fewer errors as well as more rapid payments. In the investment business, Web sites maintained by brokerages and provide individual investors with access to stock, bond, and mutual fund trading.

Certain products/services appear more suitable for online sales; others remain more suitable for offline sales.

Many successful purely virtual companies deal with digital products, including information storage, retrieval, and modification, music, movies, office supplies, education, communication, software, photography, and financial transactions. Examples of this type of company include: Google, eBay and Paypal.

Virtual marketers can sell some non-digital products and services successfully. Such products generally have a high value-to-weight ratio, they may involve embarrassing purchases, they may typically go to people in remote locations, and they may have shut-ins as their typical purchasers. Items which can fit through a standard letterbox—such as music CDs, DVDs and books—are particularly suitable for a virtual marketer, and indeed Amazon. com, one of the few enduring dot-com companies, has historically concentrated on this field.

Products such as spare parts, both for consumer items like washing machines and for industrial equipment like centrifugal pumps, also seem good candidates for selling online. Retailers often need to order spare parts specially, since they typically do not stock them at consumer outlets—in such cases, e-commerce solutions in spares do not compete with retail stores, only with other ordering systems. A factor for success in this niche can consist of providing customers with exact, reliable information about which part number their particular version of a product needs, for example by providing parts lists keyed by serial number.

Purchases of pornography and of other sex-related products and services fulfil the requirements of both virtuality (or if non-virtual, generally high-value) and potential embarrassment; unsurprisingly, provision of such services has become the most profitable segment of e-commerce.

Products unsuitable for e-commerce include products that have a low value-to-weight ratio, products that have a smell, taste, or touch component, products that need trial fittings—most notably clothing—and products where colour integrity appears important. Nonetheless, Tesco.com has had success delivering groceries in the UK, albeit that many of its goods are of a generic quality, and clothing sold through the internet is big business in the U. S.

Business Terms

digital communication	数字通信
personalization	人性化、拟人化
digital cash	电子现金
insurance industry	保险业
Google	知名搜索引擎公司
Paypal	全球在线付款服务公司
virtual marketer	虚拟的市场商人
value-to-weight ratio	价值与重量之比
centrifugal pump	离心泵
consumer outlet	消费者市场
serial number	序列号
pornography	色情文学
potential embarrassment	潜能窘迫
trial fitting	试验性配件
generic quality	总量

PLACE

Place refers to the distribution of products or services, including inbound and outbound logistics, and warehousing. E-commerce has caused a shift from physical space to cyberspace for distribution of products such as information and software, and it has greatly facilitated the outsourcing and coordination of inbound and outbound logistics. Historically, the main development in e-commerce was the application of EDI (electronic data interchange). For example, bar-coding facilities at the cash registers of many stores automatically update inventory levels. Ordering, shipping, and subsequent invoicing can also be supported electronically. EDI streamlines distribution by speeding up processes and minimizing errors. Using EDI, cost savings result from reduced inventories and paperwork, and service levels improve.

With e-commerce, it is possible to shop in cyberspace through access to electronic shopping malls, Internet banking, etc. There are several issues that relate to the transition from physical space (e. g. department stores), to cyberspace (e. g. electronic shopping malls). Although electronic shopping malls allow customers to shop at home, physical products still need to be delivered. This normally requires outsourced services such as courier or parcel delivery, adding extra costs for shipping and handling. The quality of logistics services has improved due to e-commerce technologies, at least partially due to the increased competitiveness of this environment. Shipping intermediaries such as Federal Express have improved service while reducing costs, by using Web sites to allow customers to arrange package pickup, track delivery status, and order merchandise online.

The cost of delivering products to the customer can range as high as 20 percent of the consumer dollar in physical transportation of goods alone. New intermediaries have been formed to help companies cut costs through electronic means, which produces supply chain management software and system solutions. These can help to improve the speed at which orders are processed, thus improving a company's competitive position and reducing inventories.

The Web provides an opportunity for new forms of information products, but one of its most important contributions is the delivery of information products. For example, many media sources (television, radio, newspapers, magazines) operate Web sites that deliver news and other information in a variety of formats (video, audio, text, graphics), at little cost to the producers since they simply mimic the form being delivered through the primary media. Many of these products are free on the Web, but, of course, they are accompanied by advertising directed to the population sector likely to be viewing them. Others require payment by subscription.

At least 50% of packaged computer software is sold through the Web, an ideal distribution channel for this product. Software can be advertised through a Web site at low cost, and detailed technical information can be made available for potential customers, who are often able to download evaluation copies. Software purchases on the Web ignore international boundaries, and require no movement of physical goods since the software, documentation, support services, and payments are all online.

Distribution channels have been streamlined for physical and information products, and for services, but in varying degrees. The main change in physical product distribution has been in cost reduction and service improvement, but financial, information, and travel services are now being linked more directly from producer to customer. Major changes have occurred in the distribution of information products, often in new forms, and carried out entirely as virtual transactions. The distribution network now covers the global market rather than a local or national market, and supplying products or services to this global market is causing profound changes to the marketing focus of many firms.

■ Business Terms

inbound and outbound logistics   出入境物流

bar-coding facility	条码设备
shopping mall	购物中心
courier	送快信的人
parcel delivery	包裹递送
track delivery statu	轨道递送状态
distribution network	分销网络
profound change	深远变化
marketing focus	销售焦点

PRICING

E-commerce has made pricing more competitive due to the wide access to information afforded by related media, and it has also enabled new forms of pricing. There are three common pricing strategies, based on cost, value, or competition. Cost-based pricing simply applies a markup on the unit cost of an item. Value-based pricing reflects the valuation that customers place on a product. This valuation can be captured and analyzed through e-commerce tools such as analytical data mining. Competition-based pricing involves setting prices at the same levels as the industry leaders.

Lower pricing through cost leadership can be supported by e-commerce through lower transaction costs as well as more easily obtained information. However, e-commerce also gives customers the ability to shop around electronically in order to find the best deal. Customers also expect more free information and free services, putting more pressure on companies to pursue a cost leadership strategy.

New pricing models have been made feasible in consumer markets through electronic commerce, including online auctions and customer price setting. Web auction sites (ebay, etc.), offer computer hardware and software, antiques, collectibles, vacation packages, etc. Priceline has introduced a new way to sell airline tickets, based on prices specified by customers though the Web. This is not an auction, because consumers simply name their price and let priceline find a seller. This approach can be used by both businesses and consumers to buy surplus goods or services at bargain prices, a win-

win situation for both buyer and seller.

The competitive environment is changing. Barriers to entry are generally low, so the traditional advantages of large companies over smaller competitors are not as clear. E-commerce affects pricing of information and physical products more than financial services because the unit cost of production and distribution of the former is more directly affected by e-commerce. Also, information products supplied via e-commerce are often just different forms of existing media, distributed at minimal cost to the provider, although disruption of existing distribution channels can occur and must be understood in the context of existing distribution agreements. There are many evolving price issues, particularly in payments and taxation. As standards are implemented, new markets will open in the information products area. Few solutions have been proposed as yet for the taxation of information products and services, which can cross international and state/province boundaries unobserved through e-commerce communication networks.

Business Terms

cost-based pricing	基于成本的定价策略
markup	差价
analytical data mining	分析性的数据挖掘
competition-based pricing	基于竞争的定价策略
cost leadership	成本领先
online auction	在线拍卖
customer price setting	客户价格设定
priceliner	价格系列
win-win situation	双赢局面
barrier	壁垒

PROMOTION

E-commerce has affected promotional methods, including advertising, personal selling, sales promotion, and public relations activities. E-commerce can facilitate customer-initiated information search, attract customer attention by providing free information, provide extensive and tailored product and service information, and enable the development of virtual communities. The element of promotion most affected by e-commerce is advertising. For example, Web marketing can facilitate personalization of consumer offering content, also known as one-to-one marketing.

Companies can choose "pull" or "push" techniques to provide information to customers in multi-media form. Pull techniques take advantage of Web user information searches. For example, search engines can be programmed to present advertisements that depend on key words entered by the user. Push techniques are used to gather interest profiles from users when they register for the services, a form of "permission marketing". The intent is to develop continuing relationships with customers. Based on user profiles, this system periodically downloads current information such as news, stock market, and weather reports.

Maintaining the personal touch through e-commerce can pay off in client relationship development. One approach is to send personal e-mail or to telephone potential customers who have visited Web sites and requested more detailed information on products or services. Another technique is to provide a live chat service via Internet or live phone to facilitate communications between customers and sales representatives. Sales force automation tools include the use of notebook computers to display information from local or remote company databases, or develop on-the-spot quotes for insurance or mortgage products.

E-commerce technology can be used to improve public relations cost-effectively by offering company information, profiles, and promotional information through e-mail, user newsgroups, or Web sites to customers or potential customers. Other promotion possibilities are available among people with similar interests or professional affiliations, supported by the idea of "virtual communities". Increasingly, Web sites support visitor interaction through newsgroups and chat lines. The promotional advantages of virtual communities are that users with common interests tend to return, and the site's focus helps to target advertising efforts. Many sites provide useful information on a variety of health topics, and appears to be supported through revenue from advertising targeted at healthcare consumers.

Promotion activities should portray a desirable image of the company being represented. For example, financial service providers wish to portray an image of security and stability. Thus, public relations will dictate a balance between virtual and physical worlds for the banking industry. Physical product providers must also balance the virtual world of e-commerce marketing and sales with the physical world of place. Conversely, information and information product providers can more ably sustain a pure virtual existence, reflected by the success of many new virtual media companies, with e-commerce offerings that duplicate or complement existing physical products.

Business Terms

sales promotion	促销
public relations activity	公共关系活动
customer-initiated information	顾客初始信息
one-to-one marketing	一对一市场营销
multi-media	多媒体
pull technique	"拉"技术
push technique	"推"技术
permission marketing	许可市场
remote company database	远程公司数据库
on-the-spot quote	现场报价
mortgage product	抵押货品
desirable image	理想的形象

GETTING BUSINESS DONE ON THE WEB

A trend for businesses in the 21st century is to offer their products and services electronically, a practice known as electronic commerce, commonly referred to as "e-commerce". Major companies, such as Nike, Adidas, Future Shop, Sears, and other major retailers all offer their products online. Their mindset offers quick, easy, and efficient service. There are advantages to engaging in e-commerce. First, providing fast and efficient service leads to a competitive advantage, and presents the opportunity to reach out to a larger target market. With the expansion of the Internet and a greater thirst for information and knowledge, global competition is becoming fierce, so gaining a competitive advantage is vital to the global and domestic strategy of a firm.

There are three steps to analyze when looking at the creation of an online business: consideration, implementation, and finalization.

How does a business know whether they should engage in such a practice? Despite the obvious advantages to e-commerce, it does not always meet the long term needs of a company. If the market for the product is quite small, then there is no need to engage in e-commerce as it will be less difficult to gain competitive advantage and would only result in unnecessary costs and expenses. Secondly, if the company wishes to remain domestic and not expand its services, then a company would be better suited to follow the normal processes of advertising than participating in e-commerce. Finally, a company must consider whether the business would even succeed or thrive in the e-commerce environment. For example, selling food online would not be a viable venture, as the ultimate costs (wastage, storage, transportation) would outweigh the benefits.

However, if a company believes that their product has great market potential outside of their domestic realm, and feel that they can participate in e-commerce, then some time must be taken to lay down the floor plan for the business. Some questions to consider are: What is the idea for the business? Is it a product or service? What is the name of it? Will you emphasis price, quality, service, or another point? What is the target market?

The key to successfully starting and creating an online business is choosing the right Web host. Try to find one that offers guarantees, is flexible, responds to your concerns, and quite simply is one that offers the services that you want and need.

Once you have found the right Web host for you and created an account, the next step is start building your site. This is going to be the bread and butter of your business. Having an attractive yet simple site will have a great impact. Ensure that it projects the right image and is directed to the right target market for your product. It should be easy to navigate and have a solid search option. Also clarify what sorts of policies you will implement, such as return policies, acceptance or rejection of credit cards, check-out, and any other payment options such as cheques or money orders. Finding the right merchant account to help you accept credit cards is important.

If you are selling products, there are many types of software out there to help you create an effective and efficient ordering system. Look at the features that you will need for your site and compare them to the software that is available. Some may be expensive and others will be free.

A key step is developing some sort of PR(public relation) strategy. Your customers are the most important aspect of your business. Make them happy. This can include offering links on your site to answer frequently asked questions (FAQs), shipping quickly, designing a system for easy returns, as well as any other type of customer service.

It is also important to constantly change and maintain the freshness of your site. This includes altering colors and creating new displays. Another noteworthy option is to include some sort of statistical counter so that you find out where your customers are logging in from and what they do on your site. Test any advertisements that you create to see how effective they are.

Business Terms

target market	目标市场
viable venture	可行投资、可能的风险
ultimate cost	极限成本
floor plan	基础计划
frequently asked question（FAQ）	常见问题

E-COMMERCE ENVIRONMENT

E-commerce is almost an absolute necessity in the management of a company. This electronic medium offers many possibilities and has many advantages.

For a product-oriented company (B2B) or for a business owner (B2C), e-commerce: (1) reduces operational costs; (2) increases efficiency due to increased precision and speed; (3) offers access to local, national or international markets; (4) allows personalized products and services to be offered; (5) allows specialized marketing due to the many databases available.

For businesses or consumers seeking products, e-commerce: (1) gives access to a wider selection of products and services; (2) gives access to products at lower costs; (3) is convenient for transactions or for obtaining information (saves time, etc.).

The e-commerce environment is one in which the different players come together on a business platform for the time it takes to complete a project or conduct a product exchange. The players include the product integrator (i. e. the business owner in this case), the consumer/customer and the commercial partners, while business platforms are the virtual intermediaries which offer various value-added services. These players are not usually part of the same company and are not necessarily located on the same continent. Dealing in retail commerce therefore involves interrelations between each of these players.

At first, the product integrator manages project realization (product planning, creation, manufacturing, quality control, marketing and advertising, sales, logistics, etc.) by taking the common standards of all partners into account. Common rules allow them to share the transactional, contractual and technical information necessary in order to realize the project via business platforms. Afterwards, the consumer/customer can interact directly with the business owner (product integrator) during product planning with the help of business platforms. Then, the various business partners are subcontractors, suppliers and distributors. They participate in product realization according to their special fields by tendering bids electronically via business platforms. Finally, as well as having to comply with many standards, e-commerce is governed by national and trans-national legislation, international legislative organisms and international commercial agreements.

Business Terms

B2B	企业间电子商务
B2C	企业与顾客间电子商务
operational cost	运营成本
business platform	商务平台
product integrator	产品集成制
virtual intermediary	虚拟中间商
subcontractor	中间商
tendering bid	招投标
international legislative organism	国际立法机构
international commercial agreement	国际商业协议

E-COMMERCE BUSINESS MODELS

Since the advent of the Internet, new business models have appeared on markets, modifying the nature of company interactions with outside entities. From one industry to another, these new business models have turned old management techniques upside down and the retail sector has been no exception. In this new context, it is important to acknowledge the importance of e-commerce business models. They are the new key to increase a company's competitiveness on the markets by improving their current added value offer.

It is important to mention that the typology of business models presented is primarily a guide "purely" describing a variety of the models currently compiled on the Internet. In reality, most of e-commerce Web sites suggest cross versions which incorporate the features of several business models. Different Web sites referred to are examples which best illustrate the model described.

Before describing the model, remember that doing e-business means having access to a complex network of suppliers, distributors and consumers who deal with each other via the Internet, producing added value for the final consumer.

As described from the table, e-commerce has two kinds of issues: organizational issues and technical issues. Organizational issues include applications for horizontal and vertical sectors; virtual organizations; kinds of cooperation; electronic trading systems [business process reengineering (BPR)

```
                    ┌─────────────────────────────────────────────────────┐
                    │    Applications for horizontal and vertical sectors  │
  Organi-           └─────────────────────────────────────────────────────┘
  zational    ┌──────────────────┐  ┌──────────────┐  ┌──────────────────┐
  Issues      │     Virtual      │  │              │  │    Kinds of      │
              │   Organizations  │  │  Electronic  │  │   Cooperation    │
              │                  │  │Trading Systems│ │                  │
              └──────────────────┘  └──────────────┘  └──────────────────┘
              ┌─────────────────────────────────────────────────────────┐
              │        Business Process Reengineering(BPR) Tools         │
              └─────────────────────────────────────────────────────────┘
              ┌────────┐┌────────┐┌────────┐┌────────┐┌────────┐┌───────┐
              │Forms of││Security││Transact.││ Agent  ││Mediation││       │
              │Payment ││ Trust  ││Control ││Technlgy││Negotiatn││  EDI  │
              └────────┘└────────┘└────────┘└────────┘└────────┘└───────┘
  Technical   ┌─────────────────────────────────────────────────────────┐
  Issues      │                  Base Technologies                       │
              │(Internet-, Communication-, Security-, DB-,Software-Technology)│
              └─────────────────────────────────────────────────────────┘
```

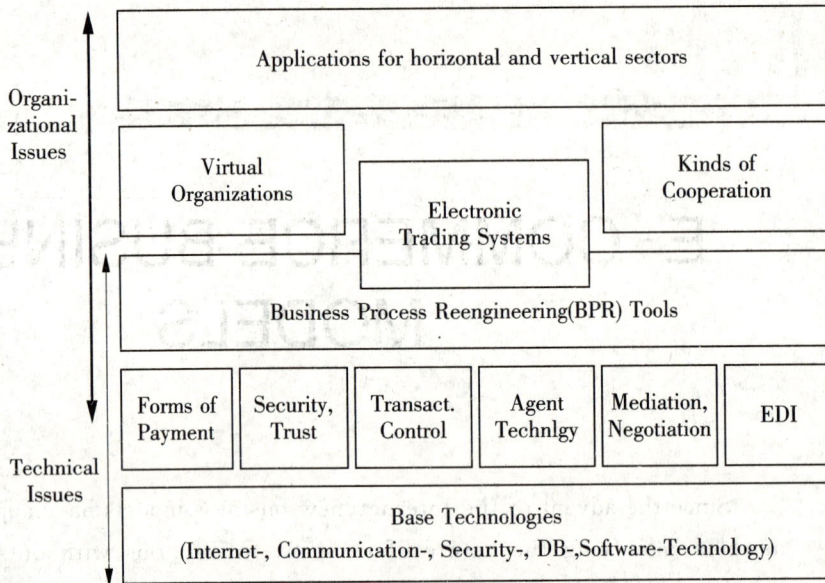

tools)〕;Forms of payment;security,trust;transaction control;agent,technology;mediation,negotiation;EDI(electronic data interchange). Technical issues include electronic trading systems〔business process reengineering(BPR) tools〕;forms of payment;security,trust;transaction control;agent,technology;mediation,negotiation;EDI(electronic data interchange);base technologies〔internet,communication,security,DB(data base),software,technology〕.

We also see from the above table both issues include the following:electronic trading systems〔business process reengineering(BPR) tools)〕;forms of payment;security,trust;transaction control;agent,technology;mediation,negotiation;EDI(electronic data interchange) has many special advantages.

Consumers have accepted the e-commerce business model less readily than its proponents originally expected. Even in product categories suitable for e-commerce,electronic shopping has developed only slowly. Several reasons might account for the slow uptake,including:

Concerns about security. Many people will not use credit cards over the Internet due to concerns about theft and credit card fraud.

Lack of instant gratification with most e-purchases (non-digital purchases). Much of a consumer's reward for purchasing a product lies in the instant gratification of using and displaying that product. This reward does not exist when one's purchase does not arrive for days or weeks.

The problem of access to web commerce, particularly for poor households and for developing countries. Low penetration rates of Internet access in some sectors greatly reduce the potential for e-commerce.

The social aspect of shopping. Some people enjoy talking to sales staff, to other shoppers, or to their cohorts: this social reward side of retail therapy does not exist to the same extent in online shopping.

Poorly designed, bug-infested e-commerce web sites that frustrate online shoppers and drive them away.

Business Terms

business model	商务模型
typology	预示、预测
base technology	基础性技术
instant gratification	立刻满足
penetration rate	渗透率
cohort	助手、同伴
social reward	社会认同
retail therapy	零售治疗,零售疗法
bug-infested e-commerce	沾染病毒的电子商务

POINTS TO NOTE

Even if a provider of e-commerce goods and services rigorously follows these "key factors" to devise an exemplary e-commerce strategy, problems can still arise. Sources of such problems include:

- Failure to understand customers, why they buy and how they buy. Even a product with a sound value proposition can fail if producers and retailers do not understand customer habits, expectations, and motivations. E-commerce could potentially mitigate this potential problem with proactive and focused marketing research, just as traditional retailers may do.

- Failure to consider the competitive situation. One may have the will to construct a viable book e-tailing business model, but lack the capability to compete with the big company.

- Inability to predict environmental reaction. What will competitors do? Will they introduce competitive brands or competitive web sites? Will they supplement their service offerings? Will they try to sabotage a competitor's site? Will price wars break out? What will the government do? Research into competitors, industries and markets may mitigate some consequences here, just as in non-electronic commerce.

- Over-estimation of resource competence. Can staff, hardware, software, and processes handle the proposed strategy? Have e-tailers failed to develop employee and management skills? These issues may call for thorough resource planning and employee training.

- Failure to coordinate. If existing reporting and control relationships do not suffice, one can move towards a flat, accountable, and flexible organizational structure, which may or may not aid coordination.

- Failure to obtain senior management commitment. This often results in a failure to gain sufficient corporate resources to accomplish a task. It may help to get top management involved right from the start.

- Failure to obtain employee commitment. If planners do not explain their strategy well to employees, or fail to give employees the whole picture, then training and setting up incentives for workers to embrace the strategy may assist.

- Under-estimation of time requirements. Setting up an e-commerce venture can take considerable time and money, and failure to understand the timing and sequencing of tasks can lead to significant cost overruns. Basic project planning, critical path, critical chain, or PERT analysis may mitigate such failings. Profitability may have to wait for the achievement of market share.

- Failure to follow a plan. Poor follow-through after the initial planning, and insufficient tracking of progress against a plan can result in problems. One may mitigate such problems with standard tools: benchmarking, milestones, variance tracking, and penalties and rewards for variances.

- Becoming the victim of organized crime. Many syndicates have caught on to the potential of the Internet as a new revenue stream. Two main methods are as follows: (1) Using identity theft techniques like phishing to order expensive goods and bill them to some innocent person, then liquidating the goods for quick cash; (2) Extortion by using a network of compromised "zombie" computers to engage in distributed denial of service attacks against the target Web site until it starts paying protection money.

◧ Business Terms

management commitment	管理承诺
PERT(performance evaluation review technique)	性能评优技术
PERT analysis	性能评优技术分析
market share	市场份额
follow-through	(球打出后的)后续打姿;(一个举动的)最末

	部分；
benchmarking	基点
milestone	里程碑
syndicate	辛迪加（企业的联合组织）
"zombie" computer	传播病毒的计算机，是指被黑客通过病毒或恶意代码，渗透并控制的个人电脑
phishing	网络钓鱼，是"fishing"与"phone"的综合体。由于黑客始祖起初是以电话作案，所以用"ph"来取代"f"，创造了"phishing"，phishing 发音与 fishing 相同